なんで
中学生のときに
ちゃんと
学ばなかったんだ
だろう…

現代用語の基礎知識・編

おとなの楽習

26

四字熟語のおさらい

自由国民社

装画・ささめやゆき
挿画・あおきひろえ

「おとなの楽習」を実践なさっている方なら、新しい知識がいかに日常生活に刺激を与えてくれるか、その効果は体験済みですね。

新しい言葉を知ることは、表現と思考の材料が増えること。豊富な言葉は心の財産です。それらは相続や贈与によって引き継がれるものではなく、自分自身の経験からしか獲得できません。しかしながら、四字熟語集のようなものを四六時中携帯し、紐解《ひもと》きながら使うのは現実的ではありませんね。

子どもたちは、自分という人間を形成し、生きる力をつけるために日々学んでいます。おとなの私たちは、学ぶこと自体を楽しむとともに、やはり日常生活の中で自分自身の変化を感じたいもの。「見たことある気もするけど……」そんな四字熟語を、これからは自然に使えるようにしたいですね。

まあ、騙されたつもりで本書をひと通り読んでみてください。すると、身近に漂っている四字熟語に気づきやすくなり、「ちかごろ急に、世間が四字熟語を多用しだした」と錯覚するほどに。また、脳内がしばし四字熟語モードになり、「○○○○とはこのことだ」とばかりに、状況に見合った四字熟語が降臨するようになるでしょう。使えるようになるとは、そういうことなのです。

はじめに………5

1　人生行路の章

四字熟語のある光景………13

1　喜怒哀楽のバリエーション………15

狂喜乱舞………15
悲喜交交………16
欣喜雀躍………17
怒髪衝天………17
切歯扼腕………17
自暴自棄………18

2　愛される人たち………19

天真爛漫………19
天衣無縫………19
明眸皓歯………21
眉目秀麗………21
豪放磊落………21
質実剛健………22

3　愛されにくい人たち………23

夜郎自大………23
一言居士………23
舌先三寸………24
唯我独尊………24
我田引水………26
巧言令色………27
厚顔無恥………27
COLUMN　四字熟語の定義………28

4　永遠の愛の語り方………30
月下氷人………30
夫唱婦随………31
比翼連理………32
偕老同穴………33
5　これでいいのか？　烏合の衆！………34
曲学阿世………35
流言蜚語………35
付和雷同………35
唯唯諾諾………36
面従腹背………36
美辞麗句………37
不偏不党………37
6　風流人を気取ってみれば………38
花鳥風月………38
山紫水明………38
明鏡止水………39
風光明媚………40
行雲流水………40
落花流水………41
7　苦しみのアラカルト………42
四苦八苦………42
有為転変………44
生生流転………44
一切衆生………44
森羅万象………45
有象無象………45
8　いろはの境地………46
諸行無常………47

盛者必衰………48
生者必滅………50
栄枯盛衰………50
日進月歩………51

2　温故知新の章

実はこんな意味だった！
四字熟語の誕生　15のエピソード………52

臥薪嘗胆………54
呉越同舟………57
鶏口牛後………60
合従連衡………62
鶏鳴狗盗………63
四面楚歌………65
朝三暮四………69
朝令暮改………72
孟母三遷………75
門前雀羅………79
五里霧中………84
曖昧模糊………86
暗中模索………87
画竜点睛………88
竜頭蛇尾………91
多岐亡羊………94

3　油断大敵の章

正しく知って自信をつけよう………98

1　使用上のご注意　やってはいけないこと ………100

「けんけんがくがく（喧喧諤諤）」と言ってしまう
「閑話休題」と題して、雑談ネタをもってくる
「深謀遠慮いたします」と、へりくだったつもりになる

「是是非非お立ち寄りください」と、意味不明のご招待をする
「晴耕雨読の努力が実りましたね」とほめてみる
「一病息災、くれぐれもご自愛ください」と締めくくる
雨に降られたとき、うろ覚えの「一衣帯水」を使ってみる

2 うっかり読みとハッタリ書き………105

老若男女　傍若無人………106
判官贔屓………106
順風満帆………107
巻土重来………108
意味深長………109
疑心暗鬼………109
快刀乱麻………110
縦横無尽………111
衆人環視………111
速戦即決………112

3 なんとなく似たもの同士の使い分け………113

異口同音　大同小異　同工異曲………113
空理空論　空中楼閣………114
前人未到　前人未踏　前代未聞………115
東奔西走　南船北馬………115
自暴自虐　自縄自縛………116
一触即発　危機一髪………117
一蓮托生　偕老同穴………117
不偏不党　不即不離………118
自家撞着　荒唐無稽………118
当意即妙　電光石火………119
COLUMN　四字熟語の適材適所………120

4　格物致知の章
人よりちょっと物知りになろう………122

1　言い換えのレパートリー………124
一気呵成………124
一所懸命・一心不乱・無二無三・一意専心………125
紆余曲折………126
自業自得・因果応報………127
自己矛盾・自家撞着………128
大胆不敵・泰然自若………128
大風呂敷・大言壮語・針小棒大………129

2　ペアで覚える反対言葉………131
理路整然と支離滅裂………131
杓子定規と臨機応変………132
順風満帆と波瀾万丈………132
準備万端と徒手空拳………133
不倶戴天と一蓮托生………133

3　数字があるからリズミカル………134
一 ………134
二、三………135
六、七、八………135
百………136
千………137

4　純国産!?　訓読みで用いる四字熟語………138
青息吐息………138
白河夜船………138
傍目八目………139
海千山千………139
手練手管………140
内股膏薬………141

COLUMN　千載一遇の千載とは………142

5　換骨奪胎の章
作ってみよう、使ってみよう！………144

1　末尾の二文字で決めてみる………146

～千万………146
～至極………147
～三昧………147
～御免………148

2　取り合わせの妙で遊んでみる………149

◎同じ意味の語を重ねて強調する………149
　荒唐無稽・支離滅裂
　縦横無尽・自由自在
　百花繚乱・多士済々
　周章狼狽・右往左往
◎関連する意味の語を重ねてオチをつける………150
　驚天動地・右往左往
　吃驚仰天・右往左往
　信賞必罰・天罰覿面
◎連想する語を重ねる………152
　抱腹絶倒・呵々大笑
　先憂後楽・極楽浄土
◎韻を踏んでみる………152
　おなかがすいた、おやつを頂戴、気宇壮大。
COLUMN　四字熟語の新しい使い方………154

おわりに………156

1 人生行路の章

四字熟語のある光景

「月日は百代《はくだい》の過客《かかく》」と松尾芭蕉。さかのぼること900年、唐の詩人・白居《はくきょ》易《い》は「人生行客に似たり」と。

人生は、よく旅に例えられます。旅先で出会ったさまざまなものをカメラで写すように、人生のワンショットに四字熟語をあてはめてみましょう。

人生行路・・・

人が生きて行く道。世渡り。
困難の多い人生を、
巡り歩く旅に例えた表現。

1 喜怒哀楽のバリエーション

喜怒哀楽といえば、ケータイ端末には、おびただしい種類の絵文字・顔文字が登録されていますね。絵文字・顔文字の人相があなたの顔とそっくりではないように、四字熟語の多くは「ものの例え」であり、文字通りの状況が繰り広げられているわけではありません。けれどもパターン化された表現を道具として使うことで、気持ちや様子の輪郭がはっきりしてきます。

狂喜乱舞 きょうきらんぶ

狂ったように踊り出すほど喜んでいる様子です。前から欲しがっていたものを手に入れた子どもや、全国大会で優勝したスポーツ選手は、実際に飛び跳ねたり走り回ったりしますね。でも、実際に狂ったわけではないから「狂気乱舞」ではありません。

悲喜交交　ひきこもごも

競技場や合格発表の場でよく見られますが、悲しむ人たちや喜ぶ人たちが入り交じっているありさまです。「こもごも」には「かわるがわる」という意味があり、「交交（または交々）」と書くのですね。

欣喜雀躍　きんきじゃくやく

こちらもかなり喜んでいるのですが、踊りは小躍り程度。欣喜は気持ちがうきうきする感じ。雀がちょこちょこと跳ねているように、その場で喜んでいます。

嬉しさや喜びの度合いを表す言葉に続き、次は怒りです。

怒髪衝天　どはつしょうてん

髪の毛が逆立って天を衝《つ》くほどに怒っている様子です。『史記』の中に、同じ意味で「怒髪衝冠」と書かれている部分がありますが、これは、趙の恵文王が大国である秦に使者を出したとき、その使者が秦王の前で怒りをあらわにしたシーンです。このように髪の毛が冠を衝く程度なら、マンガなどでときどき見かけますね。

切歯扼腕　せっしやくわん

歯を食いしばり、腕をもう片方の腕で握りおさえて、怒りや悔しさをこらえる様子。怒髪衝天はそのままストレートに怒りの感情を出していますが、切歯扼腕は、抑えようとしても抑えきれない怒りです。

自暴自棄　じぼうじき

怒りというより、自分で自分が嫌になり、やけになっている様子ですね。これは『孟子』に出てくるのですが、「自暴」は儒教の礼儀をけなして自分を損なうこと。「自棄」は、思いやりや正しい行いを説く仁義の道を避け、自分を捨てること。このような人とは共に語りたくないし、行動を共にしたくもないと、孟子も言っています。

2 愛される人たち

表情が豊かな人、特にいつも明るく笑顔を絶やさない人は人気者です。好かれる人を表す四字熟語は、ほめ言葉として使っても喜ばれますよ。

天真爛漫 てんしんらんまん

春爛漫というように、「爛漫」は花が咲き乱れている様子です。「天真爛漫」は無邪気でおおらかな人をさすほめ言葉ではありますが、無邪気さに呆れて「天然（ボケ）」のような意味になることもあるので、大人に対して使うときは注意が必要。

天衣無縫 てんいむほう

天真爛漫と同じような意味で、ありのままで純真な様子。どちらかといえば、詩歌などの評価に使います。技巧に走るのではなく、自然な感じでしかも完璧な作品のことです。

中国の短編集『霊怪録』に、天女が人間界に降りてくる話がありますが、その衣には縫い目がまったくないのです。針と糸で細工をしなくても身にまとえば素敵な衣装なんですね。

ところで、この天女は七夕で有名な織姫のことです

が、彦星とは年に一度しか会えないものだから、天帝にお許しをいただいて人間界の男のところにやってくるのですよ。そもそも彦星と引き離されたのも、デートに明け暮れて機織りの仕事をさぼったからでしたね。まったく、どこが純真なんだか……。

明眸皓歯　めいぼうこうし

絶世の美女、楊貴妃のことを、唐の詩人・杜甫がこのように絶賛しました。明るく澄みきった瞳ときれいに並んだ白い歯。ただし、男性には使いません。

眉目秀麗　びもくしゅうれい

イケメンの場合はこちらをどうぞ。眉は文字通りまゆのこと。やっぱり目ヂカラ⁉

見た目だけでなく貫禄やたたずまいをほめるときは、次の語が有効です。

豪放磊落　ごうほうらいらく

豪快でこせこせしていない人柄のこと。「磊」は石がごろごろと重なり合っている様子で、ちょっと無骨なイメージもありますが、「磊落」は心が広くおおらかなことを表します。少しのミスぐらい「ガッハッハッ」と笑って許してくれる、頼もしくも愉快な人。

質実剛健　しつじつごうけん

「質」には、ありのまま、飾り気がないという意味があり、「剛健」は心身の強さを表します。正義のヒーローの多くが、まじめで強いこのタイプです。

3 愛されにくい人たち

人を批判する言葉はあまり使いたくないものですが、逆に、人からこう言われ、後ろ指をさされていないか自戒しつつ、確認していきましょう。

夜郎自大　やろうじだい

「夜郎」とは、中国西南部のとある少数民族の国の名。『史記』によると、大国である漢の使者がやって来たとき、上から目線で「漢とわが国とでは、どちらが強大か」なんて尋ねたのだそうです。まさに井の中の蛙。自分の小ささを知らないまま、偉そうに振る舞う、イタい態度のこと。ふてぶてしい印象から「野郎」としがちなので要注意。

一言居士　いちげんこじ

何事にもいちいち口を挟む人。自分の意見を言うのはよいことですが、度が過ぎるのは考えもの。答えを求めるより議論そのものを楽しむ人たちもいます。そこでうまいことまとめてしまうと、かえって白けることも。

「居士」は、よく戒名の末尾に付いている称号ですが、「こじつける」の「こじ」と絡めているのです。

舌先三寸 したさきさんずん

三寸とは約9cm。舌の先が9cmだと大変ですが、ここでは言葉が口元で停滞していると考えてください。口先だけ。言葉ばかりで心がこもっていない様子です。

三寸といえば「胸三寸におさめる」という言い方がありますが、こちらは考えや思いを心の中に秘めておくこと。混同して「胸先三寸」としてしまわないように。

唯我独尊 ゆいがどくそん

お釈迦さまは生まれるや否や、はいはいもよちよち歩きもすっ飛ばして、七歩歩かれたそうです。片手で天を指し、もう一方の手は地面を指し、「天上天《てんじょうてん》下《げ》唯《ゆい》我《が》独尊《どくそん》」と唱えながら歩いたと、『長阿含教』に書かれています。

お釈迦様だったらいいんですよ。でも、人間界でこのようなことをしていると怪しまれます。自分だけが一番偉いとうぬぼれている、「オレさま」な人のことです。

我田引水　がでんいんすい

自分の田んぼに水を引き入れる、つまり、自分にとって都合のよい行動をとることです。自分の都合を優先させるのは悪いことではありませんが、そのために他人に不快な思いをさせたり迷惑をかけている場合は、「そのやり方は我田引水だ」と言われてしまいます。

巧言令色　こうげんれいしょく

言葉巧みに、顔の表情もやわらげて人に媚びること。「令色」は、人の機嫌をとるために顔色をよくすること。穏やかな表情でよい言葉をかけられると、それが真心からのものなら嬉しいのですが、下心が感じられる場合は警戒されますね。

『論語』によると、孔子も「巧言令色は、思いやりでも何でもない（巧言令色、鮮《すく》なし仁。）」と述べています。

厚顔無恥　こうがんむち

文字通り、厚かましい顔つきで恥知らずなことですね。「無恥」を「無知」としてしまわないように。

● 四字熟語の定義 ●

「漢字四文字の熟語を10個、集めなさい。」

小学校の教室でこう言うと、子どもたちは、まず「一石二鳥」「暴飲暴食」などを出しはじめます。そのうちに「弱肉強食」とくれば、誰かが「焼肉定食」と言いだし、さらには「和歌山県」「夜露死(よろし)苦(く)」「三年一組」なども。一人が「山田太郎」と言えば、あっちで「山田花子」、こっちで「山田二郎」……と、どんどん盛り上がります。

四字熟語の定義については、「中国の故事をもつ由緒正しいものこそ四字熟語なのだ」という人から、「漢字が四つ続いていればいいだろう」という人まで、その考え方はさまざまです。

「焼肉定食」は形の上では四字の熟語ですが、

COLUMN

実際は二字の熟語を組み合わせただけで、「唐揚げ定食」、「焼肉弁当」など、他の語と組み替えることが容易です。

いっぽう、「弱肉強食」は一見「弱肉」＋「強食」のように思えますが、「弱肉」や「強食」が単体で使われることはまずありません。組み合わせて四文字にしてこそ、一定の意味を持つのです。

似た意味の二文字熟語を重ねて強調する例もありますが、基本的には四文字が密接に結びついているかどうかが、四字熟語として認定できる一般的な基準のようです。

4 永遠の愛の語り方

月下氷人 げっかひょうじん

いきなりですが、これは男女の縁を取りもつ人のこと、つまり仲人さん。知らなければ、いったい何の話なのかと思いますね。それに意味だけ知っていたとしても、なぜこれが仲人なのか。月の下はともかく、氷人って……。シュールです。例によって中国の昔話から来ている言葉ではありますが、「月下」と「氷人」はそれぞれべつの話からきているうえ、役割もまったく違っているのです。

「月下」は、唐の時代の奇談集『太平広記』から。月の光の下、老人が袋に寄りかかって本を読んでいます。そこに旅人が通りがかり、袋の中身を尋ねると、老人は「赤い縄じゃよ。これで男女二人の足をつなげば、必ず夫婦になる」と答えました。赤い糸ではなく赤い縄、糸より強力です。旅人は、ちょうど婚活がなかなかうまくいかなくて旅をしていたところでしたので、自分の相手は誰なのかと問いました。それは、なんと三歳の小汚い女の子。旅人は殺意さえ覚えるほどでしたが、14年後には見違えるほど美しくなったその子と再会し、めでたく結ばれるというか、もともと結ばれていたのだ、というお話しです。

「氷人」は、『晋書』にある話からです。氷の上に立ち、氷の下にいる人と話すという、奇怪な夢を見た人が、夢占いのところへ行きます。夢占い師は、「氷の上下は陰と陽。その夢は、汝が結婚の仲人になるという前ぶれじゃ」と答えました。夢で予言してもらうほどのことではなかったかもしれませんが、こんなことから「月下氷人」という言葉が使われているのです。

夫唱婦随 ふしょうふずい

夫婦仲がよいことですが、どんなおしどり夫婦にでもあてはまるとは限りません。文字を見てみれば、夫が言ったことに妻が従うこと。確かに、こういう関係だとあからさまなけんかにはならないでしょう。よそのご夫婦について用いるよりも、自分たちの夫婦仲を謙遜する場合や、妻を立てる意味で使うとよいでしょう。

比翼連理　ひよくれんり

男女の仲がむつまじいこと。「比翼の鳥」と「連理の枝」を合わせた語。

「比翼の鳥」は、雌と雄、それぞれ目と翼が一つずつで、常に並んで飛ぶという架空の鳥です。「連理の枝」は、はじめは隣り合った別々の木であったものが、そのうちに枝が絡み合い、木目が一つになった枝のこと。「連理の樹」ともいい、神社の境内や公園で見かけることも。

白居易（白楽天）の詩「長恨歌」に、「天にあっては願わくは比翼の鳥となり、地にあっては願わくは連理の枝となりましょう」というくだりがあります。唐の玄宗皇帝が楊貴妃の魂を呼び出してもらったときのセリフです。いわば悲恋物語ですが、来世までも永遠にむつまじくありたいという思いの尊さにより、結婚式のスピーチなどでよく取り上げられます。

偕老同穴　かいろうどうけつ

偕老同穴の契り。これも、夫婦が永遠に仲よく暮らしていくことです。

「偕」は「ともに」の意味。ともに老いて、墓穴までご一緒しましょうというわけです。中国最古の詩集『詩経』の、次のくだりに見られます。

子《し》の手《て》を執《と》りて子《し》と偕《とも》に老《お》いん
穀《い》きては則《すなわ》ち室《しつ》を異《こと》にするも
死《し》しては則《すなわ》ち穴《けつ》を同《おな》じくせん

5 これでいいのか？　烏合の衆！

烏《からす》の集まりのように、特に規律も何もなく、てんでばらばらにただ集まっている人たちのことを烏合《うごう》の衆《しゅう》といいます。「烏合之衆」にすれば四字熟語といえなくもないのですが、そうすると四字熟語に昇格してしまう語がありすぎるので、さりげなくこんなところで取り上げました。

ちなみに、烏は真っ黒で目玉がどこにあるか分かりにくい鳥だから、「鳥」の目の部分を一本なくして「烏」という文字になったのだとか。

さて、ここでは世の中を見渡して「なんだかなぁ」と思ったときに使うような語を集めてみました。

曲学阿世　きょくがくあせい

学問の真理を後回しにして、権力や社会の風潮に合わせた説を唱えること。「阿」は、媚びへつらう、迎合するという意味です。たとえば、ニセ科学といわれる、確たるデータもないのに憶測ででっち上げられるようなネタ。いろいろな健康法、ダイエット法でも、ときどきそういうものがありますね。

流言蜚語　りゅうげんひご

流言はデマのこと。「蜚」はゴキブリを意味する文字だとか。「蜚語」で、根も葉もないうわさのことです。つまり、デマやうわさ。「流言飛語」と書くこともあります。曲学阿世よりも確信犯的ですね。

付和雷同　ふわらいどう

「附和雷同」とも書きます。雷のとどろきが順に伝わっていくように、無条件に言葉や行動を他人の意見に合わせること。仲良くしていても自分の道理は通す「和して同ぜず」に対し、こちらは自分の考えがありません。むやみやたらと人に合わせる「付和」ですから、「不和」と間違えないように。

唯唯諾諾　いいだくだく

同じ漢字が続くので、たいていは「々」を用いて「唯々諾々」と書きます。「諾」は承諾の諾ですね。「唯」は中国では「ウェイ」と発音しますが、擬声語で日本語の「はい」にあたります。そして「唯々」は、はいはいと人の言いなりになること。付和雷同がみんなに合わせるのに対して、唯々諾々は、特定のだれか決まった人、特に上司や目上の人に合わせることです。

中国戦国時代の『韓非子』によると、下心のある臣下を見分ける方法が八つあり、そのうちの一つが唯々諾々。つまり、君主のご機嫌をとって判断力を鈍らせるため、何でもはいはいと言うことを聞いておく態度のことです。

面従腹背　めんじゅうふくはい

表面では従うふりをしていても、心の中では背いていること。唯々諾々よりも悪質です。ネットに見られる匿名の誹謗中傷などは、このような人の仕業かも。

美辞麗句 びじれいく

「美辞」も「麗句」も、美しく立派な言葉のこと。同じ意味の言葉を重ねて強調しています。たいていは、むやみに言葉を飾り立てているというマイナスイメージで使われます。

美辞麗句を並べ立て、唯々諾々と従っておけば、お偉いさんのご機嫌とりもバッチリです。

媚びへつらう態度を表す語が続きましたが、最後は公平中立を示す語で締めておきましょう。

不偏不党 ふへんふとう

考えが偏らず、徒党も組まず。どちらにもつかない公平な態度のことで、「不偏不党の精神」のように使われます。それなりに自分の考えやポリシーがあっての中立で、どっちつかずというような否定的な意味はありません。「不変不党」としやすいのでご注意を。

6 風流人を気取ってみれば

現代社会のほろ苦い言葉が続きましたから、ここらで命の洗濯でも。

花鳥風月 かちょうふうげつ

花と鳥と風と月と。いずれも詩歌や芸術の題材としてピッタリ。自然の美です。ときどきは山奥のお寺にでも出かけ、花鳥風月を実感したいものですね。

一方、唐の詩人・白居易（白楽天）は、四季の代表的な自然美として「雪月花」を挙げています。

山紫水明 さんしすいめい

陽の光に映えて紫色に霞む山々。そして澄みきった川の流れ。景色の美しい場所、地域をいいます。江戸時代、儒学者の頼山陽が京都に住んでいたとき、美しい山と川が一望できる書斎を山紫水明処と名づけたのです。

明鏡止水　めいきょうしすい

きれいな鏡面と揺らぎのない水面のように、心が澄み切って静かな様子です。

鏡がまだ貴重だった大昔は、水面に自分の姿を映していました。当然、流れる水には姿はうまく映りません。『荘子』に、次のようなことが書かれています。

「人が静かな水面に姿を映すように、静かな人のそばでこそ自分の心も落ち着くものだ。」

風光明媚　ふうこうめいび

山紫水明の地のように、景色が美しいことを風光明媚ともいいます。

「媚」は「こびる」の意味で、媚薬に使われるほどですが、実は「こまやかな美しさ」という意味もあるのです。また、「眉目秀麗」の「眉」はまゆですから、「風光明美」や「風光明眉」は間違いです。

行雲流水　こううんりゅうすい

宋の文豪・蘇東坡《そとうば》が、文章作成の極意を次のように述べています。

「文作りは、行く雲、流れる水のように自然まかせ。初めから決まった形などないのだ。」

とはいえ、基礎的な文章力を備えている人が目指す、ワンランク上の目標だと思いますが。それはさておき、いまでは文章に限らず自然の流れに任せて行動するという意味で、この語が使われます。

落花流水 らっかりゅうすい

散る花と流れる水は、去りゆく春の景色。時が過ぎ去る寂しさ、むなしさを例えています。「落花」を流れに身を任せたい男性、「流水」は落花を受けとめたい女性に見たて、相思相愛を意味することもあります。

7 苦しみのアラカルト

仏教経由で一般的になった語が、四字熟語にはたくさんあります。お経を知らなくても、こうした言葉を通して、私たちはいつの間にか仏様の教えに触れているのですね。

四苦八苦 しくはっく

これは、四字熟語であることを忘れるくらいに日常生活の中でたびたび使われ、よく知られていますね。そこで、その意味をちょっと分析してみましょう。

簡単に言えばひどい苦しみのことですが、単に苦しさ四倍、八倍という意味ではありません。仏教でいう、四種の苦しみと八種の苦しみを合わせた、いわば苦しさのコースメニューみたいなものです。

四苦は、生老病死の四苦。八苦は、この四苦に次の四つの苦しみを加えたもの。

①愛別離苦《あいべつりく》……愛する肉親と別れる苦しみ
②怨憎会苦《おんぞうえく》……怨み、憎んでいる人に会う苦しみ
③求不得苦《ぐふとくく》……求めるものが得られない苦しみ
④五蘊《ごうん》（陰）盛苦《じょうく》……心身を構成する五要素から
生じる苦しみ

なかでも「愛別離苦」は、四字熟語としてしばしば使われています。

また、「五蘊」とは、色（身体）・受（感受）・想（知覚）・行（意志）・識（識別）の五つです。

有為転変　ういてんぺん

この世のすべての存在や現象は、常に変化し定まることがない。いろは歌の「うゐのおくやま」も、漢字で書くと「有為の奥山」です。「有為」とは、生まれ、変化し、やがて消えてゆくあらゆる存在のことなのです。同じ意味で、「万物流転（ばんぶつるてん）」という語もあります。

生生流転　せいせいるてん

「万物流転」はすべてが変化していくことですが、その、すべてのものの一つ一つもまた、永遠に何度も生まれ変わってゆく、それが「生生流転」です。

一切衆生　いっさいしゅじょう

この世のすべての生きとし生けるもの。「衆生」は仏の救済の対象として、特に人間をさします。仏様でもない私たちが他人のことを「衆生」と言ってしまうと、上から目線ですね。

森羅万象 しんらばんしょう

生き物だけでなく、この世に存在するすべてのものや現象。元祖仏教ともいえる原始経典『法句教《ほっくぎょう》』にある言葉です。

「高層ビルが林立している」というように、「林」は木以外の物でも連なっている様子を表すことがありますが、「森」も同様。「羅」は羅列、網羅などで使いますね。「森羅」は、天地の間で物が限りなく並んでいる状態です。

有象無象 うぞうむぞう

これもまた、この世にあるすべてのもの。ものはものでもくだらないものという意味で、「反対グループは、どうせ有象無象の集まりだ」のように使われます。形や様子をさす「象」は「相」に通じ、「有相無相」と書くことも。

8 いろはの境地

「鍋料理のいろは」のように、「~の初歩」といった意味で「いろは」はいまでもよく使われます。これは、「フラダンスのＡＢＣ」などと同じですね。ただし、いまのひらがな表は「あいうえお」から始まっていますが、なぜか「鍋料理のあいう」とは言いません。

「いろは」ではじまるいろは歌は、手習いのお手本として作られたもので、47字のひらがなが一つずつ読み込まれています。それだけでなく、涅槃教の「諸行無常　是生滅法　消滅滅巳　寂滅為楽」を和訳した奥の深い歌なのです。

この涅槃教の句のうち、「諸行無常」はたいへん有名ですね。また、「寂滅《じゃくめつ》為《い》楽《らく》」は、「死んで煩悩から解き放たれたら楽になる」というような意味で、近松門左衛門の人形浄瑠璃『曽根崎心中』に出てきます。

あれ数ふれば暁《あかつき》の、

七つの時が六つ鳴りて、

残る一つが今生《こんじょう》の、

鐘の響《ひびき》の聞き納め、

寂滅為楽と響くなり。

いまから心中するところの男女のセリフですが、鐘の音が「寂滅為楽」と聞こえてくるというのですね。悲しく辛い場面ですが、これも声に出して読みたい名文です。

「寂滅為楽」よりも出番の多いのが、「諸行無常」でしょう。また、同類の語もたくさんあります。

諸行無常　しょぎょうむじょう

祇園精舎の鐘の声、諸行無常の響きあり。

ご存じ、『平家物語』の冒頭です。有為転変や万物流転と同じく、世の中のすべての物事で、変わらないものは一つもないという教え。鐘の響きに仏教の四字熟語を聞くところは、『曽根崎心中』と通ずるものがありますね。『平家物語』は、さらに続きます。

盛者必衰　じょうしゃひっすい

沙羅双樹の花の色、盛者必衰の理《ことわり》を表す。

沙羅双樹は、お釈迦様が入滅されたときに四方に二本ずつ生えていたという沙羅の木です。花の色といっても花が咲くことは珍しいそうで、しかも白っぽい色ですが。とにかくどんなに華々しく活躍し、盛んな時期があった人でも、いずれは必ず衰退していく道理です。

『平家物語』は、琵琶法師によって語り伝えられてきたものですが、法師という名の通り、もともと琵琶法師は僧侶であり、仏教の教えを広めるために各地で弾き語りをしてまわったのです。時代が進むにつれて娯楽色が強くなり、ストーリーやパフォーマンスを楽しむようになってきたわけですが、『平家物語』に仏教の言葉が多用されているのもうなずけます。

さて、仏教とはもう少し違った側面から無常観を表現している語に、「飛花落葉」があります。風に吹かれて飛ぶ花びらと、やがて散り落ちる青葉ということで、世のはかなさや無常を感じさせられますね。

このような風流系で言えば、唐の詩人・杜甫の「春望」も有名です。

國破山河在　国破れて山河在り、

城春草木深　城春にして草木深し

また、松尾芭蕉が藤原三代の栄華を詠んだ「夏草や

兵《つわもの》どもが　夢の跡」は、杜甫へのオマージュといえます。杜甫や芭蕉の詠嘆ぶりを見ていると、仏教はむしろ、理系的発想が満載なのではないかと思えてきます。

生者必滅　しょうじゃひつめつ

盛者必衰と似た意味ですが、こちらは一代限り。生きている者は必ず死ぬということなので、「勝者必衰」としてしまわないように。

栄枯盛衰　えいこせいすい

栄えたり衰えたり。盛者必衰とは似ているけれど違います。次の例文で比べてみましょう。

城跡に立ち当時の栄枯盛衰を思うと、あらためて盛者必衰を実感する。

また、同じ「盛」でも読み方が違いますね。遣唐使によって伝わってきた読み方を「漢音」というのに対し、それ以前のものの多くは「呉音」といわれます。仏教語の多くは呉音で、「盛」を「じょう」と読むのも呉音の発音です。

どちらかといえば悲観的、諦観的な無常の思想ですが、時の流れとともに変わることは、何も衰退や退化だけではありません。

日進月歩　にっしんげっぽ

絶え間なく急速に進歩する様子。日本の科学技術はいまでも日進月歩で発展し続けていますね。一日一日の努力の積み重ねが、月々の進歩につながります。

2

温故知新の章

実はこんな意味だった！四字熟語の誕生15のエピソード

　中国の故事成語といえば、必ずしも四字熟語ばかりではありませんが、四字熟語は中国の古典・故事に由来するものが多数あります。単に四文字の漢字が組み合わさった熟語というだけではなく、こうした由緒正しい出典のあるものだけを四字熟語とする考え方もあるくらいです。

　この章で取り上げる熟語はすでにおなじみのものが多いと思いますが、元になったエピソードを楽しみながら、使い方や意味を確認していきましょう。

温故知新

故《ふる》きを温《たず》ねて新しきを知る。
昔のことがらを研究し、
新しい知識につなげること。
『論語』より。

まずは、歴史書、兵法書から見ていきましょう。

なにしろ春秋・戦国時代というくらいですから、戦争が日常、ほとんどが戦いにまつわる逸話です。現代の日本では武力による戦争こそありませんが、受験戦争、価格戦争、嫁姑戦争等々、日常の中で比喩的な戦争が繰り広げられていますね。故事成語も、ビジネスや自己実現の場などで比喩的に用いられています。

臥薪嘗胆 がしんしょうたん

表彰台の上で、
臥薪嘗胆の4年間を
振り返った。
手ぶらで
帰りたくないし……

臥《が》薪《しん》嘗《しょう》胆《たん》 目標を成し遂げるため、長期にわたって努力や苦労を重ねること。

《ことばのルーツ》

紀元前500年頃の中国は春秋時代。呉王の闔閭《こうりょ》は、勾践《こうせん》が君臨する越を攻めたものの、その際の傷がもとで死んでしまう。闔閭の子である夫差《ふさ》が即位して呉王となり、闔閭の側近であった子胥《ししゃ》は引き続き夫差に仕えた。

夫差は父の仇討ちを強く心に誓い、朝夕薪の上で寝起きすることにした（臥薪）。こうして、痛みを感じるたびに復讐心を募らせたのだ。また､部屋に出入りする使用人には「夫差、おまえは越人が父を殺したことを忘れたか」と言わせた。

そして時機到来、夫差は越を破る。越王の勾践は生き残った兵を引き連れて会稽山《かいけいざん》に逃げ込み、「私は家来となり妻を妾として差し出します」と命乞いをした。夫差の忠実な側近の子胥が「聞いてはなりませんぞ」と進言したが、越から賄賂をもらっていた重臣の伯嚭《はくひ》が夫差を説き伏せ、勾践を許してしまう。

国に帰った勾践は、寝所に肝を吊しておき、寝起きするたびにこれを仰いで嘗めながら（嘗胆）、「おまえは会稽の恥を忘れたか」と自分に言い聞かせた。そして、兵を訓練し、呉を討つ準備に専念した。

一方、呉では、夫差の側近の子胥が狡猾な伯嚭に陥れられて自害した。その後、越に攻められ破れた夫差は、無実の罪で子胥を処罰したことを悔いながら、自ら命を絶つのであった。

『十八史略』より

「臥薪嘗胆」と一気に言ってしまうと、薪の上で寝るのも肝を嘗めるのも同一人物がしたことのように思えますが、臥薪は夫差が、嘗胆は勾践が実践し、テンションを保っていたわけです。二人はライバル同士でしたが、行動パターンはけっこう似ていますね。

呉と越の戦いにはほかにもさまざまなエピソードがあり、それぞれよく知られ、人気があってドラマやゲームの格好の素材となっています。

呉越同舟 ごえつどうしゅう

呉越同舟とはいえ、
オールスター戦は盛り上がる。

呉越同舟《ごえつどうしゅう》	仲の悪い者同士が同じところに居合わせている状態。普段は敵対していても、共通の困難に対しては協力し合うこと。

《ことばのルーツ》

常山《じょうざん》に率然《そつぜん》という蛇がいる。その首を撃てば尾が反撃すべく襲ってくる。尾を撃てば首が向かってくる。中程をねらえば首と尾がともに迫る。兵隊をこの一匹の蛇のように一体化させて率いることは、不可能ではない。

呉人と越人は互いに憎しみ合っているが（呉越）、同じ舟に乗って川を渡り嵐に遭ったなら（同舟）、まるで左手と右手のように息を合わせ、互いに助け合うことだろう。

馬車（戦車）を並べるだけでは不十分だ。兵たちが手を携え、まるで同一人物であるかのように志を一つにするためには、そうならざるを得ない状況に追い込むことが必要だ。

『孫子』より

これも呉と越のお話。出典の『孫子』は、春秋時代の兵法書です。

実際に呉人と越人が同じ舟に乗り合わせるようなことがあったかどうかはわかりませんが、孫子は、敵国同士だった呉と越を引き合いに出し、もしもこういう状況になったらと仮定して、兵法を説いたのです。

鶏口牛後 けいこうぎゅうご

就活を怠けて
鶏口牛後をほざくのは
いかがなものか。

鶏口牛後《けいこうぎゅうご》

大きな組織の下で使われるより、小さな組織でも長になった方がよい。

《ことばのルーツ》

中国の戦国時代、秦、燕、趙、魏、韓、楚、斉の七つの大国があり、なかでも一番強大な西方の秦は、その武力で諸侯を脅して領土をせしめていた。

あるとき、洛陽の蘇秦《そしん》という遊説家が、秦の恵王に他の六国と同盟を結ぶよう説いたが採用されない。そこで、燕の文侯のところへ行き、趙との和親を説いたところ、文侯は蘇秦に資金を与え趙へ行かせた。

蘇秦は趙の粛侯に次のように説いた。「周辺諸侯のみなさんが兵力を合わせれば、秦の10倍にもなりましょう。協力して西方を攻めたなら、必ずや秦を破ることができますよ。六国が互いに同盟を結び、秦を退ける以外に方法はありません。」

粛侯は蘇秦に資金を与え、諸侯と同盟を結ぶことにした。蘇秦は「鶏口となるも牛後となるなかれ（鶏のくちばしにはなっても牛の尻にはなるな＝大国の下に付き従うよりも、小さくとも一国一城の主たれ）」という古くからのことわざを引用して諸侯たちを説き伏せ、とうとう同盟六国の宰相にのし上がったのだった。

『戦国策』より

このエピソードには、実はほかにも四字熟語が隠れています。原文では、西の秦と東の国々が手を結ぶことを連衡《れんこう》、南北に並んだ国々が結ぶのは合従（従は縦のこと）と書かれているので、「**合従連衡**」の四字熟語として、政治・国際情勢などに関する記事で見かけることがあります。

合従連衡　がっしょうれんこう

小さな国が南北で（合従策）あるいは東西で（連衡策）手を結び、大きな国に対抗すること。巧みな外交政策。

さて、四字熟語には動物の名前が含まれているものも多いのですが、鶏と牛が登場したところで、鶏と犬（狗）が含まれた故事成語もご紹介しておきましょう。

鶏鳴狗盗 けいめいくとう

取るに足らない智恵、物まねやこそ泥のようなくだらない技能の持ち主。

《ことばのルーツ》

中国の戦国時代、斉の宣王の孫である孟嘗君《もうしょうくん》は、賢者として諸侯にも名を知られていた。一芸に秀でていれば誰でも食客（居候）として迎え入れたので、その数は数千人にものぼる。孟嘗君の名声を聞きつけた秦の昭王は、孟嘗君を宰相として迎えるべく呼び寄せた。しかし、しょせんは他国の王の身内である。昭王は気が変わり、孟嘗君を捕らえてしまった。

孟嘗君は昭王の幸姫に取り次いでもらい、解放するようとりなしてもらえないかと頼んだところ、幸姫は「見返りに、あなたが持っていた狐の白皮衣をくださいな」と言う。狐の白皮衣はたいへん希少なものであるが、すでに昭王に献上したばかりだった。

ところで、孟嘗君の食客で盗みの得意な者がいた（狗盗）。孟嘗君はこの者に手助けさせて白皮衣を取り返し、幸姫に献上した。

こうして解放されると、城を去り、名前を変え、夜中に函谷関という関所までたどり着いた。ここでは、朝一番の鶏が鳴いたら通行人を通すことになっている。しかし、ここでもたもたしていたら昭王の追っ手が来るかもしれない。

孟嘗君の食客には、鶏の鳴きまねが得意な者もいた（鶏鳴）。彼が鶏の声を出すと、他の鶏もみな鳴き始め、関所を通り抜けることができた。

『史記』より

もともとは「くだらない技能でも役に立つことがある」という解釈だったようですが、いまでは否定的な意味で使われています。

四面楚歌 しめんそか

支局に出向して3日間は、
四面楚歌だと
思いこんでいた。

四面楚歌《しめんそか》　周囲を敵に囲まれている状態。

《ことばのルーツ》

劉邦の漢軍に追われ、項羽の楚軍は垓下《がいか》というところに立てこもった。兵士の数は少なく、食糧も尽きてくる。漢軍とそれに味方する諸侯の兵は、立てこもった楚軍を幾重にも取り囲んでいることだろう。

夜になると、四方から楚の歌が聞こえてきた。「楚はすでに漢のものになってしまったのか。」項羽は驚いた。「これほど多数の歌声が聞こえるとは、さぞかし大勢の楚人が漢に寝返ったのであろう。もはや武運は尽きた。」

気力を失った項羽は、とばりの内で酒を飲み、漢詩を詠んだ。頬には幾筋かの涙が伝う。傍らには妻の虞美人が寄り添い、ともに涙を流した。

『史記』より

七つの大国が覇権争いをしていた中国も、紀元前221年に秦の始皇帝が天下を統一すると、一応落ち着いたことになり、戦国時代は幕を下ろします。しかし、万民が不満を持たない治世など、なかなかできることではありません。そのうちに秦を倒そうとする勢力が湧き起こります。項羽と劉邦もそうした共通の目的で義兄弟の杯を交わした仲でした。

たった十数年で秦が滅亡した後は、昨日の味方が今日の敵。講和の会合を終えて東方へ帰って行く項羽の軍を、劉邦の軍が追います。劉邦が信頼している軍師・張良のアドバイスに従ったのです。

この四面楚歌のエピソードでは、囲まれている項羽は楚の国王。ですから、楚歌は敵の歌ではなく自分の国の歌ですね。敵に囲まれた状態を「四面楚歌」というのですが、敵の歌に囲まれているわけではないのです。普通、アウェイといえばライバル国の国歌に囲まれるので、勘違いしやすい部分です。

楚の歌を聞かせたのは、望郷の念から戦意を失わせるための劉邦の戦略だったようです。漢に投降した楚人に歌わせたのみならず、おそらくは漢軍にも声を合わせて歌わせ、歌声を増幅させたのかもしれません。さすがの猛将項羽も窮地に追い込まれた状況下では、ますます的確な判断が難しかったでしょう。実際、楚軍が漢軍に逆転したわけでもなく、歌わされて歌っていたのですから。

歴史小説『項羽と劉邦』は司馬遼太郎による名作ですが、この司馬遼太郎というペンネームも、『史記』の作者・司馬遷にあやかってつけられたとか。

四面楚歌の類語として、「孤立無援《こりつむえん》」もよく使われますね。文字通り、誰からも見放されて何の助けもない一人ぼっちの寂しい様子です。また、「孤軍奮闘《こぐんふんとう》」という言葉もありますが、こちらは一人になっても最後まで戦い抜くという根性のある語です。

朝三暮四　ちょうさんぼし

何本もらっても朝三暮四だぜ。
ケチな
ご主人さま……

朝《ちょう》三《さん》暮《ぼ》四《し》

言葉巧みに人を言いくるめること。結局は同じ結果になると気づかず、目先の得にまどわされること。

《ことばのルーツ》

宋の国に、猿をたくさん飼っている者がいた。とにかく猿が好きで猿の心もよくわかるほど。猿の方も猿飼いによくなついていた。

猿飼いは、自分の食べる分を減らしてでも猿にはたらふく食べさせるようにしていたが、にわかに貧しくなり、餌も節約せざるを得なくなってきた。しかし、餌を減らすことで猿がなつかなくなっては悲しい。とりあえず「君たちにあげているトチの実だが、これからは朝に三個ずつ、暮れに四個ずつで我慢してほしいのだ。これでは足りないだろうか？」と相談してみたところ、猿は案の定、キーキーと怒り始めた。そこで、「それでは、朝に四個、暮れに三個ずつではどうだろう。これなら足りるかな？」と問いかけてみると、猿はみな、ひれ伏して喜んだ。

『列子』『荘子』より

春秋戦国時代には大勢の思想家が活躍し、多くの学派も生まれました。これらをまとめて「諸子百家」といいます。たとえば『論語』で有名な孔子もそのうちの一人です。孔子の学派は儒家ですが、朝三暮四の逸話が出てくる『列子』や『荘子』は、道家の思想を説いた書物なのです。

もともとは、知恵者は物事をよく考えて手段を講じることができるが、愚かな者は正しく判断することができない、という例えでしたが、いまは人を愚弄する例えとして解釈されています。中国では、考えがころころと変わってあてにならないときにも使われるようです。

一般には、考えがころころと変わるという意味では、次の「朝令暮改」の方がメジャーでしょう。

朝令暮改 ちょうれいぼかい

店長の朝令暮改で、
フェア会場は大混乱。

朝《ちょう》令《れい》暮《ぼ》改《かい》

命令がしょっちゅう変わり、定まらないこと。

《ことばのルーツ》

劉邦が漢を建国して20年あまり経った頃、劉邦の子が即位して文帝となった。政治家の鼂錯《ちょうそ》は文帝の信望厚く、農業重視のさまざまな政策を上奏していた。

「農民たちは休みなく働きつつも、やれ葬式だ、やれ病気見舞いだと、とにかく日々てんてこ舞いです。水害や日照りに翻弄されるうえに、急にむちゃな税を取られ、朝に出された法令が暮れには改められる（朝令暮改）といった、あてにならない暮らしをしています。このままでは農民はどんどん逃亡し、国も貧しくなってしまうでしょう。」

文帝の子、景帝の時代には、諸侯の力が大きくなりすぎないよう、鼂錯は諸侯の領土や権限を削減する政策を打ち出した。当然、諸侯たちの反発を招くこととなり、呉、楚などの七国は反乱を起こす。

こうして鼂錯は、かねてから鼂錯を疎まし

く思っていた袁盎《えんおう》の計略にかかり、反乱軍を黙らせるという名目で処刑されたのであった。

『漢書』より

四字熟語は二文字ずつに区切って捉えることが多いと思いますが、書き取るときになんとなく二文字の熟語を組み合わせるだけでは、書き間違いが生じやすくなります。この「朝令暮改」も、「ちょうれい／ぼかい」ということで「朝礼暮改」としてしまわないよう、注意しましょう。

孟母三遷 もうほさんせん

地域ボランティアに参加したのは
孟母三遷の思いから。

孟母三遷《もうぼさんせん》　教育には環境が大切だという教え。

《ことばのルーツ》

孟子は幼い頃に父親を亡くし、母親（孟母）が女手一つで孟子を育てていた。家はお墓の近くにあり、孟子はよく葬式ごっこをして遊んだ。葬儀の踊りをまねたり、土を掘ってはまた埋めたりする孟子の様子を見て、孟母は「ここは子どもを育てるのにふさわしくない場所だ」と考え、市場の近くへ引っ越すことにした。

すると、孟子は、家畜を殺しては肉を切って売る肉屋の様子を見て、それをまねて遊ぶようになった。孟母はまた、「ここも子どもを育てるのにふさわしくない場所だ」と考え、今度は学校の近くに引っ越した。

そこでは、孟子は学校で行われている儀式を見て、祭礼の道具を供えるまねをしたり、出入りの際に敬礼をするようになった。家屋は粗末なものではあったが、孟母は「ここなら子どもを育てるのにたいへんふさわしい場所だ」と納得し、ようやくその場所に落ち着いた。

こうして、孟子は成長してから立派な儒学者になったのである。

『列女伝』より

孟子は、戦国時代に孔子の儒教を独自展開した偉人ですね。

「遷」は他の地に移ること。「墓地の近く→市場の近く→学校の近く」なら、引っ越しは二回だけじゃないかということになりますが、「三」は回数の多いことを表す「三」で、何度も引っ越したという意味かもしれません。あるいは墓地の近くに住んでいたのを、すでに一度目として数えたのでしょう。

わが子をスーパースターに育て上げた孟母の逸話は、これだけではありません。

孔子と並び称せられる孟子も、幼少のみぎりはごく普通の子どもだったようで、ある日、遊びほうけて家に帰るのがずいぶん遅くなってしまいました。孟母は、機織りの手を休めることなく孟子に尋ねます。

「勉強は進みましたか」

「特に変わりはありません」

その直後、孟母は孟子の目の前で、織っていた織布を途中で断ち切ってしまいました。学問は、倦まずたゆまず継続することが肝心。それを中断することの意味を孟子は思い知り、日々勉学に勤しむようになったという、「孟母断機《もうぼだんき》」のエピソードです。

「孟母三遷」に「孟母断機」ときたら、強烈な教育ママみたいなイメージが湧いてくるかもしれませんが、実際の孟母はたいへん奥ゆかしい女性だったようです。そもそも、お話の中に名前さえ出てきません(孟母というのは見ての通り孟子の母という意味)。けれども、孟子がお腹にいるときから胎教を考え、きちんとした生活を心がけました。「孟母三遷」では、孟子の遊びを禁じるのではなく、環境を変えることを考えます。「孟母断機」では、孟子に自ら気づかせました。

というわけで、先回り口出し手出しの「猛母参戦」にならぬよう!

門前雀羅　もんぜんじゃくら

門前雀羅のわが家では
スズメのホテルでも始めるかいのう。

門前雀羅《もんぜんじゃくら》　その家を訪れる人もなく、さびしくひっそりしている様子。

《ことばのルーツ》

漢の武帝の時代に、翟公《てきこう》という役人がいた。翟公が中央政府の大臣になると、訪問客たちが家の前にあふれた。しかし、免職されると、門の外に雀捕りの網をはりめぐらせられるほどにさびれてしまった（門前雀羅）。

その後、翟公は再び大臣のポストに返り咲いたが、大きな字で次のように書いて、門の上に貼り出した。

「一死一生、乃知交情、
一貧一富、乃知交態、
一貴一賤、交情乃真。
（生死が分かれたときにこそ、友情がどんなものであったかがわかる。貧富が分かれたときにこそ、交わりの態度がどうであるかわかる。貴賤が分かれたときにこそ、真の友情であるかどうかがわかる。）」

『史記』より

武帝は、「朝令暮改」で登場した景帝の子です。『史記』では「門外可設雀羅（門の外には雀捕りの網を仕掛けられるほどだった）」と書かれているのですが、唐の時代の詩人・白居易が詩の中で「賓客亦已散　門前雀羅張」と表現し、門前雀羅の四字熟語として広まりました。

門前に雀と聞くとなんだかにぎやかそうですが、まったく逆の趣ですね。門前がにぎやかな場合は、四字熟語ではありませんが、「門前市を成す」あるいは「門前市の如し」といいます。その家を多くの人が訪れてにぎわっている様子です。

『戦国策』と『漢書』には、「**門庭若市**（門庭市のごとし）」という記述が見られます。両方のエピソードを簡単に紹介しておきましょう。

《ことばのルーツ》

斉の国の威王は、宰相の鄒忌《すうき》の進言を受けて次のようなおふれを出した。

「大臣・官吏はもちろんのこと平民・百姓に

至るまで、王の過ちを面前で直接指摘する者には上等賞を与える。書面で提出した者には中等賞を与える。公の場で王の過ちについて議論し、それが王の耳に届いたなら、下等賞を与える。」

このおふれを出すや否や、大臣や官吏が競うように王宮におしかけ、宮廷の門前はまるで市のように（門庭若市）大賑わいとなった。一年後には、何も指摘することがなくなり、斉は素晴らしい国になった。

『戦国策』より

《ことばのルーツ》

前漢の哀帝は、19歳という若さで即位したため、政治はその外戚たちが好きなようにしていた。また､美男の董賢《とうけん》を寵愛しすぎるので、重臣の鄭崇《ていしゅう》が哀帝を諫めた。そこへきて、かねがね鄭崇を疎ましく思っていた長官の中傷により、鄭崇は哀帝に呼び出された。

「君の門庭にはいつも大勢の人が集まって、まるで市のようだ（門庭若市）。そんなに人を集めて何を企んでいるのか。」

哀帝が責め立てると、鄭崇は答えた。

「私の門庭は市のようですが、心は水のように静かです。どうぞ、気がすむまで調べてください。」

これを聞いた哀帝は怒り出し、鄭崇を投獄したのであった。

『漢書』より

『漢書』の方は皮肉まじりの意味で使われているので、門前市の熟語はあまり安易に使わない方がよさそうです。

五里霧中 ごりむちゅう

君がいなければ、
いまだに五里霧中を
さまよっていただろう。

五里霧中《ごりむちゅう》	状況が把握できず、見通しが立たない様子。

《ことばのルーツ》

後漢に張楷《ちょうかい》という者がいた。古典書籍にたいへん詳しく、その弟子は常に100人以上。年老いた学者から君主・諸侯の親戚までが会いに来るほどで、町中が人と車で混雑していた。

あるとき、役人から知事に推薦されたが、張楷はこれを断って山にこもってしまう。それでも学者たちは張楷を追って集まり、市ができるほどであった。順帝が詔を発してまで任官を促したが、張楷は病気だからと言って応じない。

張楷は道術にも長けており、五里にわたる霧（五里霧）を作り出すことができた。この中に入れば、方角はさっぱりわからなくなるのだ。一方、函谷関《かんこくかん》の西には三里の霧を作る裴優《はいゆう》という者がいた。裴優は張楷に弟子入りを請うたが、張楷は会おうともしない。

裴優は三里霧を作って盗みをはたらき、捕

らえられた。その際に「この術は張楷から教わった」と言う。張楷は無実の罪で投獄されたが、うろたえることもなく、牢獄の中で経典を暗唱し、古典書籍の注釈を執筆した。有罪の証拠もなく二年後には家に帰され、再び帝の詔により礼を尽くして招かれるが、やはり重病だと言って応じなかった。

『後漢書』より

で？　五里霧中は何だったの？？　誰かが山でさまよっていたの？？？と、五里霧中な読後感を抱かれたかもしれませんが、この道士張楷の逸話が五里霧中の元ネタで、「五里霧の中」ということなのです。「ごり／むちゅう」だと思っていると、五里夢中と書き間違えてしまいますよ。

同じような意味を表すものに、次のような語もあります。

曖昧模糊　あいまいもこ

物事がはっきりせず、ぼんやりしている様子。

同じ意味の「曖昧」と「模糊」を重ねて強調している。

暗中模索 あんちゅうもさく

見通しがなくても手探りであれこれやってみること。

それぞれ意味はほとんど同じでも、使い方が微妙に違っています。文例を挙げますので、「五里霧中」「曖昧模糊」「暗中模索」の三語を互いに入れ替えて試してみてください。

・五里霧中をさまよう。
・曖昧模糊としている。
・暗中模索の結果〜。

画竜点睛　がりょうてんせい

画竜点睛のつもりが
いつもここでしくじるアタシ。
はっ！

画竜点睛《がりょうてんせい》

最後の大事な仕上げ。わずかに手を加えただけで全体が引き立つようになること。

《ことばのルーツ》

南北朝時代、梁《りょう》の国に張僧繇《ちょうそうよう》という画家がいた。

武帝は寺に飾る絵の多くを張僧繇に命じて描かせたが、どういうわけか、金陵の安楽寺にある四頭の白竜は、目に瞳が描かれていない。僧繇が「瞳を描き込めば飛び去ってしまう」というので、人々は「そんなことがあるものか」と、瞳を描くよう強引に頼んだ。

仕方なく瞳を描き加えると、突然雷鳴がとどろき壁を破り、二頭の竜が雲に乗って天に昇って行ってしまった。あとには、まだ瞳を描き加えていない二頭だけが残った。

『歴代名画記』より

多くは「画竜点睛を欠く」という言い回しで、肝心なことが抜けていて残念なときに使われます。「睛」は瞳のことですから、「晴」にしてしまわないことが肝心。

まったく違う意味の熟語に、「蛇足」があります。余計な付け足しをすることですが、中国では「画蛇添足」と四字で使われることが多く、字面が「画竜点睛」と少し似ていますね。これは、楚の国で蛇の早描き競争をしたところ、せっかく早くできたのに最後に足を描き足して負けてしまったという、『戦国策』にあるお話です。

竜頭蛇尾 りゅうとうだび

この演説は長いだけでなく
竜頭蛇尾でがっかりだ。

竜頭《りゅうとう》蛇《だ》尾《び》

初めは勢い盛んだが、後になると衰えること。

《ことばのルーツ》

宋の時代、陳尊者《ちんそんじゃ》という禅宗の僧がいた。

あるとき、一人の僧に出会い、「どこから来たのか」と問えば「喝！」と応える。これはただ者ではないぞと思い、再び問いかけようとすると、即座に「喝！」と返ってきた。

ここで陳尊者はひるむどころか、「はじめは竜のように強く見せていても、尻尾は蛇のようだ」と相手の底の浅さを見破り、「そのように、三度四度と喝を繰り返した次は、いったいどうするつもりかね？」と尋ねると、とうとう僧は降参して黙り込んだ。

『碧巌集』より

中国では、「竜頭蛇尾」ではなく虎頭蛇尾を使いますが、「竜かと思ったら蛇だった」というオチの方が、なんとなく理解しやすいですね。

『碧巌集』は、宋の時代に編纂された禅宗の仏教書ですが、同じく禅宗の問答集『無門関』に「羊頭狗肉」という言葉が出てきます。これは、羊頭を懸けて狗肉を売る、つまり看板に羊の頭を懸けておきながら、売っているのは犬の肉、見かけ倒しということです。これもまた、春秋戦国時代の『晏子春秋』にある「牛頭馬肉」が元になっているようです。「羊肉を買いに行ったら犬の肉だった」よりも、「牛肉を買いに行ったら馬肉だった」の方がしっくりきますね。

多岐亡羊　たきぼうよう

枝葉末節にこだわりすぎて
多岐亡羊の感がある。

多《た》岐《き》亡《ぼう》羊《よう》　問題や物事が多方面に分かれてしまい、方針が定まらないこと。

《ことばのルーツ》

戦国時代、楊朱《しょうしゅ》という思想家がいた。ある日、隣家で「羊が逃げたぞ」と、家中総出の大騒ぎ。おまけに楊朱の使用人まで駆り出されて行った。「たった一頭の羊を追うのに、そんなに大勢が必要なのか」と楊朱が問えば、隣人は「分かれ道がたくさんあるものですから」と答える。

やがて、隣家の人たちはみな手ぶらで帰ってきた。「羊は捕獲できたのか」と問うと、「逃がしてしまった。分かれ道の先にまた分かれ道があり、羊がどの道を行ったかわからない。それで帰ってきたのだ」と答える。

楊朱は黙り込み、部屋にこもってしまった。後に弟子の心都子《しんとし》がこの出来事をふり返って言うには、「大きな道にはたくさんの分かれ道があるものだ。学問も同様。さまざまな方法、解釈など多方面に分かれているため迷いが生じる。一筋の真理の道を行くのは容易でない」

と。

『列子』（戦国時代）より

「岐」は、この一字で分かれ道を意味しています。中国語では「多岐亡羊」と同様に「岐路亡羊」が使われることもあります。

「枝葉末節」は、これも四字熟語で、本質からはずれたどうでもよいことという意味ですが、故事から生まれた言葉ではありません。「根幹」に対する「枝葉」と、よく似た意味の「末節」を組み合わせ、比喩的に強調したものです。「枝葉」を「子葉」と書き間違えないようにしましょう。

○○流、○○派と、お稽古ごとでも宗教でもバリエーション豊かに枝分かれしていますが、どれも元をたどれば一つの根幹に行き着くはずです。むしろ、私たちは日々、その一つの根幹、物事の本質や本題を探し求めているのかもしれません。

3 油断大敵の章

正しく知って自信をつけよう

母語の文章を読んだり聞いたりするときは、知らない語があっても前後の文脈から、特に四字熟語の場合は漢字の意味や字面から判断して、なんとなくわかったつもりになっています。でも、それは不確かな知識にすぎません。「調子に乗って使っていると思わぬ恥をかくかも……」と、いつまでも不安を抱えている状態でしょう。そこで、間違えやすいポイントをここでチェックしておきましょう。

油断

『涅槃経』からの故事成語。
ある王が、家臣に油の入った鉢を持って
人の多い通りを歩かせ、
「一滴でもこぼせば命を断つ」と
命じたところ、家臣はその命令を
みごと全うしたそうな。

1 使用上のご注意 やってはいけないこと

✕「けんけんがくがく（喧喧諤諤）」と言ってしまう

「いやあ、昨日の会議はケンケンガクガクでたいへんだったねぇ」と言われたら、実はリアクションに困ってしまうのです。結局、その会議は有意義だったのか、くだらなかったのか。

侃侃諤諤《かんかんがくがく》であれば、めいめいが自分の意見を大いに主張して紛糾するも、それなりに盛り上がったのかなと思います。「侃」は堂々としていて威勢がよいこと。「諤諤」は、自分の意見を遠慮なく述べ立てることなのです。

喧喧囂囂《けんけんごうごう》なら、進行がよほどまずかったか、あるいは出席者が興奮したのか、怒号、ヤジ、罵声が飛び交い、さぞかし不毛であったろうなとお察しします。「喧」は喧騒の喧ですね。「囂」もまた、騒がしい様子です。

「剣豪《けんごう》が喧々囂々《けんけんごうごう》で一触即発」とでも覚えておくと、少なくとも組み合わせを間違えないですむかもしれません。

✕「閑話《かんわ》休題《きゅうだい》」と題して、雑談ネタをもってくる

新聞や雑誌のコラム、あるいはネットにて、このようなタイトルがつけられているのをときどき目にします。襟を正して読んでみると、むしろこれこそ無駄話みたいな話題じゃないですか！　ぜんぜん本題じゃないですし。そもそも本題はどれ？

たぶん、閑話と閑話休題を取り違えてますね。字面から勝手に判断すれば、閑話は暇にまかせた無駄話。これはまったくその通りです。で、休題は「本題を休むこと」とか？

いえいえ、閑話休題は、そろそろ閑話を休めて本題に戻りましょうという意味なのですよ。話が余談にそれた後、「それはさておき」とばかりに持ってくる語が閑話休題です。

✕「深謀遠慮《しんぼうえんりょ》いたします」と、へりくだったつもりになる

ちょっとどこかで見聞きした言葉を適当に使ってしまうと、こういうことになります。「遠慮させていただきます」だけで十分なところ、気取って付け加えた一語が恥の元。

辛抱遠慮ではなく深謀遠慮。「謀」も「慮」も、よく考えるという意味です。深く考えを巡らす深謀に対し、無謀という言葉がありますね。また、遠慮はひかえめにしておくときによく使いますが、文字通り遠く先のことまでよく考えることでもあります。

したがって、深謀遠慮は深く考えた計画のことで、ただの遠慮とは違うのです。

✕「是是非非《ぜぜひひ》お立ち寄りください」と、意味不明のご招待をする

「是非是非」と「是是非非」は、似て非なるもの。「是是非非」は、自分の立場にとらわれず、良いことは良い、悪いことは悪いと公正に判断すること。「是非」にも「良し悪し」の意味があり、「是非を問う」など

の言い方はありますが、「是非是非」ときたら「是が非でも、どうしても」の是非を重ねて強調しています。

✕「晴耕雨読《せいこううどく》の努力が実りましたね」とほめてみる

晴れた日には土を耕し、雨の日は読書をする。そんな生活をどう受け止めるかです。畑仕事を労働、読書を勉強と捉えるなら、薪を背負ってでも本を読んでいる二宮金次郎を連想することでしょう。はたまた、貧しくて灯りをともす油が買えず、蛍や窓の雪に照り返す光で読書をする、蛍雪の功であるとか。

ところが、晴耕雨読は言い換えれば「悠悠自適」です。永年勤め上げた役職を円満退職し、あとは気ままな人生。晴れたら土いじり、雨が降れば読書三昧というわけなのです。

✕「一病息災《いちびょうそくさい》、くれぐれもご自愛ください」と締めくくる

「災」の字があるために、「息災」単独の意味は勘違いしやすいのかもしれません。けれども、無病息災と

いえば心当たりがあるでしょう。家内安全や商売繁盛とともに、祈祷のメニューの一つになっています。病気にかからず無事でいることですね。これをアレンジして、まったくの健康でいるよりも一つぐらい具合の悪いところがある方が、健康のありがたみを知り長生きできるというのが「一病息災」。ごもっともな話です。

「注意一秒、怪我一生」のノリで「一秒息災」と書かないように要注意！

✕ 雨に降られたとき、うろ覚えの「一《いち》衣《い》帯水《たいすい》」を使ってみる

「一衣」＋「帯水」と分解すると、「一枚しか羽織ってない衣服が水を帯びてずぶ濡れ」と思いこんでも仕方がないところ。実は、「一」＋「衣帯」＋「水」が正しい分解です。衣帯は衣の帯。帯一本分程度の細い川、またはそのような川を隔てて、向こうの土地がすぐ近くにあるというのが一衣帯水です。「日本にとって、中国は一衣帯水の隣国」というように、隔てるものが川でなくても位置関係の近さに焦点をあてています。

2 うっかり読みとハッタリ書き

文章を携帯やパソコンで入力するとき、読みを間違えたまま覚えていると、漢字変換の候補がうまく出てきません。最近では間違えやすい熟語のパターンを日本語入力の辞書の方でかなりフォローしていて、間違えていても探している熟語を提示してくれるうえ、誤りであることも指摘してくれるようですが。

しかし、一字目の読み方を間違えてしまうと、辞書で引くときに探せません。ああ、これも電子辞書だと問題ないですか。

かくして、私たちの文章能力はアプリにすっかり支配され、生身の人間同士で会話や文章のやりとりをする機会はどんどん失われていくのかも……というのは言い過ぎでしょうか。

現代社会が粗雑ながらもどんどん進化していく一方で、個々人は言葉を操る能力を退化させ、そのギャップが大きな寂しさを生んでいるのではないでしょうか。

さてと、閑話休題。まずはうっかり読みのチェックから。

老若男女　ろうにゃくなんにょ

傍若無人　ぼうじゃくぶじん

「ろうにゃくなんにょ」は読み方が特別すぎて有名で、さすがにご存じなのでは？　意味もおわかりですね。老いも若きも男も女も。ところが「傍若無人」は「ぼうじゃくぶじん」。「ぼうにゃく」とは言いません。まるで周りに人がいないかのように振る舞うこと。無人島でなら、わめいたり暴れ回っても誰の迷惑にもなりませんが、傍若無人は「むじん」ではなく「ぶじん」ですから。

判官贔屓　ほうがんびいき

源義経は、牛若丸に始まりその名が次々と変わっていきますが、九郎判官義経もその一つ。ただし、判官はもともと役職名です。この場合は「はんがん」と読みますが、義経をさすときは固有名詞的に「ほうがん」というのです。

普通に読めば「はんがんびいき」ですし、間違いではないのでしょうが、この四字熟語の由来を大事にするならば、やはり「ほうがんびいき」が望ましいでしょう。

義経は平家を討ってもろくに褒めてもらえず、挙げ句の果てには兄の頼朝に滅ぼされるという悲劇の運命をたどるのですが、そのことに同情する気持ち、つまり、気の毒な身の上の人に同情する気持ちを判官贔屓というのです。

順風満帆 じゅんぷうまんぱん

船が追い風を受け、帆をいっぱいに張った状態です。物事が順調に進んでいることを表します。

これを、重箱読み（音読み＋訓読み）のように「じゅんぷうまんぽ」と読む人の割合は少なくないようですが、いまは「じゅんぷうまんぱん」と読んでおくのが無難です。船で行くのです。万歩計じゃありません。

ところで、「まんぽ」ほどではありませんが、満帆を「まんたん」と勘違いしている人もいらっしゃるようです。帆に風を受けて進む帆船です。ガソリン満タンじゃありません。

余談ですが、エンジン搭載の船でもエンジンを停止して帆だけで進んでいる場合は帆船というのだそうです。

巻土重来 けんどちょうらい

「捲土重来」とも書きます。「巻土」は土煙を巻き上げる様子。一度破れて退散しても、勢いを盛り返して再び反撃すること。起死回生、リベンジですね。

これは、「けんどちょうらい」でも「けんどじゅうらい」でもどちらでもかまいません。読み方よりも由来をチェック。

65ページの「四面楚歌」で項羽の最期をご紹介しましたが、晩唐の詩人の杜牧《とぼく》が、自決した項羽を偲んで「もしも反撃していたならば……」と歌っただけのこと。そこに捲土重来の言葉は出てきますが、実際にはリベンジは実現してなかったのです。中国の歴史が好きな人には使わない方がよいのかも。

意味深長 いみしんちょう

意味深《いみしん》といえば、わかりますね。書き取りの参考書や辞書では、深長を慎重と書き間違えないように注意してくれていますが、「意味深重」という間違いの方があり得る気がします。

疑心暗鬼 ぎしんあんき

「疑心暗鬼を生ず」の言い回しで使いますが、疑心暗鬼を単独で使っている例もよく見かけます。「疑心暗鬼に陥った」などですね。暗鬼は、暗闇に潜んでいる鬼のこと。疑う心が、いるわけもない鬼をあたかもいるように感じさせるのです。

たまに「じしんあんき」という人がいるようですが、そういう方は「自信暗記」あるいは「自身暗鬼」のつもりなのでしょうか。そんな四字熟語もありませんが。

快刀乱麻　かいとうらんま

　わざわざ取り上げる必要はなかったかもしれませんが、有名な某マンガ作品に、乱馬《らんま》という主人公が登場しますし、そうなると「怪盗らんま」？　と考える人も少なからずいらっしゃると思うので、老婆心ながら確認させていただきます。

多くは、「快刀乱麻を断つ」の形で使われます。よく切れる刀（快刀）で、乱れもつれた麻糸を断ち切ってしまうのです。転じて、難問や事件をあざやかに解決すること。

意味がよく似た語に「一刀両断《いっとうりょうだん》」がありますね。こちらは真っ二つに断つということで、潔く思い切って決断する様子です。

縦横無尽 じゅうおうむじん

四方八方（縦横）尽きること無し。使い方としては、「舞台上を縦横無尽に動き回った」もよし、「思う存分に」の意味で「縦横無尽に戦い抜いた」なども可能です。傍若無人と混乱して、縦横無人にならないように。

衆人環視 しゅうじんかんし

囚人を監視するのではありません。大勢の人々が取り巻いて見ていること。「衆人環視の中、キャプテンが引いたのは一番クジだった」のように使います。

速戦即決　そくせんそっけつ

「速」と「即」、どっちがどうだったか……というややこしさ。「速戦即決」は、一気に勝負を決めてしまうときに使います。柔道の試合開始後、組むや否や投げ技が決まるなど、そういうのも速戦即決です。即戦速決だと、早送りで見ているような感じですよ。

速はスピードのことで、「速決」は短時間で素早く決定すること。即は「ただちに」の意味で、「即決」はその場ですぐに決めること。同じような語で「即断」もありますね。

3 なんとなく似たもの同士の使い分け

異口同音 いくどうおん

大同小異 だいどうしょうい

同工異曲 どうこういきょく

「異」と「同」が共通しているので見た目が似ていますが、意味に関して一番の仲間はずれは「異口同音」。別々の口から同じ音、つまり、大勢の意見が一致していることです。

大同小異は、だいたい同じでちょっと違う。同工異曲は、同じ工夫でも趣が違う。どちらも「似たり寄ったり」の意味があり、「大同小異」と「同工異曲」はまさに同工異曲の語と言えます。ただ、同工異曲は、音楽や詩歌の作品について「技巧が違っていても味わいが異なる」、あるいは「見た目は違っているが内容は同じ」というときに使われます。

ところで、「良心」と「両親」のように、同じ読みで意味が違う語のことは“同音異義”語といい、ダジャレで活躍していますね。

空理空論 くうりくうろん

空中楼閣 くうちゅうろうかく

理論の「理」も「論」も、空《くう》という空理空論。この場合の空は大空ではなく空っぽの空です。中身のない議論について、その無意味さを指摘しています。

空中楼閣は蜃気楼のこと。壮大で綿密な計画や議論も、実現の可能性がなければ蜃気楼と同じです。夢見る夢子さんの空中楼閣。その非現実性を強調しているのです。なんとか実現できそうだと理屈をこじつけても、基礎がしっかりしていなければ砂上の楼閣と言われますよ。

前人未到 ぜんじんみとう

前人未踏 ぜんじんみとう

前代未聞 ぜんだいみもん

前者二つの読みは同じ「ぜんじんみとう」ですが、実は二種類あったのです。最近ではほとんど区別なく使われていますが、何かの記録や業績については「前人未到」、探検隊の行くところは「前人未踏」がしっくりきますね。前代未聞は、「ノーベル賞作家がアカデミー賞とグラミー賞まで受賞するとは前代未聞だ」のように、きわめて珍しい出来事やあり得ないことについて使われます。

東奔西走 とうほんせいそう

南船北馬 なんせんほくば

東へ西へと奔走する「東奔西走」は、あちこちかけずり回ったときに使いますね。南船北馬は、中国の地図を思い浮かべてください。川の多い南部は船で、北の大地は馬で移動。北へ南へと絶えず旅をして回ることです。どちらも忙しそう。ただ、東奔西走は、何らかの義務や目的があっていろいろなところへ行きますが、自らの意志で次々と遠方へ赴き、不在がちなのが南船北馬というわけです。

自暴自虐 じぼうじぎゃく

自縄自縛 じじょうじばく

何よりもまず、これ、言い間違えそうですね。自縄自縛が「じぼうじばく」あるいは「じぼうじじゃく」になってしまったり。

「自暴自虐」は、自分を損ない、自分自身を責めさいなむこと。自分自身を縄で縛る「自縄自縛」は、すなわち自分自身が原因で身動きできなくなってしまうこと。自業自得の一種です。自暴と自虐、自縄と自縛はそれぞれ似たような意味の語を重ねているので、初めの二文字で落ち着いて識別し、「じぼう」と「じじょう」を言い分けましょう。焦れば焦るほど自縄自縛に陥りますよ。

一触即発 いっしょくそくはつ

危機一髪 ききいっぱつ

ちょっと触れたらいまにも爆発しそうな「一触即発」。同じ発想で「危機一発」と書かないように。かなりきわどいタイミングで危険と隣り合わせ、その差、髪の毛一本分の「危機一髪」です。

一蓮托生 いちれんたくしょう

偕老同穴 かいろうどうけつ

33ページでご紹介済みの「偕老同穴」は、お墓の穴までご一緒に。いわば現世を共に生きる夫婦の仲の良さですが、「一蓮托生」は生まれ変わってもまだ一緒です。極楽浄土へ行ったら同じ蓮華の上に生まれ変わりましょうというほどに、最後の最後まで運命を共にすること。ただし仲の善し悪しには関係なく、「こうなったら一蓮托生だ」と開き直り、相手にも覚悟を決めるよう促すときに使います。

不偏不党　ふへんふとう

不即不離　ふそくふり

ある党派や主義を支持したり、特定のグループの味方に付くのではなく、中立の立場にいるのが不偏不党。即かず離れずの**不即不離**は、二つのものが微妙な距離を保っている状態です。

自家撞着　じかどうちゃく

荒唐無稽　こうとうむけい

自家中毒ならわかりますが、「撞着」って何でしょう？　これは、つじつまが合わないこと。矛盾。自家撞着は、言い換えれば自己矛盾のことです。

「荒唐無稽」は、矛盾どころかそもそもでたらめ。根拠のないいい加減な話のこと。「荒唐」に大きすぎてとりとめがないという意味があるのですが、中国語では「荒誕」「荒誕無稽」を使います。マイナスイメージの言葉なので、「唐」が入っているのは不都合なのかも。

当意即妙 とういそくみょう

電光石火 でんこうせっか

意図に当てはまる妙案を、即座に提示する「当意即妙」。とっさに機転を利かせ、その場の状況や要求にぴったりの対応ができることです。電光は稲光、石火は火打ち石の火花。どちらも瞬時に光っては消えるもの。かといって、「良いアイデアがパッとひらめくの図」みたいに、頭の横で豆球が光っているマンガを連想しないでください。これは、素早く短時間で次々と行動する様子を表しています。

● 四字熟語の適材適所 ●

言葉には、耳に残りやすいものや目に訴える力があるものなど、それぞれの得意技があります。

「丁々発止《ちょうちょうはっし》」の「丁々」は、刀でチャンチャンバラバラと打ち合う音に漢字を当てはめたもの。「発止」も同様です。丁々発止で、激しく議論を交わしたり、テンポ良く会話のやりとりをする様子を表します。

擬音語の熟語以外に外来語由来の熟語も、声に出して使いたい熟語の一つです。

「阿鼻叫喚《あびきょうかん》」の「阿鼻」はサンスクリット語。「無限」を意味するアヴィーチからきています。アヴィーチ地獄は地獄の中でも特に厳しいところで、人々が猛火・熱湯に苦しみ叫んでいるむ

COLUMN

ごたらしい様子を「阿鼻叫喚」と表したものです。

「長文御免」「御無沙汰《ごぶさた》御免《ごめん》」「合点《がってん》承知《しょうち》」「感謝《かんしゃ》感激《かんげき》雨霰《あめあられ》」などは、メールにおすすめ。漢字ばかりでまとまった感じが見えてきます。「感謝感激～」の方は、戦時中に新聞で戦況を伝える際、見出しに「乱射《らんしゃ》乱撃《らんげき》雨霰《あめあられ》」としたのが元になっているそうです。砲弾が雨あられのように飛び交っている様子ですね。

これらの熟語は、気心の知れた者同士で使うのが無難でしょう。

4 格物致知の章

人よりちょっと物知りになろう

どんな言葉でも、使わなければすぐに忘れてしまうものです。使うためには、手持ちの語彙をある程度整理しておく必要があります。また、少ない語彙を使い回していると、すぐに底が見えてきます。もう少しワンランク上の言葉も知っておきたいものですね。

そこで、この章では四字熟語の在庫整理と仕入れのコツを身につけていきましょう。

格《かく》物《ぶつ》致《ち》知《ち》

対象物をただし（格物）、
知をきわめる（致知）。
一つ一つの物の道理をきわめ、
自分の知識を完全にすること。

1 言い替えのレパートリー

四字熟語には、日常生活の中で四字熟語だとは意識せずに気軽に使われているものもたくさんあります。そうしたメジャーな語も、頻繁に使いすぎると○○の一つ覚えみたいになってしまいますから、同様の意味をもつ類語をいくつか知っておくといいですね。

また、普通は四字熟語で表現しないことでも、四字熟語に置き換えることで刺激が与えられたり、言葉に深みが出てくることがありますよ。

一気呵成 いっきかせい

・残りの作業も一気にやってしまいましょう。

→残りの作業も一気呵成にやってしまいましょう。

大声で笑うことを「呵呵大笑」ということがありま

すが、実際、中国語では「呵呵」と笑います。「呵」には息を吐き出す意味があるのです。

一所懸命　いっしょけんめい

一心不乱　いっしんふらん

無二無三　むにむさん

一意専心　いちいせんしん

・子ども部屋で、一所懸命勉強していると思っていた。
→子ども部屋で、一心不乱に勉強していると思っていた。
・一所懸命努力してきたことが、ようやく報われた。
→無二無三の努力が、ようやく報われた。
・お客様に喜んでいただけるよう、一所懸命取り組んで参りました。
→お客様に喜んでいただけるよう、一意専心取り組んで参りました。

「一所懸命」の四文字をよくよく見てみれば、「一つの所に命を懸ける」となっているのですね。封建時代、賜った領地を命がけで守り管理していたのが、この言葉の由来です。そんなことは知るも知らぬも誰もが使っているうえに、「一生懸命」も同様に使われているこの頃。

無二無三の無二は、唯一無二の無二。ただ一つのことに集中する真剣さです。

紆余曲折 うよきょくせつ

・すったもんだの末、ようやく実行委員会を起ち上げた。

→紆余曲折を経て、ようやく実行委員会を起ち上げた。

「紆」は迂回の「迂」に通じ、「紆余曲折」で道が曲がりくねっている様子。転じて、事情が複雑であることを表します。

会話の中ではわざわざ四字熟語にしなくても、「すったもんだ」の方がわかりやすいのですが、報告文などを作成する際は「紆余曲折」の方がよいでしょう。

自業自得 じごうじとく

因果応報 いんがおうほう

①夜ふかしのせいで遅刻するとは、自業自得だ。

②自分で掘った落とし穴に落ちるなんて、自業自得だ。

→自分で掘った落とし穴に落ちるなんて、因果応報だ。

原因と結果は対応しているという因果応報。幸運・不運は、以前の善行・悪行によるものだという仏教の教えから来ています。自業自得は、悪意がなくても浅はかな行為が自分に返ってきたときに使われますが、因果応報は、悪い行いに対する報いについて用いられます。

したがって、①の自業自得を因果応報に替えると大げさな感じがしますね。②の場合はどちらでもかまいません。

自己矛盾　じこむじゅん

自家撞着　じかどうちゃく

118ページでご紹介したとおりですが、会話で使う場合は自己矛盾の方がわかりやすいですね。無理にマイナーな語と言い替えても、聞き手がその語を知らなければ戸惑わせてしまうだけです。

大胆不敵　だいたんふてき

泰然自若　たいぜんじじゃく

・あれだけの取材陣に囲まれても物怖じせず、肝が据わっている。

→あれだけの取材陣に囲まれても物怖じせず、大胆不敵だ。

→あれだけの取材陣に囲まれても物怖じせず、泰然自若たる態度だ。

肝が据わっている人のことを「大胆不敵」「泰然自若」

などの四字熟語で形容することがありますが、意味合いには微妙な差があり、続ける助詞の種類も違います。たとえば、次の文では両者を交換することができません。

・その学生は、大胆不敵にも面接官のズボンのジッパーについて指摘したが、面接官は泰然自若として質問を続けた。

「大胆不敵」は、恐れを知らない動的な態度、頼もしさ。「泰然」や「自若」は、平然と落ち着いている静的な様子です。

大風呂敷 おおふろしき

大言壮語 たいげんそうご

針小棒大 しんしょうぼうだい

・一声かければ10万票集まるなんて、大風呂敷も甚だしい。

→一声かければ10万票集まるなんて、大言壮語も甚だしい。

→一声かければ10万票集まるなんて、針小棒大も甚だしい。

「大風呂敷を広げる」という言い回しがありますね。自分の売り込みが大げさなことです。この文例のように大風呂敷だけで使うこともあります。それを四字熟語に置き換えるならば、第一候補は「大言壮語」、第二候補は「針小棒大」といったところでしょう。

大言壮語は、到底できそうもないのにできると言って大ボラを吹くことです。針小棒大の方は、単に話が大げさなだけでも使えますよ。大きなノラ猫が魚屋から一尾、失敬して逃げたとき、「虎ぐらいの大猫に商品を持ってかれて店が傾いた」という大将の愚痴なんかは、針小棒大です。針ほどの小さい物事を棒のように表現するから「針小棒大」なのですね。

2 ペアで覚える反対言葉

「きれい、の反対言葉は？」「きたない」

「赤い、の反対言葉は？」「青い」「白い！」「赤くない……」

意味の似通った語はいろいろと出てくるものですが、反対の意味を表す言葉は、四字熟語であってもなくても、すぐには出てこないことが多いもの。よく使われる熟語を中心に、反対言葉の組み合わせを少し確認しておきましょう。

理路整然《りろせいぜん》と支離滅裂《しりめつれつ》

・彼はいつも理路整然とした意見を述べるが、お酒を飲むと支離滅裂なことを叫ぶ。

どちらもよく使われるので意味をご説明するまでもありませんが、理屈や筋道がきちんと整理されている理路整然と、考えや行動がバラバラ状態の支離滅裂です。

杓《しゃく》子《し》定《じょう》規《ぎ》と臨《りん》機《き》応《おう》変《へん》

・クレームについては、杓子定規ではなく臨機応変な対応がうまくいく。

これも、日常生活の中でよく使われていますね。杓子定規の杓子は、「猫も杓子も……」でも登場します。汁を掬うところが少し曲がっていますが、そんなものを無理やり定規代わりに使おうとする頭の固さ。

順《じゅん》風《ぷう》満《まん》帆《ぱん》と波《は》瀾《らん》万《ばん》丈《じょう》

・一度きりの人生、順風満帆より波瀾万丈の方がおもしろい。

順風満帆は107ページをご参照。

波瀾万丈は「波乱万丈」と書くこともあります。悪いことばかりじゃないけれど、運命がジェットコースターのように上昇したり下降したり。「瀾」は波が連なった大波のこと。万の丈に達するのは、幸運の波か不運の波か！？

準備万端《じゅんびばんたん》と徒手空拳《としゅくうけん》

・準備万端でもどうなるかわからないのに、徒手空拳で海外事業をはじめるとは無謀だ。

徒手空拳は、手に何も持たないこと。特に、資本も人脈もない状態で事業を起こすときなどに使われます。

不倶戴天《ふぐたいてん》と一蓮托生《いちれんたくしょう》

・不倶戴天の敵と信じて疑わなかったが、共通の敵が現れたいま、一蓮托生で敵陣に斬り込む。

倶《とも》に天を戴《いただ》くことができない、つまり同じこの世に生きていたくはないと思うほど、相手を強く憎む気持ちが不倶戴天。一蓮托生は、117ページでご紹介したとおりです。

3 数字があるからリズミカル

一

漢数字を含む四字熟語はたくさんあります。なかでも、「一」を使ったものが圧倒的です。「一」は、その一文字だけでさまざまな意味をもっているのです。

「一」を繰り返す場合でも、いくつかのバリエーションがあります。

・一つ一つ……

一挙一動、一喜一憂、一長一短、一進一退

・わずかな数量……

一朝一夕《いっちょういっせき》でわずかな時間、一汁一菜《いちじゅういっさい》で質素な食事。

・一対一の対応……

一期一会は茶道からきたものですが、このときこの場にこの顔ぶれは、一生に一度の機会という、そんな心得を述べたものです。また、一世一代は一生に一度限りという意味がありますね。

二、三

遮二無二《しゃにむに》。言葉は知っていたけれど、こんな字を書くとは知らなかったという方も多いのでは？　二つめ以降の物事は遮り、無しとして、ただ一番大事な一つのことだけを思ってがむしゃらに。無二無三は、すでに125ページでご紹介しました。

二や三は、無いことを示すために駆り出されたのですね。

六、七、八……

七転八倒《しちてんばっとう》は、あまりの苦痛で転げ回って苦しむこと。七転八起《しちてんはっき》は、何度失敗しても立ち直ること。どちらも七回転んでおり、この七は「たびたび」ぐらいの頻度を示しています。

八面六臂《はちめんろっぴ》は、八つの顔と六本の腕。一人で何人分もの活躍をすることです。八人なのか三人なのか、計算が合わないということではなく、一つの胴体に顔が八面と腕六本の仏像がモデルですから。

百

数や種類の多さを象徴しています。

69ページの「朝三暮四」で少し触れましたが、中国の春秋戦国時代に活躍した、大勢の思想家や学派が

「諸子百家」です。諸子は、「君たち」の意味で「学生諸子」のように使われますが、目上の方々に対しては「先輩諸氏」のように「諸氏」を使うのでご注意。といっても、口頭で述べるだけならわかりませんが。

さて、そんなさまざまな学者や思想家が自由に意見を発表し合うのが、「百家争鳴《ひゃっかそうめい》」または「百花斉放《ひゃっかせいほう》」。百家がいつの間にか百花になっていますね。会場に着飾った女性が大勢集まっている様子は「百花繚乱《ひゃっかりょうらん》」。これを「百鬼夜行《ひゃっきやこう》」だなんて言わないでくださいよ。百鬼夜行は、世の中に悪人がのさばることです。

千

数がきわめて多いこと。「万」とともに用いてさらにパワーアップ。こんなときの「万」は「バン」と読むのがほとんどです。

次々とお客さんが来てくださる「千客万来《せんきゃくばんらい》」、そんな皆さんも好みは「千差万別《せんさばんべつ》」。千載一遇《せんざいいちぐう》、千年にたった一度のチャンスなる、ミレニアムはや一昔。千変万《せんぺんばん》化《か》のこの10年。ちょっと調子に乗りました。

4 純国産!? 訓読みで用いる四字熟語

四字熟語は漢字の熟語ですから、ほとんどは中国製の音読みです。しかし、たまに日本語由来の熟語もあるのです。それらは訓読みになる場合もあるので、読むときに戸惑いがち。ここに、日本製の四字熟語をいくつか挙げておきます。

青息吐息 あおいきといき

ため息にもいろいろありますが、この吐息は青い息。呆れてつくため息とはちょっと違います。困り果て、弱り切ったときのため息です。

白河夜船 しらかわよふね

昔々、ある見栄張りが「京都へ行ってきた」というので、「じゃあ、白河はどうだった？」と人から聞かれます。白河は地名ですが、本当は京都になんぞ行ったことのない見栄張りです。てっきり川の話だと思い、「夜に船で通り過ぎただけだから、よくわからなかった」と答えたそうな。こんな知ったかぶりのことを白河夜船ということもありますが、最近では、熟睡のあまり何があっても気づかない状態をいうことが多いようです。

傍目八目 おかめはちもく

旁目八目あるいは岡目八目と書くことも。囲碁の話ですが、対局中の二人よりもそれを見ている第三者の方が冷静で、八目先までも推測できるという意味です。

海千山千 うみせんやません

海に千年、山に千年住みついた蛇は竜になるのだとか。人の場合はどうだかわかりませんが、経験豊富で世間の裏も表も知り尽くし、ずるがしこい人を海千山千と言います。

数々の戦いを経験して鍛え抜かれた百戦錬磨《ひゃくせんれんま》とは違い、好感度はゼロ。したたかなやり手という意味合いが強い語です。

手練手管　てれんてくだ

　あの手この手で人の気を引き、だます手段。もともとは、遊女がお客を意のままに操るテクニックでした。

内股膏薬　うちまたごうやく

二股膏薬《ふたまたごうやく》とも言います。股の内側に薬を塗ると、歩いているうちにあちこちいらぬところに薬が付いてしまいますね。そのように、自分自身の意見をもたずあちこちへついていくことや、そんな人のことを内股膏薬というのです。

● 千載一遇の千載とは ●

「千載一遇」は「千年に一度ぐらいのめったにないチャンス」という意味ですが、それなら「載」は一年、二年の「年」ですね、と収めてしまってよいのでしょうか。

漢和辞典の「載」の項には、確かに「歳」の意味があると書かれています。中国語では一年足らずという意味があるようです。けれども、「載」をそうした意味で用いる熟語の例が千載一遇ぐらいしかないというのは、どうも怪しいですね。まるで、この熟語が一つあるがために、「載」の意味として「歳」を書き添えているだけのようにも思えます。

ところで、数を表す漢字は、一、十、百、千、万のあと、4桁ごとに億、兆、京《けい》、秭《じょ》、穣《じょう》、

COLUMN

溝《こう》、澗《かん》、正《せい》、載《さい》、極《ごく》、恒河沙《ごうがしゃ》、阿僧祇《あそうぎ》、那由《なゆ》他《た》、不可思議《ふかしぎ》、無量大数《むりょうたいすう》(10^{88})と続きますが、3世紀頃の中国の古算書『孫子算経』には、「載」までしか出てきません。

どうやら「載」は、これ以上大きければ大地に載せきれなくなるぐらいの大きな数らしいのです(10^{44})。

もしもその意味であったなら、千載一遇は、千年に一度どころかもっと稀少な機会ということになりますね。

5 換骨奪胎の章

作ってみよう、使ってみよう！

筆でも、バイオリンでも、ボールでも、達人はそれでさんざん遊んだ経験を積んでいます。言葉も同じ。お気に入りの四字熟語や自家製四字熟語を、もっともっと自分流に使って遊んでみましょう。

換骨奪胎《かんこつだったい》

古人の詩や文から
語句をうまく組み替え、
新たな発想と構成で
自分の作品として
作り変えること。

1 末尾の二文字で決めてみる

〜千万　せんばん

他の熟語に添えて用い、「このうえない、きわめて〜だ」のように元の語の意味を際立たせる語。「〜千万」は、どちらかというとありがたくないシチュエーションで使う語です。失礼千万《しつれいせんばん》、迷惑千万《めいわくせんばん》、無礼千万《ぶれいせんばん》などは、その典型的な例ですね。

「笑止千万《しょうしせんばん》」は、ばかばかしくておかしいこと。「笑止！」と二文字だけで使う人もいますが、もともとはそれが二字熟語として意味を持っていたわけではありません。人を驚かすような大事件という意味の「勝事」がいつしか「笑止」になりました。

ほかに、四字熟語ならぬ五字熟語になってしまいますが、「不愉快千万」もよく使われています。

面倒千万、後悔千万、不可解千万、不可思議千万、がっかり千万、ぐったり千万……。自分で適当に作った語は、市民権を得ていないというより内輪で使っても通じるかどうかわかりませんが、日頃からいろいろな語に「〜千万」をつけて試しておくといいですよ。

〜至極《しごく》

これもまた、千万と同じで「このうえない」の意味を添えて強調するものです。残念《ざんねん》至《し》極《ごく》、恐悦《きょうえつ》至《し》極《ごく》、迷《めい》惑《わく》至《し》極《ごく》など、やはりマイナス感覚や謙譲の場面で使うものが中心ですね。「難解至極」「感激至極」なんかは使えるかも。

〜三昧《ざんまい》

「さんまい」とは何だろう？　「三」つの「味」？？？のように解析しても無駄です。これはもともと仏教の言葉で、サンスクリット語の単語「サマーディ」の音に漢字を当てただけなのですから。

「サマーディ（三昧）」は雑念を捨てて集中すること。念仏三昧などと言ったりします。そこから、一心不乱に何かをするときに「〜三昧」というようになりました。読書三昧などがそうです。さらには、「贅沢三昧」のようなものも。旅行三昧、ラーメン三昧、ゲーム三味等々。こうなってくると、集中するとか一心不乱というよりは、したい放題ですよね。

でも、これもいろいろな言葉に付けてみると愉快な発見が期待できます。

～御免　ごめん

「天下御免の向こう傷」と言えば、チャンバラ時代劇が好きな方は『旗本退屈男』を連想されることでしょう。ツキノワグマではないが眉間に赤い月の輪。これが天下御免の向こう傷で、敵に堂々と向かって切られたときの、天下も認める傷痕です。

「御免」は、主君のお許しをいただくこと。「お役御免」「御免被る」のように、辞任や拒否の場でも使われます。

「売り切れ御免」はよく見かけますね。ほかに、神様御免、堪忍御免、食べすぎ御免、ドタキャン御免など、親しい仲ではいろいろと使えそうです。けれども、きちんと謝罪すべきときにはこの言い方は御免です。

2 取り合わせの妙で遊んでみる

同じ意味の語を重ねて強調する

「美辞麗句」「泰然自若」のように、同じ意味の二語を重ねて四字熟語になっているものがありました。同様に、同じ意味の四字熟語を重ねて伝えたいことをもっと強調することもあります。

「彼の発言は荒唐無稽、支離滅裂だ。」

「リンクは貸し切りだったので、縦横無尽、自由自在に滑ることができた。」

ほかにも、きれいな人たちが華々しく集まっている「百花繚乱」に、優れた人物が大勢揃っている「多士《たし》済々《さいさい》（たしせいせい）」を続けると、園遊会や授賞祝賀会に出席して感激したときに使えます。

「意地悪じいさんがネコの鳴きまねをすると、ネズミたちはみな周章狼狽、右往左往しだした。」

周章狼狽《しゅうしょうろうばい》の意味は、次の右往左往《うおうさおう》から予測がつくでしょう。この二語を組み合わせるなら、右往左往を後にすると語呂がいいですね。周章《しゅうしょう》と狼狽《ろうばい》は、あわてふためく、うろたえるという意味です。この四字熟語ですでに同じ意味の語を重ねているのですが、さらに右往左往を追加して、例文のネズミはかなり動転しています。

また、「狼」と「狽」はオオカミに似た架空の動物です。前足が長く後ろ足が短い狼と、前足が短く後ろ足が長い狽は、二人羽織のように重なって一緒に行動します。二頭が離れるとうまく動けずにあわてふためくのだそうです。

●●● 関連する意味の語を重ねてオチをつける

「本日中に課題を提出せよとの指示に、教室中が驚天動地、右往左往の大騒ぎ。」

驚天動地《きょうてんどうち》は、世間を非常に驚かすこと。驚かせる人がいて、あわてふためく人もいて、という大騒ぎぶりの描写。

「超大物女優が再々婚するというニュースに、世間は吃驚仰天、右往左往」

実際に右往左往するのかということではなく、右往左往するぐらいに吃驚仰天《びっくりぎょうてん》したわけです。

「こっそりつまみ食いをしたら、信賞必罰、天罰覿面、激しい腹痛に見舞われた。」

手柄を立てた人は必ず賞し、罪を犯した人は必ず処罰するのが信賞必罰《しんしょうひつばつ》。天罰覿面《てんばつてきめん》の覿面は、効果覿面の覿面と同じ。天罰が即座に、確実に下ること。この例文では、お腹も下っていますね。

連想する語を重ねる

「事の次第を聞いて、一同は抱腹絶倒、呵々大笑した。」

「大きな仕事をようやく終え、温泉地にて、先憂後楽・極楽浄土の一休み。」

先憂後楽《せんゆうこうらく》は、北宋の政治家・范仲淹《はんちゅうえん》が述べた政治家の心構えです。天下国家について、憂いは人民に先だって気づき、対策を考え、楽しみは人民よりも後で楽しむべしとのこと。転じて、苦しみの後に安楽を得ること。

韻を踏んでみる

「おなかがすいた、おやつを頂戴、気宇壮大。」

気宇壮大《きうそうだい》は、心が広いこと。気宇広大とも言います。例文は、意味より何より語呂を遊ぶお気楽極楽な文です。

このように、二つの語を重ねて用いるときは、マイナーな四字熟語をむやみに並べ立てても、自分の知識のご披露に終わってしまいます。少なくとも一方はよく知られていて聞き取りやすい語にしておきましょう。

●四字熟語の新しい使い方●

書画用品を扱っている文具店や、ちょっと大きな書店で美術・書道のコーナーに迷い込んでみると、「墨場必携」等、棚に並ぶお手本には筆で書きたい四字熟語が満載です。また、こうした書や書物だけでなく、あらゆるシーンが四字熟語の活躍の場になり得ます。

宴会・パーティーの座席決め、部屋割り、グループ決めなどに、くじ引きを利用することがあると思います。このとき、四字熟語クジを引いていただくと苦情が減るかもしれません。

知らない人同士が集まる研修会、セミナーでは、受付で漢字を一字（または二文字）書いたカードをお渡しし、うまく四字熟語ができる相手を探して組になっていただくなど、アイスブ

レイキングにも応用できます。

家庭の各部屋に、四字熟語で名前をつけてみるのもおもしろそうです。ダイニングに「衣食礼節の間」、応接間に「千客万来の間」、書斎に「風林火山の間」、トイレに「則天去私の間」、などなどいかがでしょう。子ども部屋は、お子さんが自分で好きな四字熟語を探してこられるといいですね。

四字熟語の本をお届けするにあたって、三つの気がかりがあるので書き留めておきます。

1. 四字熟語の多用について

四字熟語に親しみ日常的に使っていきましょうと推奨している本書ではありますが、あまりに四字熟語ばかり並べ立てるのは逆効果です。漢詩や小説のような文芸作品はべつとして、一文の中に四つ、五つの四字熟語が盛り込まれていると、しつこくて読み手は白けてしまうでしょう。日常的な手紙、メール、ブログや会話などでは、「まさにこれ」と感じる一語か二語だけを選んで用い、文章の引き締め効果をねらいましょう。

2. 新しい表現を創作することについて

「換骨奪胎の章」で、自分流の四字熟語を作ってみましょうと述べましたが、何でも新しくて突飛なら目立つんだ、それが個性なんだということはありません。

あまり奇抜なものは、かえって人の琴線に触れることもできないでしょう。コミュニケーション・ツールとしての「言葉と表現」には、ある程度の共通概念や一定の枠組みが必要です。斬新さや個性は保たれた秩序の中でこそ輝くのです。

3. 言語の揺れについて

「この日本語はおかしい」という話題が巷に溢れています。そのため、言葉に関心がある人々とそうでない人々との間で、「日本語の常識」についての知識格差がますます進んでいるように感じます。

「油断大敵の章」で「正しく知ろう」(正しく知って自信をつけよう)と述べましたが、たとえば「判官贔屓」の読み、あるいは「閑話休題」の意味など、本当はどちらが正しいなどと言い切れるものではありません。もしも全国民を対象に四字熟語調査をしてみたら、いままで正しいとされてきた使い方が、実は少数派になっているかもしれません。

このように、ある言葉について、同時代で違った読み方、書き方、解釈が並行していることを「言語の揺れ」というのです。「言葉の市民権」みたいなものです。

他人が自分の常識とは違った解釈で言葉を使ってい

れば、聞き流したり、あとでそっと知らせたりと、相手に応じた対応をすることになりますが、それも言語の揺れを知っていればこそでしょう。

最後になりましたが、最後だからこそ大きな感謝の気持ちを記しておきます。この本の執筆のお手伝いをさせていただいたこと。そして、いまは単なるデータでしかない文章群を、これから多くの工程を経て書籍という形のあるものにしてくださること。さらには、どなたかがページを開いてここまで読んでくださること。みなさん、本当にありがとうございます。

人と人が知り合うように、多くの方がより多くの四字熟語と出会い、親交を深め、豊かな知的生活を満喫されることを願ってやみません。

土井里香

土井里香（どい りか）

1964年京都生まれ。京都教育大学卒業。中学校教師やPTA役員等の経験を生かし、「生涯学習・人づくり」の観点から個人でできる教育改革を模索中。著書『おとなの楽習1　数学のおさらい』『おとなの楽習6　数学のおさらい・図形』。趣味はクラシックバレエ、ギターなど。

http://homepage3.nifty.com/angerika/fude/

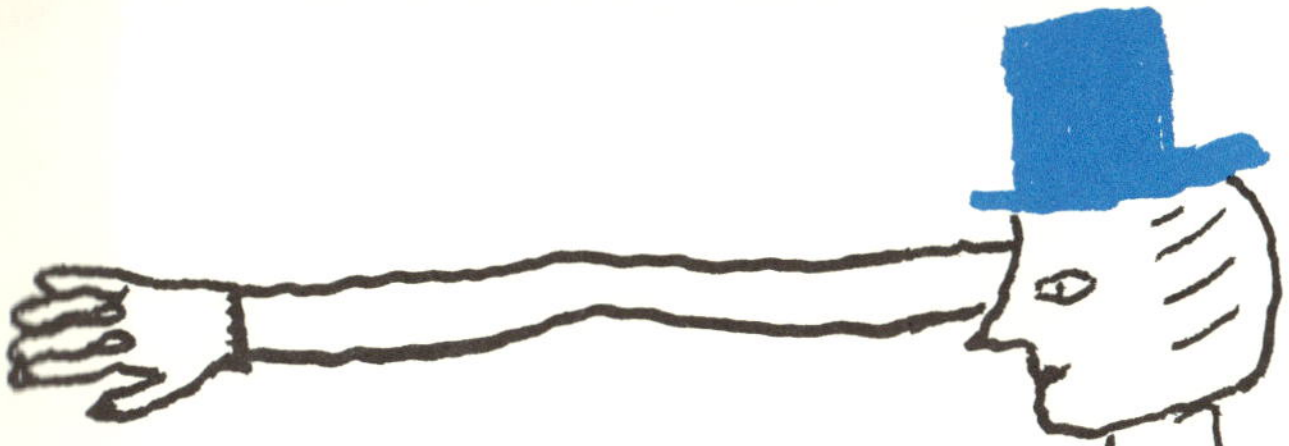

[おとなの楽習]創刊に際して

[現代用語の基礎知識]は1948年の創刊以来、一貫して“基礎知識”という課題に取り組んで来ました。時代がいかに目まぐるしくうつろいやすいものだとしても、しっかりと地に根を下ろしたベーシックな知識こそが私たちの身を必ず支えてくれるでしょう。創刊60周年を迎え、これまでご支持いただいた読者の皆様への感謝とともに、新シリーズ[おとなの楽習]をここに創刊いたします。

2008年　陽春

現代用語の基礎知識編集部

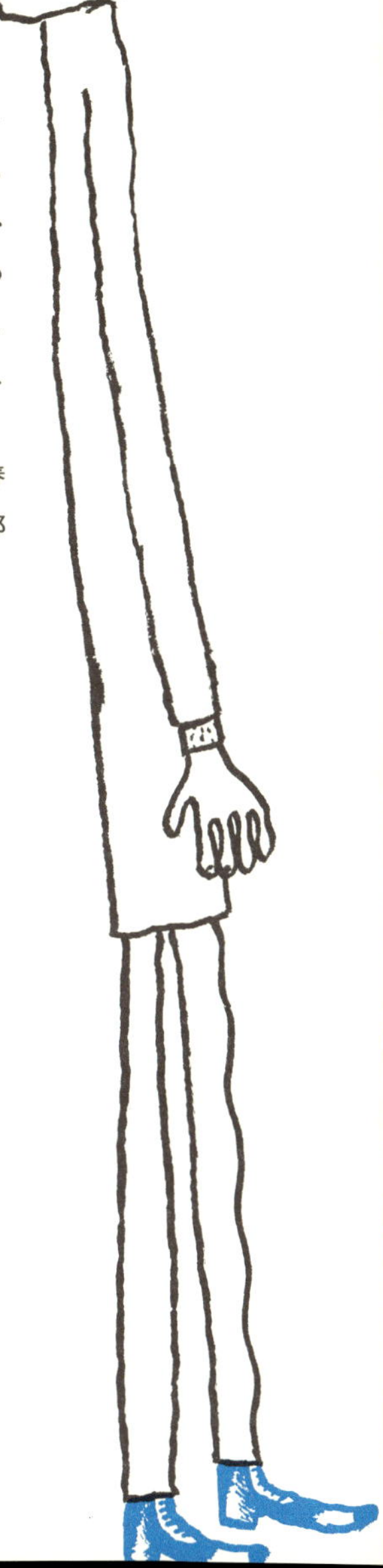

おとなの楽習 26
四字熟語のおさらい

2012年9月27日第1刷発行
2017年1月31日第3刷発行

著者　土《ど》井《い》里《り》香《か》

発行者　伊藤 滋
発行所　株式会社自由国民社
東京都豊島区高田3-10-11
〒　171-0033
TEL　03-6233-0781（営業部）
03-6233-0788（編集部）
FAX　03-6233-0791
装幀　三木俊一＋芝 晶子（文京図案室）
DTP　小塚久美子（KUMIPAQ）

印刷　大日本印刷株式会社
製本　新風製本株式会社

定価はカバーに表示。落丁本・乱丁本はお取替えいたします。

本書の序章「ワーク・ライフ・バランスと働き方改革」では、WLBやWLB支援の内容、WLB支援を具体化するための課題などを解説するとともに、終章「働き方改革を進めるために」では各章の分析を踏まえて働き方改革の課題や進め方をまとめている。序章と終章を読んでから各章へと読み進むことをお勧めしたい。

各章の研究は、東京大学社会科学研究所に設けられたワーク・ライフ・バランス推進・研究プロジェクトの研究成果を主に取りまとめたものである。プロジェクトの目的は、①働く人々のWLBやWLCの現状把握、②WLBを実現できる仕事管理・時間管理や管理職の職場マネジメントに関する調査研究、③仕事管理・時間管理を改革するためのモデル事業の実施、さらには④WLBに関する情報発信や研究拠点の形成、の四点である。本プロジェクトは、大学の研究者、シンクタンクやコンサルタント企業の専門家、民間企業の実務担当者との共同研究として、二〇〇八年一〇月から二〇一一年三月まで二年半の期間で実施された（第二期のプロジェクトは二〇一一年四月からスタートの予定）。

共同研究に参加した企業は、アリコジャパン（二〇〇八年度、二〇〇九年度）、アメリカンホーム保険会社、オリックス㈱（二〇〇八年度）、㈱資生堂、大成建設㈱（二〇一〇年度から）、㈱東芝、㈱博報堂、㈱みずほコーポレート銀行（二〇〇九年度）、㈱みずほフィナンシャルグループ（二〇一〇年度から）である。

本書の序章、第一章、第二章、第三章、第四章は、㈱明治安田生活福祉研究所が刊行する『クォータリー生活福祉研究』に、第六章は、㈶労務行政研究所が刊行する『労政時報』に、それぞれ掲載された論文を大幅に加筆、修正して収録したものである。研究成果を公表する機会をご提供いただいたこと及び転載をご快諾いただいたことにお礼を申しあげたい。

なお、第五章と第六章は、プロジェクトが実施した研究事業の直接的な成果ではないが、プロジェクトメンバーが関与した研究事業の成果によるものである。第五章は、プロジェクトメンバーである佐藤博樹、武石恵美子、松原光代、矢島洋子などが参加して実施された三菱ＵＦＪリサーチ＆コンサルティング㈱（厚生労働省からの委託研究）「平成二一年度短時間正社員制度導入支援事業」の成果に基づき、他の調査研究の知見も含めて矢島が取りまとめたものである。また、第六章は、ワーク・ライフ・バランス推進・研究プロジェクトのメンバーである小室淑恵が代表取締役をつとめる㈱ワーク・ライフバランスが、企業に対する残業削減などＷＬＢに関するコンサルティング事業から得られた知見を、同社のコンサルタントである大塚万紀子が取りまとめたものである。

本書に収録した研究成果が、企業が仕事管理・時間管理の改革などＷＬＢ支援の実現に取り組む際の参考となり、ＷＬＢ職場やＷＬＢ社会の実現に多少なりとも貢献できることを期待している。

最後に、本書の出版や編集では勁草書房の松野菜穂子氏に大変お世話になった。記してお礼を申しあげる。

二〇一〇年一二月末

佐藤博樹・武石恵美子

ワーク・ライフ・バランスと働き方改革／目次

はじめに　佐藤博樹・武石恵美子

序章　ワーク・ライフ・バランスと働き方改革……佐藤博樹　1

1　「新しい報酬」としてのワーク・ライフ・バランス支援　2
2　ワーク・ライフ・バランス支援を実現するために　9
3　ワーク・ライフ・バランス支援と女性の活躍の場の拡大　16
4　ワーク・ライフ・バランス支援と人事処遇制度の連携、企業業績　18
5　人材活用の要としてのワーク・ライフ・バランス支援　23

第Ⅰ部　ワーク・ライフ・バランスの現状と課題

第一章　働く人々のワーク・ライフ・バランスの現状と課題……高村　静　28
1　調査対象者および働き方の概要　29
2　ワーク・ライフ・コンフリクトの状況について　32
3　ワーク・ライフ・バランスの実現の状況と組織に対する働く人の意識特性　35
4　ワーク・ライフ・バランスの実現に影響を与える職場の特性　37
5　夫婦の働き方とそれぞれの職場の両立支援制度　43
6　適切なマネジメントが高めるワーク・ライフ・バランス施策の効果　45
コラム　46

第二章　社員のワーク・ライフ・バランスの実現と管理職の役割……松原光代　50
1　管理職の働き方　51

2　部下のワーク・ライフ・バランス満足度と職場のパフォーマンスを高める要因　56
3　管理職のマネジメントを高める要因　65
4　ワーク・ライフ・バランスとワーク・ライフ・バランス支援のための職場マネジメントの課題　66
コラム　71

第三章　欧州企業における働き方とワーク・ライフ・バランス……74
朝井友紀子

1　欧州と日本の働き方の違い　75
2　日本のワーク・ライフ・バランス推進の現状とそのニーズ　81
3　欧州ヒアリングの概要と結果　85
4　欧州の働き方が示唆すること　101

第Ⅱ部　ワーク・ライフ・バランスを実現するための働き方改革

第四章　時間意識の向上のためのモデル事業と働き方改革……武石恵美子・佐藤博樹　110
1　働き方改革と時間意識　110
2　時間制約を意識化する　111
3　働き方改革のモデル事業の概要　115
4　働き方改革はどのように進んだか　117
5　職場マネジメントの対応　129
6　働き方改革を進めた職場事例　132
7　成果と課題　135
第五章　柔軟な働き方を可能とする短時間勤務制度の導入と運用……矢島洋子　140
1　柔軟な働き方の選択肢として期待される短時間勤務　140

2　短時間勤務制度に対するニーズ（従業員・企業）　144
3　短時間勤務制度の導入における課題　152
4　短時間勤務制度の運用上の課題　161
5　短時間勤務制度の運用からみえてくるもの　176
第六章　実務の現場から提案する残業削減の必要性と課題……大塚万紀子　179
1　残業の弊害と残業削減のメリット　180
2　残業削減に取り組む際の基本的な考え方　184
3　残業削減策の具体的なステップ　187
4　社会全体でワーク・ライフ・バランスの実現を　196

終　章　働き方改革を進めるために……武石恵美子　199
1　ワーク・ライフ・バランス実現における「働き方改革」の意味　200
2　現状の働き方の課題はどこにあるのか　201
3　働き方の改革をどう進めるか　205
4　働き方改革のための課題　210

序　章　ワーク・ライフ・バランスと働き方改革

佐藤博樹

ワーク・ライフ・バランス（ＷＬＢ）やＷＬＢ支援の内容については、必ずしも正しく理解されていない。例えば、ＷＬＢ支援を福利厚生施策ととらえている企業があるが、ＷＬＢ支援は福利厚生施策ではなく、社員に意欲的に仕事に取り組んでもらうために不可欠な人材活用上の施策である。また、ＷＬＢやＷＬＢ支援を、仕事中心のライフスタイルを否定するもので、仕事と仕事以外の生活に割く時間を同程度とする生き方を唯一望ましいとするものだと考えることも誤解となる。社員にとって望ましいＷＬＢの状態は、社員一人ひとりや社員のライフステージによって異なることによる。ＷＬＢ支援は、特定のライフスタイルや生き方を望ましいとするのではなく、多様なライフスタイルや生き方を受容できる職場とするための取り組みである。さらに、ＷＬＢ支援を労働時間短縮と短絡的にとらえている企業も少なくない。ＷＬＢ支援は、単なる時短の取り組みではなく、時間生産性を向上させて、「メリハリのある働き方」への転換を目指すものである。

企業として、社員のＷＬＢ支援を進めるためには、つぎの三つの取り組みが不可欠となる。第一は仕事管理や時間管理など人材マネジメントと働き方の改革であり、第二はＷＬＢ支援に関わる制度を導入するだけでなく、その制度を活用できるようにすることであり、第三は、社員の多様な価値観やライフスタイルを受容できる職場風土とすることである。

本章では、企業の人材活用においてＷＬＢ支援が必要となる理由を説明するとともに、上述したＷＬＢ支援の三つの取り組み、ＷＬＢ支援における管理職の役割、ＷＬＢ支援と男女雇用機会均等の関係、ＷＬＢ支援に関わる諸制度と他の人事処遇制度の連携の必要性などについて、説明することにしたい。

1　「新しい報酬」としてのワーク・ライフ・バランス支援

(1)　ＷＬＢとＷＬＢ支援の必要性

ＷＬＢが実現できる職場とは、「働く人々が、会社や上司から期待されている仕事上の責任を果たすと同時に、仕事以外の生活でやりたいことや、やらなくてはならないことに取り組める状態」を指す。他方、ＷＬＢが実現できない職場では、働く人々が、会社や上司から期待されている仕事上の責任を果たそうと努力すると、仕事以外の生活でやりたいことや、やらなくてはならないことに取り組めなくなり、いわゆる「ワーク・ライフ・コンフリクト」が生じることになる。この逆もある。ワーク・ライフ・コンフリクトの状態にある社員は、仕事に意欲的に取り組めなくなることを様々な調査が明らかにしている。つまり企業の人材活用においては、社員のWLBを支援しワーク・ライフ・コンフリクトを解消することが課題となる。

働く人々のWLBを支援し、ワーク・ライフ・コンフリクトを解消することが、企業の人材活用において課題となった背景には、働く人々の「生活関心」の所在や希望するライフスタイルが大きく変化してきたことがある。例えば、女性の職場進出や共働き世帯が増加した結果、働いている人のなかで、家庭生活や地域生活により多くの時間を割くことを必要としたり、そのことを希望したりする者が、女性だけでなく男性においても増加するようになった。これを生活時間の配分で見ると、働く人々のなかに、仕事以外の様々な活動に、以前よりも多くの時間を投入する必要や投入することを希望する者が増加している。企業の人材活用の視点からみれば、仕事に投入できる時間に制約のある社員が増加してきたのである。

他方、企業の人材活用の特徴をみると、望ましい「社員像」として、企業が必要とする時に必要とする時間を仕事に投入できる働き方ができる者（「ワーク・ワーク社員」）を想定してきたことを指摘できる。この背景には、高度経済成長期に、「男性が仕事を、女性が家事や育児を担う」という男女の役割分業を前提とした働き方が確立し、男性の多くが「仕事中心のライフスタイル」を支持し、それが一九八〇年代のはじめまで支配的であったことの影響が大きい(1)。

しかし、一九八〇年代に入ると女性が望ましいとするライフスタイルが変化し、女性の職場進出が進展し、共働き世帯が増加した。また男性の価値観も変化してきた。最近では、男性雇用者のうち配偶者が仕事を持っている者が、過半を超えている。こうした結果、育児など仕事以外の生活に時間を必要とする女性社員が増加しただけでなく、男性の間にも子育てに参加することを希望する者が増加したのである。また、育児だけでなく、社員のなかには、リカレントのために社会人大学院で経営学修士(MBA)などを取得するために自己啓発の時間を求める者や親などの介護の必要に直面する者なども増加している。

このように、仕事に投入できる時間に制約のある社員(「ワーク・ライフ社員」)が増えてきたにもかかわらず、企業や職場には、仕事時間に制約がない「社員像」を前提とした人材活用の仕組みや職場風土が残っている。こうした状況をもたらしている要因の一つは、現在の部課長層の多くが、仕事中心のライフスタイルを望ましいとする上司の下で、キャリアを形成して管理職となっただけでなく、そうしたライフスタイルを望ましいものとして受け入れてきたことがある。つまり、時間制約のある部下が増加し、部下が自分たちとは異なるライフスタイルを希望していることを管理職は理解しにくい状況にある。

時間制約のない社員を望ましいとする管理職の下で働いている時間制約のある社員にとっては、会社や上司の期待に応えるように仕事をしようと努力すると、仕事以外の活動に必要とするだけあるいは希望するだけの時間を割くことができず、ワーク・ライフ・コンフリクトに直面することになりがちとなる。ワーク・ライフ・コンフリクトに直面すると、働く人々の生活の質が低下するだけでなく、仕事にもマイナスの影響があることが様々な研究から明らかにされている。首都圏で働く人々のワーク・ライフ・バランスやワーク・ライフ・コンフリクトの現状、さらにそれらと仕事への意欲などとの関係に関する分析は、第一章を参照されたい

なお、WLBは、仕事と仕事以外の生活の両立であり、WLB支援の対象は社員の子育てに限定されるものではない。社員が希望する生活と仕事の両立を阻害する要因を取り除き、両立を可能にすることがWLB支援の取り組みとなる。つまり、WLB支援の対象には、育児だけでなく、介護、自己啓発、社会活動などが含まれる。

(2) 硬直的な日本の働き方：国際比較

日本の働き方が硬直的であり、ワーク・ライフ・コンフリクトを生じさせやすいことを国際比較で確認しよう。図表序-1から図表序-3は国際比較の結果で、日本の働き方が他の先進諸国に比べて硬直的であることがわかる。同図表は、International Social Survey Programme 2005: Work Orientation III（ISSP2005）の個票データを筆者が再集計して作成したものである。(2) ISSPは、同プロジェクトに参加している国々に関して同じ設問で比較調査を行っている。ここでは、分析対象としてドイツ（旧西ドイツ地域のみ）、イギリス、アメリカ、ノルウェー、スエーデン、日本、フ

図表序－１　仕事と生活の両立の可能性

自分や家族の事情のために、就業時間中の1、2時間の時間を使うことができるか
（1＝難しくない、4＝難しい）

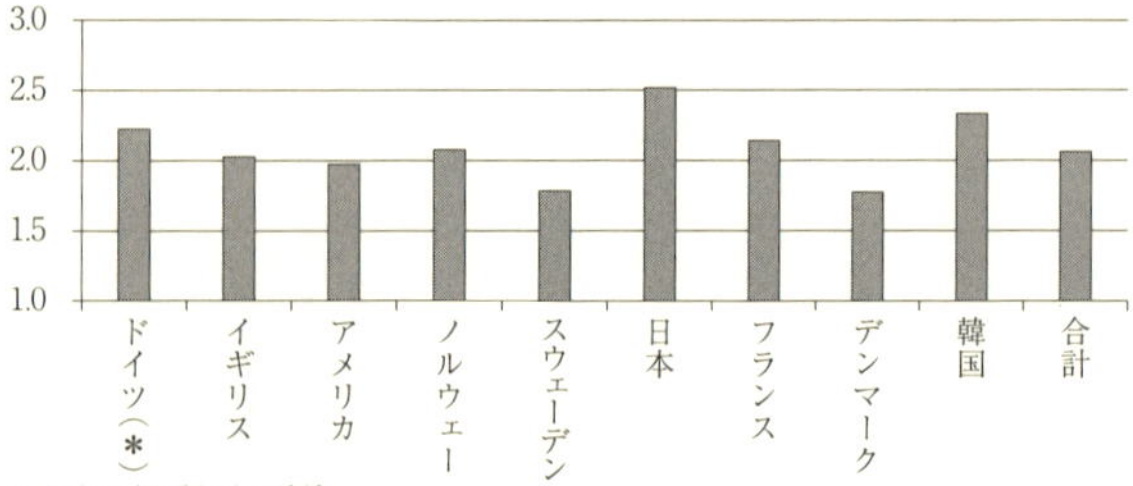

＊ドイツ：旧西ドイツ地域

図表序－２　仕事の進め方の裁量度

仕事の進め方を自分でどの程度決めることができるか
（1＝自分で決めることができる、3＝自分で決めることができない）

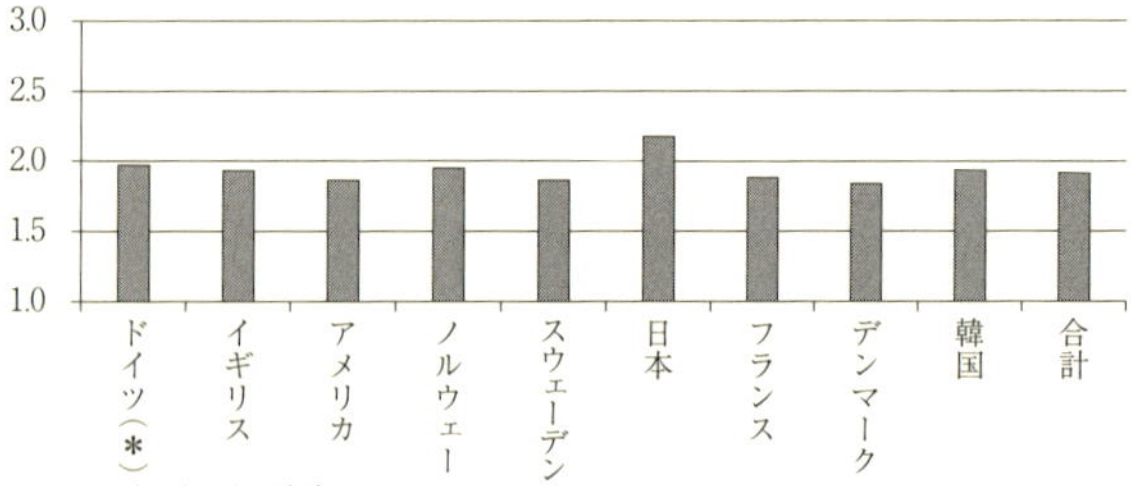

＊ドイツ：旧西ドイツ地域

図表序－３　出退勤時間の裁量度

出退勤時間をどの程度自分で変更できるか
（1＝変えることができない、3＝変えることができる）

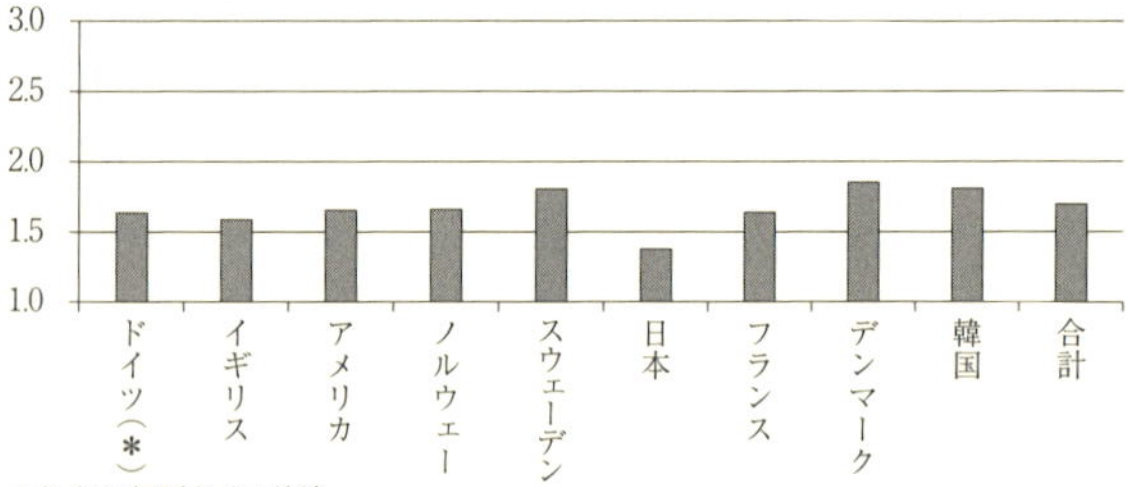

＊ドイツ：旧西ドイツ地域

出所：International Social Survey Programme 2005：Work Orientation Ⅲ（ISSP 2005）の個票データを筆者が再集計した

ランス、デンマーク、韓国の九ヵ国を取り出し、かつ一八歳から六四歳で週三五時間以上就業する雇用者に限定して、働き方に関して三つの点で比較した。具体的には、働き方について、図表序‐1の仕事と生活の両立の可能性（「仕事中に、家の用事や個人的な理由で、仕事を一、二時間離れることはどの程度難しいか」、一点から四点で値が大きいほど「難しい」を意味する）、図表序‐2の仕事の進め方の裁量度（「毎日の仕事の進め方を自分でどの程度決めることができるか」、一点から三点で値が大きいほど「できない」ことを意味する）、図表序‐3出退勤時間の裁量度（「出退勤時間をどの程度自分で決めることができるか」、一点から三点で値が小さいほど「できない」ことを意味する）の三つに関して比較した。これらによると、日本の働き方は、他の先進国に比べて仕事と生活の両立の可能性や仕事の進め方さらに出退勤時間に関して裁量度が低く、硬直的であることが確認できる。こうした硬直的な働き方が持続すると、多くの人々がワーク・ライフ・コンフリクトに直面し、仕事への意欲を低下させたり、離職を余儀なくされたりしかねないのである。欧州における働き方やWLBの現状に関しては、第三章も参照されたい。

（3）新しい「報酬」としてのWLB支援

企業がWLB支援に取り組む必要性は、WLBが社員にとって新しい「報酬」となったことによる。企業は、社員が希望しているライフスタイルを実現できるような働き方を実現できなくては、社員の勤労意欲を高い水準に維持することができないのである。社員の勤労意欲を高い水準に維持

図表序－４　WLB 実現度と仕事への意欲

「あなたは今の仕事に目的意識を持って積極的に取り組んでいますか」（仕事への意欲）への回答（％）

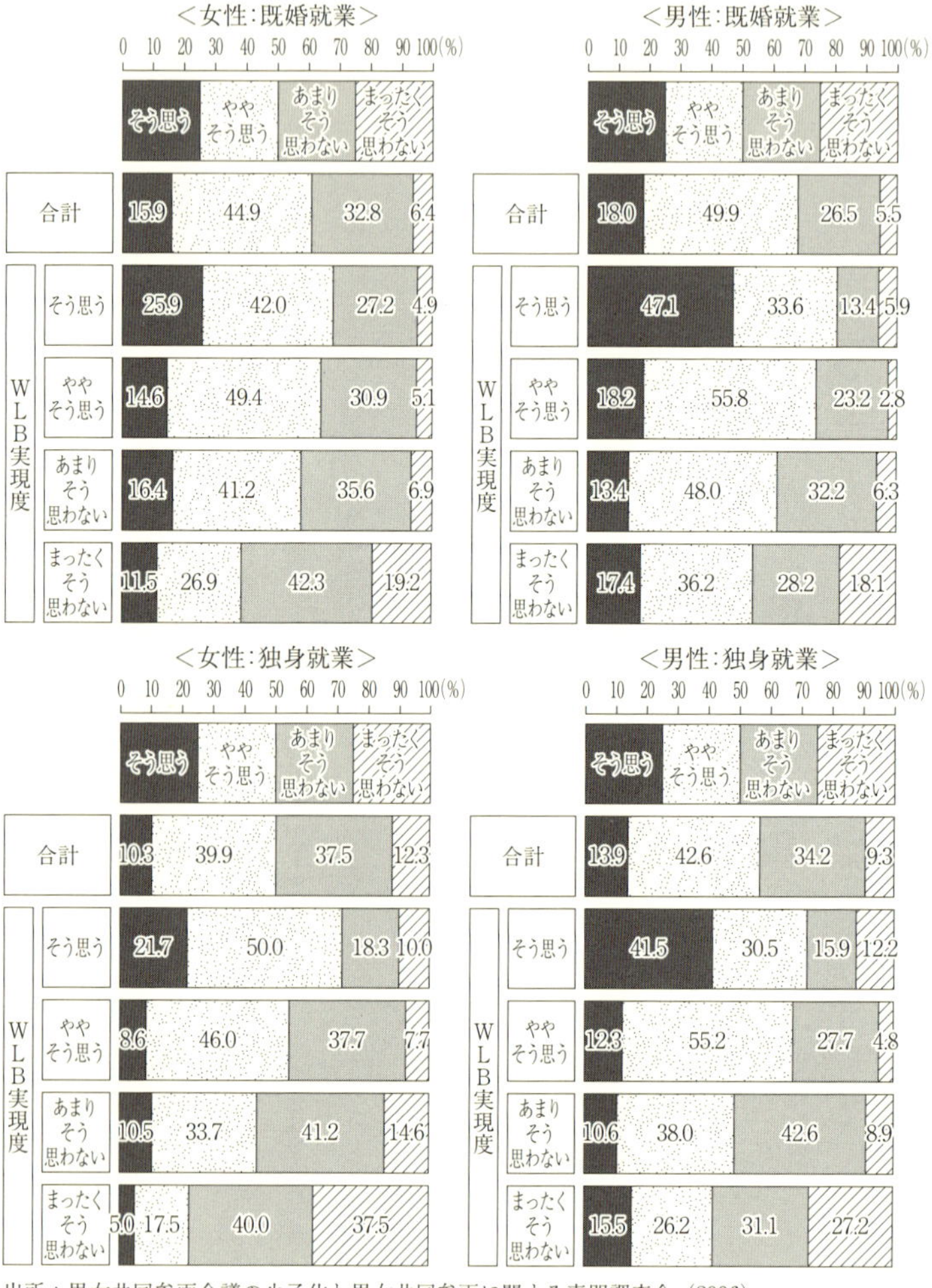

出所：男女共同参画会議の少子化と男女共同参画に関する専門調査会（2006）

し、職業能力を十分に発揮してもらうためには、企業として社員のＷＬＢを実現する取り組みが不可欠となる。企業にとってＷＬＢを支援することは、ワーク・ライフ・コンフリクトを解消し、働く人々の生活の質の低下を回避することだけでなく、社員の仕事への意欲を低下させないためにも、重要な取り組みとなったのである。

ＷＬＢが、働く人々の仕事への意欲を左右する要因となっていることを、男女共同参画会議の少子化と男女共同参画に関する専門調査会が実施した個人に対するアンケート調査で確認しておこう(3)。図表序－4の「ＷＬＢ実現度」では、「あなたにとって、仕事と生活のバランスは、うまくとれていると思いますか」という設問への肯定的な回答をＷＬＢの「実現度が高い」と想定している。また、「仕事への意欲」は、「あなたは今の仕事に目的意識を持って積極的に取り組んでいますか」に対する肯定的な回答による。同図表によれば、既婚、未婚の男女ともに、ＷＬＢが実現できていると認識している人では、仕事への意欲が高い傾向を確認できる。

2　ワーク・ライフ・バランス支援を実現するために

(1)　ＷＬＢ支援のための三つの取り組み

ＷＬＢ支援のための具体的な取り組みを説明しよう。ＷＬＢ支援を進めるためには、つぎの三つの取り組み（図表序－5）が必要となる。育児休業などのＷＬＢ支援制度を整備することで、ＷＬ

Ｂ支援が実現できると考えている企業も少なくない。しかし、ＷＬＢ支援制度を整備するだけでは、ＷＬＢ支援としては不十分となる。ＷＬＢ支援制度の整備を含めて、図表序－５のようにつぎの三つの取り組みが必要となる。

第一は、仕事管理や時間管理など人材マネジメントと働き方の改革である。「ワーク・ワーク社員」と異なり、「ワーク・ライフ社員」は、仕事に投入できる時間に制約があることから、社員の「時間制約」を前提とした人材マネジメントと働き方が必要となる。「ワーク・ワーク社員」も一日二四時間、一週七日という「時間制約」があるが、従来はその上限までは仕事ができるという意識や考え方の下で人材マネジメントや仕事が行われていた。この点の改革が必要となる。社員の時間意識を高める取り組みや残業削減の方法に関しては、第四章と第六章を参照されたい。

第二は、ＷＬＢ支援に関わる制度を導入するだけでなく、その制度が活用できる人材マネジメントを日頃から行うことである。法定を上回る育児休業制度や短時間勤務制度が導入されていても、それらの制度を利用しにくい企業や職場が少なくない。そのためには、前述の第一の取り組みに加えて、ＷＬＢ支援に関わる制度が活用できるようにする日常的な取り組みが必要となる。短時間勤務が円滑に活用できるための仕事管理・時間管理に関しては、第五章を参照されたい。

第三は、社員の多様な価値観やライフスタイルを受容できる職場風土とすることである。「ワーク・ワーク社員」を否定するのではなく、「ワーク・ワーク社員」だけでなく、「ワーク・ライフ社員」など多様な価値観の社員を受け入れることができ、そうした社員が仕事に意欲的に取り組める

図表序－5　3つの取り組みからなるWLB支援

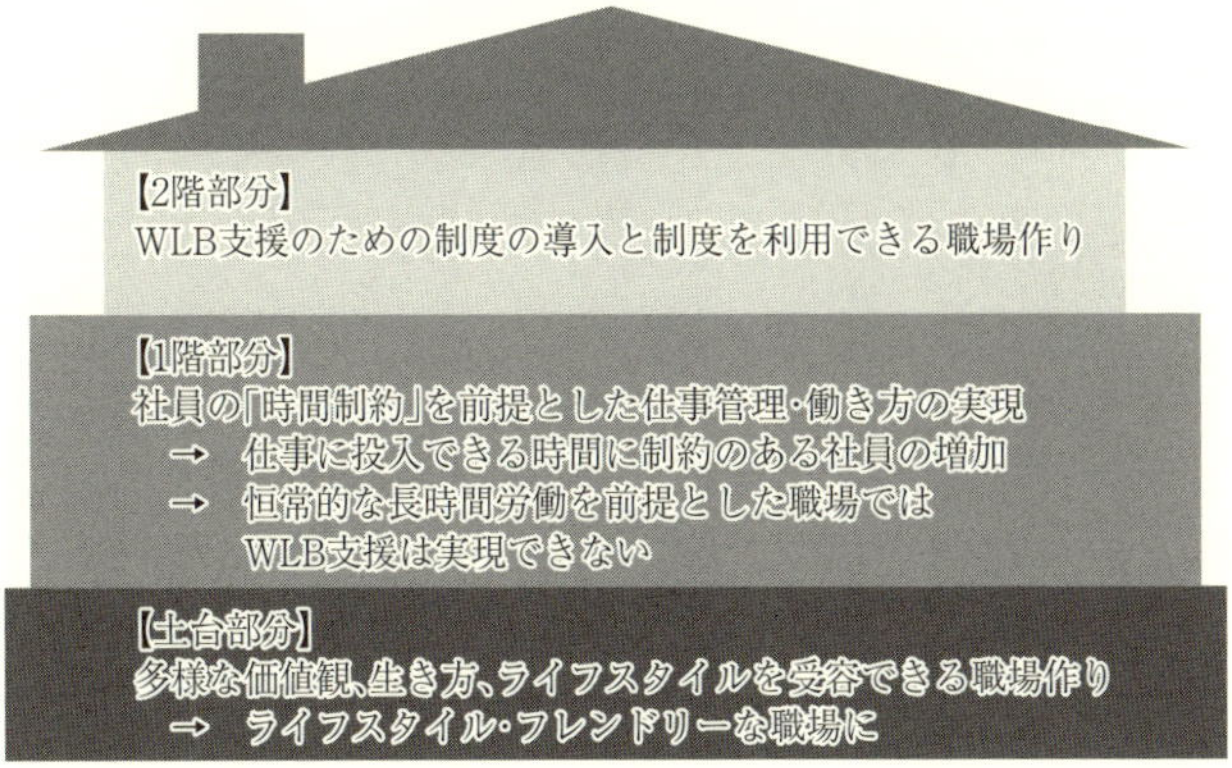
【2階部分】
WLB支援のための制度の導入と制度を利用できる職場作り
【1階部分】
社員の「時間制約」を前提とした仕事管理・働き方の実現
→　仕事に投入できる時間に制約のある社員の増加
→　恒常的な長時間労働を前提とした職場では
WLB支援は実現できない
【土台部分】
多様な価値観、生き方、ライフスタイルを受容できる職場作り
→　ライフスタイル・フレンドリーな職場に

ようにすることである。言い換えれば、「ワーク・ワーク社員」が多い課長や部長などの管理職の価値観を否定するものではなく、管理職が部下に対して「ワーク・ワーク社員」としての価値観を求めることを解消することが課題となる。管理職のマネジメントや職場風土の重要性に関しては、第二章を参照されたい。

ＷＬＢ支援を実現するためには、上記の三つの取り組みが必要条件となる。建物に例えれば、第一の取り組みが一階で、第二が二階で、第三が土台となる（図表序－5参照）。しかし、ＷＬＢ支援の現状をみると、三つのうち二階の取り組みしかできていない企業や、さらには制度を導入したもののそれが活用しにくい企業も少なくない。土台と一階が完成すれば、二階部分は法定水準の制度であってもそれが活用できるならば、ＷＬＢ支援としては十分なのである。

（2）職場の管理職のマネジメントが鍵

育児休業制度や短時間勤務などＷＬＢ支援に関わる諸施策は、企業が導入すれば自動的に社員が活用できるわけではない。休業などを取得しても、業務遂行に支障が生じにくい職場でなくては、社員が休業取得を申し出にくいだけでなく、職場の管理職や同僚も休業取得を歓迎しにくいことになる。つまり、社員のＷＬＢは、育休制度など両立支援の制度を導入することで自動的に実現できるものではない。

企業がＷＬＢ支援のために両立支援制度を導入し、社員がそれを活用できるようにするためには、すでに指摘したように社員の時間制約を前提とした仕事管理・時間管理に転換することが不可欠となる。社員がいつでも必要な時に必要なだけ残業や休日出勤ができると想定するのでなく、社員が仕事に投入できる時間に制約があることを前提とした仕事管理・時間管理とすることが必要なのである。

そのために職場の管理職は、部下が休業を取得したり、短時間勤務や残業免除を選択したりするなど、仕事に投入できる時間に制約があることを前提とした人材活用としなくてはならない（第三章、第四章、第六章を参照されたい）。こうした人材活用に移行するための取り組みは、有限な「時間資源」を効率的に活用することを管理職や社員に自覚させることになり、仕事の優先順位づけや無駄な仕事を取り除くことなどを通じて、仕事の効率化や生産性向上に貢献することになる。エネルギー制約や環境制約に対処できる経営を実現することに取り組んだことが、企業に経営革新をもたらしたように、社員の時間制約を前提とした新しい人材活用と働き方の開発は、日本企業に新しいイノベーションをもたらすものと考える。

休業制度や短時間勤務などWLB支援の施策が円滑に活用できるようにするためには、お互いの仕事をカバーできるように職場での情報共有化と仕事の幅を広げるように、管理職は日頃から人材活用を行うことが不可欠となる。こうした取り組みは、休業取得の有無にかかわらず、仕事の効率化を通じて職場の生産性の向上に寄与することが明らかにされている（第五章も参照されたい）。この点を部下が育児休業や短時間勤務を取得したことがある管理職に対する調査結果で紹介しよう(4)。

育休取得や短時間勤務利用の職場全体への総合的な影響に関する管理職の評価をみると、「マイナスの影響が大きい」（「大きい」三・三％＋「どちらかと言えば大きい」一四・〇％）は少なく、それよりも「プラスの影響が大きい」（「大きい」四・一％＋「どちらかと言えば大きい」二六・六％）が三割を占めることが注目される（「どちらとも言えない」は五一・四％）。全体では総合的な影響として「プラスの影響が大きい」が多くなる。

「プラスの影響が大きい」と回答した管理職が指摘したプラス面の事項を取り上げると、「両立支援策に対する理解が深まった」（六五・六％）が第一位を占め、それ以外では「生産性向上に貢献する」と考えられる事項が多く指摘されている。それらは、「仕事の進め方について職場内で見直すきっかけになった」（五三・八％）、「仕事を引き継いだ人の能力が高まった」（四一・四％）、「各人が仕事に効率的に取り組むようになった」（三一・七％）、「職場の結束が強まった」（二一・五％）

などである。他方、「マイナスの影響が大きい」とした管理職では、「職場のマネジメントが難しくなった」（四六・七％）や「社員間で不公平感が生じた」（二六・七％）の比率が高い。こうした結果は、管理職の職場管理のあり方によっては、育休取得を仕事の進め方の見直しや能力開発の機会などに活用できることが示唆される。

職場全体への総合的な影響に関して「プラスの影響が大きい」と回答した管理職の職場の状況や管理職の取り組みを分析すると、①職場の同僚の間に育休取得を積極的に支援しようとする雰囲気がある、②育休取得者の仕事に関して複数の同僚に引き継ぐことが多い、③育休取得者に対して職場復帰に向けた情報提供を行っている、④育休取得者が職場復帰後に取得前のスキル水準に戻るまでの期間が短いこと、などがわかる。同僚の間に育休取得を支援する雰囲気があり、職場の複数の同僚が育休取得者の仕事を引き継ぐことが多いのは、日頃から特定の社員にしか仕事ができないような状況を少なくするために、各人の仕事の範囲を広くし、お互いに仕事をカバーできるように連携して仕事をするようにしているためと考えられる。つまり、育休取得者の仕事を同僚がカバーでき、育休取得による職場全体の生産性低下を解消したりあるいは低下幅を小さくできたりしているのである。こうした取り組みは、育休取得の有無にかかわらず、職場の生産性の向上に寄与することにもなる。

（3）なぜ男性の子育て参画か

ＷＬＢ支援は、男女の両方を対象とするものであるが、企業のなかには、女性それも既婚女性を念頭に置いて運営しているものが少なくない。この背景には、育児や介護は女性が担うものという男女の役割分業意識がいまだ根強いことがある。そのため、男性が、育児休業などを取得することに抵抗感や違和感を指摘する企業トップや管理職も多い。例えば、男性が育休を取得することに関する経営トップの意見（人事担当者による判断）と人事担当者の意見を調べると、女性が育児休業を取得する場合に比べて、男性に関しては肯定的な意見が少なくなる。なお、男性の取得実績のある企業の方が、男性による育休取得を肯定的にとらえる傾向が強いことがわかる。このことは、経営トップや人事担当者、さらには職場の管理職が、男性の育休取得を当然のこととする職場風土が形成できれば、男性の育休取得も増えていく可能性があることが示唆される。

男性の子育て参画に関しては、子どもを持った夫婦の選択の問題であり、社会や企業がそれを促進すべきものではないとの意見がある。しかし、働きながら子育てを担っている女性を取り上げると、その女性の子育てと仕事の両立は、本人だけでなく、勤務先企業や職場の同僚などの理解や支援に支えられたものである。そうした状況において、例えばその女性の配偶者が、他の企業で長時間労働を行い子育てにいっさい関わらないとすれば、女性を雇用する企業や職場のみに子育て支援を負わせることになり、女性の雇用をできるだけ避けようとする企業行動を誘発し、その結果、男女の雇用機会均等を阻害することにもなりかねないのである。つまり、男性の子育て参画を促進すると同時に、すべての企業におけるＷＬＢ施策を充実させていくことが重要な取り組みとなる。(5)

3　ワーク・ライフ・バランス支援と女性の活躍の場の拡大

ＷＬＢ支援は、運用のあり方によっては、性別役割分業を固定化するものとなる。つまり、女性が子育てを担いかつ仕事を継続できる環境を整備することだけになりかねないことによる。企業における子育てと仕事のＷＬＢ策が充実しても、男性の働き方が変わらなかったり、女性の職域拡大が行われなかったりする場合には、そうした状況を招きかねない。この点を図表序‐６で説明しよう。

図表序‐６は、企業や職場におけるＷＬＢ支援と雇用機会均等施策の両者の充実度によって、企業や職場を四つの類型に分け、それぞれにみられる特徴を類型別に示したものである。同図表の第三象限（左下）に分類される企業あるいは職場では、均等施策が充実しているため、男女の職域分離がなく女性の管理職も多いが、ＷＬＢ支援策が不十分なため、結婚や出産、さらには子育てなどを契機に仕事をやめざるを得ない状況に直面する女性や、仕事を継続するために、結婚や出産をあきらめざるを得ない女性が多くなる。つまり、一部の女性しか活躍できないことになる。

他方、同図表の第一象限（右上）の企業あるいは職場は、ＷＬＢ支援策が充実しているため、結婚や出産、さらに子育てなどに直面しても仕事の継続が可能となるが、均等施策が不十分なため、女性の職域や昇進機会が制約されることになる。女性が就業継続することは可能であるが、その能

図表序－6　WLB支援と雇用機会均等の関係

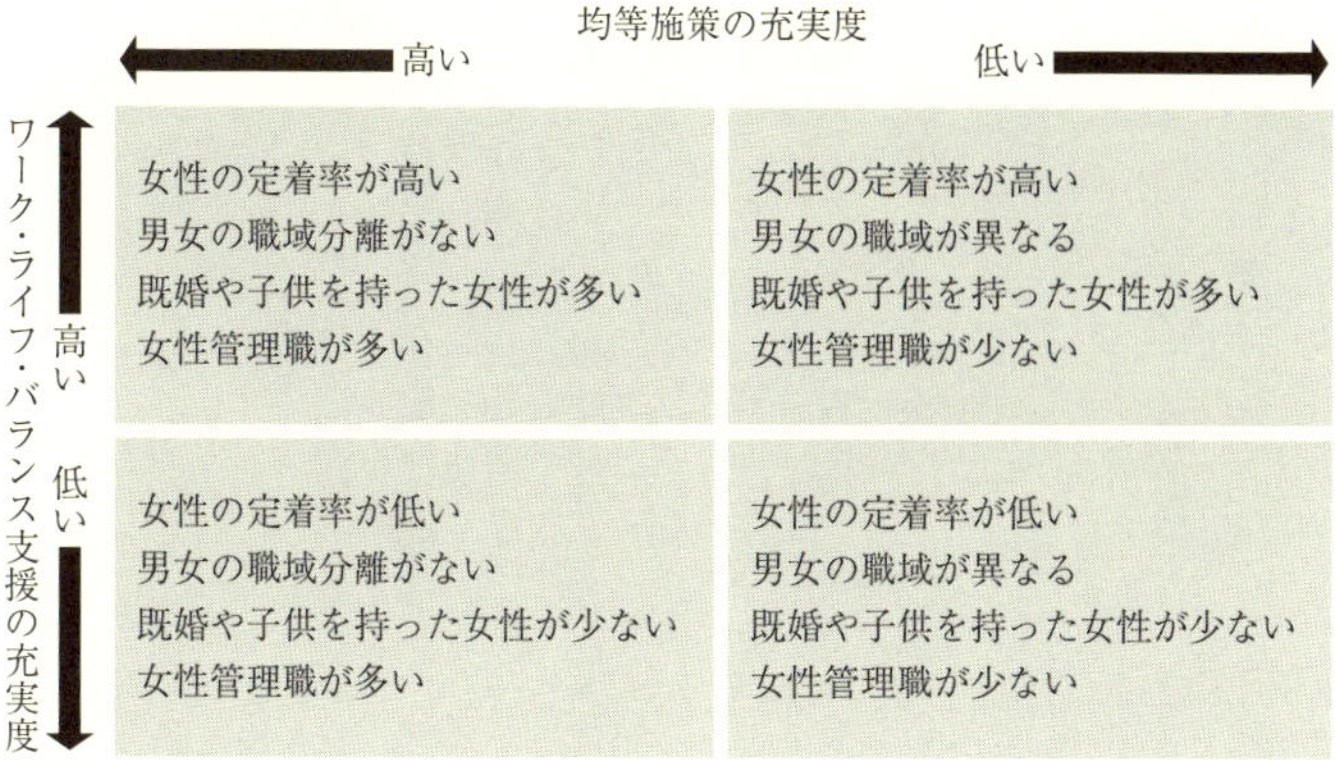

	高い	低い
ワーク・ライフ・バランス支援の充実度　高い	女性の定着率が高い 男女の職域分離がない 既婚や子供を持った女性が多い 女性管理職が多い	女性の定着率が高い 男女の職域が異なる 既婚や子供を持った女性が多い 女性管理職が少ない
ワーク・ライフ・バランス支援の充実度　低い	女性の定着率が低い 男女の職域分離がない 既婚や子供を持った女性が少ない 女性管理職が多い	女性の定着率が低い 男女の職域が異なる 既婚や子供を持った女性が少ない 女性管理職が少ない

力を十分に発揮できていないことになる。このようにWLB支援策と均等施策のいずれを欠いても女性の活躍の場を拡大することができないのである。つまり、企業の人材活用において女性の活躍の場を拡大していくためには、WLB支援策と均等施策の両者を車の両輪として定着化していくことが課題となる。つまり第二象限（左上）が目指すべき目標となる。しかし現実の人事管理施策をみると、WLB支援策と均等施策のいずれかに軸足が置かれていたり、あるいはいずれの施策も不十分であったりする企業が少なくない。

ところで同図表の第一象限と第三象限は、WLB支援策と均等施策でみると、異なる類型であるが、実は両者とも企業の人材活用策の基底にある基本的な価値観は同じものなのである。その価値観とは、「男性は主に仕事を、女性は主に家事・育児を担うもの」という男女間の性別役割分業を前提とした人材活用なのである。第一象限は、男女役割分業を前提として、女性が家事や育児を主として担うため、女性が働く場合でも仕事は補助的なものでよいとするものである。他方、第三象限は、男女役割分業を前提として、配偶者が家事や育児を担っている男性と同様に仕事ができる女性がいた場合には、男性と同様の活躍の機会を提供するというものである。第一象限の企業あるいは職場はポジティブ・アクションを通じて第二象限を、第三象限の企業あるいは職場は両立支援策の導入、充実を通じて第二象限を目指すべきものとなるが、そのためには男女の役割分業を前提とした人材活用の仕組みを解消し、多様なライフスタイルの人材が活躍できる企業あるいは職場とすることが最大の課題となる。

ちなみにデータは示さないが図表序－4と同じ調査によれば、WLB支援策を「子育てする人が働きやすい」職場で代表し、男女の均等施策を「女性登用が進んでいる」職場で代表させると、両者が実現できている職場では、既婚女性のみならず既婚男性や独身男女も「仕事の満足度」が高い傾向がみられる。さらに、「子育て」と「女性登用」の環境が両方揃っている場合、男女ともに仕事への意欲が高くなる。この点からもWLB施策と均等施策を同時に推進することの重要性が理解できよう。

4　ワーク・ライフ・バランス支援と人事処遇制度の連携、企業業績

（1）WLB支援と人事処遇制度の連携

企業は、ＷＬＢ支援のために、育児休業や介護休業さらには短時間勤務などの導入、整備に取り組んできている。こうしたＷＬＢ支援に関わる諸制度を希望者が円滑に利用できるように、制度に関する情報提供や代替要員の確保などの支援を行う企業も多い。しかし、現状の取り組みだけで、ＷＬＢ支援の制度が円滑に利用されるための環境整備が必要十分というわけではない。ＷＬＢ支援制度を定着させ利用しやすいものとするためには、ＷＬＢ支援制度の内容を充実させるということのみではなく、ＷＬＢ支援制度と他の人事処遇制度の接合が不可欠なのである。ＷＬＢ支援制度を独立した制度として導入し、その制度を充実し、取得しやすい環境を整備することを第一段階とすると、他の人事処遇制度との接合を図ること、すなわち、ＷＬＢ支援制度を考慮した人事処遇制度の構築がＷＬＢ支援に関わる制度整備の第二段階となる。この第二段階の取り組みが、今、企業に求められているのである。

ＷＬＢ支援に関わる制度整備の第二段階の取り組みの必要性と、そのための基本的な取り組みのあり方を整理するとつぎのようになる。

企業の多くでは、ＷＬＢ支援制度が他の人事処遇制度から独立して導入され、両者の接合が十分に考慮されていないものの、そのことが人事管理上の課題や問題として表面化してこなかったのは、ＷＬＢ支援制度の利用者が限定的であったことによろう。しかし今後はキャリアの途中段階において、育児や介護のために長期の休業を取得して就業中断する者や、フルタイム勤務から短時間勤務に移行する者が、男性の子育て参画の進展などから、男性を含めて社員の間に一般化しよう。さらに、共働き世帯や単身者の増加を背景とし、要介護者を抱える社員の増加から、管理職を含めて五〇歳代以上の男性社員においてもWLB支援制度の利用ニーズが高まることが予想される。

他方、企業における従来の人事処遇制度は、入社してから定年到達までキャリアの中断がなく、かつフルタイムで継続して勤務する「社員像」を前提として設計されていたといえよう。各企業においては、ノーワーク・ノーペイの原則から休業期間中の給与に関しては無給が一般的であるが、①賞与や退職金の算定における休業期間、②人事考課や昇給さらに昇格における休業期間、③休業復帰後における評価のあり方や休業期間中の評価と処遇、さらに④短時間勤務者に対する目標管理における目標設定や評価方法などに関して、人事部門として明確な取り扱い方針やルールを定めていない企業も少なくない(6)。このような企業では、現場の管理職が人事考課などの運用に苦慮することも多く、また人事考課や目標管理の運用などが現場の管理職の裁量に依存することから職場毎に対応が異なるなどの問題も生じている(7)。こうした結果、WLB支援制度を利用することが今後の処遇にどのように影響するかに関して事前に明確でないことから、社員の間には、WLB支援制度の利用を躊躇したり、制度を利用するにしても制度利用後における処遇の扱いに関して不安や不満を持ったりするという問題が生じがちとなる(8)。

他方、一部の企業ではあるが、休業に関して給与や賞与などの処遇面でまったく控除しなかったり、あるいは一部のみ控除したりするものがあるが、こうした取り扱いの場合には、WLB支援制度を利用しない社員から不満がでたり、制度の利用者にとっても制度を利用しにくいという問題が生じかねないのである。

ＷＬＢ支援制度と人事処遇制度の接合のあり方を検討する際には、制度利用者に対して合理的に説明できない処遇上の不利益をもたらすことがないようにするだけでなく、制度利用者と制度非利用者の間に不公平感を生まないように、制度の仕組みや運用を設計し、周知することが大事となる（第五章も参照されたい）。

以上を踏まえると、ＷＬＢ支援制度と人事処遇制度の円滑な接合のためには、以下の検討が必要となろう。

①社員の多くが、キャリアの途中段階で休業を取得したり短時間勤務に移行したりすることを前提として、現在の人事処遇制度を点検し、人事考課、処遇（昇給、賞与、退職金など）、昇格の仕組みを見直すこと。

②ＷＬＢ支援制度の利用者が不合理や不利益を感じることがなく、処遇に納得できる制度とすると同時に、制度非利用者も不公平感を抱くことなく納得できる制度とし、また両者間の処遇の均衡を確保すること。

③ＷＬＢ支援制度の利用に関わる人事考課、処遇、昇格の取り扱いに関する情報を社員に提供し、両立支援制度の利用に関わる人事処遇制度の透明性を担保すること。とりわけ人事考課の実施者である管理職にその運用に関して情報提供を行うこと。

人事処遇制度の改善に際しては、社員のキャリア段階や他の人事処遇制度との組合せや運用のあり方によっては見直しの必要がない場合もあることに留意が必要となる。例えば、職能資格制度における資格昇格の条件として設定されることが多い滞留年数要件は、休業取得期間に応じて昇格の遅れを休業取得者にもたらすものとなる。しかし、キャリアの初期段階など人材育成期間において一定期間の仕事の経験が職業能力の習得に不可欠な場合には、滞留年数要件の設定とそれにともなう休業取得者の昇格の遅れは合理的な扱いとなろう。他方、能力発揮段階において資格昇格に滞留年数要件を設定することは、経験年数と能力発揮が相関しないことから、不合理なものとなり、滞留年数要件の設定を廃止し、休業取得に関係なく、評価対象期間における貢献などに応じて昇格を決めることが合理的なものとなる。このように資格昇格などにおける滞留年数要件は、それ自体では、合理的なものとも非合理的なものとも評価できないのである。ＷＬＢ支援制度と人事処遇制度の接合のための見直しに際しては、こうした人事処遇制度の違いに関する留意が必要となる。

（2）人材活用や企業業績に対するＷＬＢ支援の効果

最後に、ＷＬＢ支援の取り組みと人材活用や企業業績の関係について、ＷＬＢ支援（ここでは両立支援策）と人材活用や企業経営の関係について、いくつかの仮説を設定し、計量分析を行った結果を紹介しておこう(9)。

第一に、両立支援策の人材確保に対する効果をみると、新卒採用、中途採用ともに両立支援策の「制度導入」によって、質・量ともに必要な人材の確保にプラスの効果がある。

第二に、両立支援策の導入と利用は、結婚や自己都合による退職を減少させ、育児休業の利用を通じて女性の就業の継続を促進する。

第三に、両立支援策と人材開発戦略を組合わせることで、女性の仕事への意欲の向上を期待でき、また女性だけでなく男性の会社・仕事満足度にもプラスの効果が現れる。会社・仕事満足度については、さらに男女均等施策に取り組むことでより向上する。

第四に、両立支援策を単独で導入すると企業業績にマイナスの影響があるが、均等施策と併せて導入することで、企業業績に対してプラスの効果がある。

以上の分析から明らかになったことは、WLB支援策が人材活用や企業業績にプラスの効果をもたらすためには、雇用機会均等や人材開発など他の人事施策との組合せがきわめて重要なことである。

5　人材活用の要としてのワーク・ライフ・バランス支援

第一に、企業が、社員のWLB支援に取り組む必要があるのは、男性も女性も、既婚者も独身者も、WLBの実現を求めていることによる。企業の人材活用においては、社員がWLBの実現を求めている限り、働き方の見直しなどWLBを実現できる職場環境の整備などの取り組みが必要である。WLB支援が、社員の仕事への高い勤労意欲を引き出すための新しい「報酬」であることによる。

第二に、ＷＬＢ支援策を社員が活用できるためには、育児休業制度や短時間勤務制度など両立支援制度を導入するだけでなく、社員の「時間制約」を前提とした人材マネジメントと働き方の整備が鍵となる。働き方の改革の担い手は職場の管理職であり、改革への取り組みは働き方に新しいイノベーションを引き起こす契機となろう。

第三に、ＷＬＢ支援策の充実だけでなく、男女雇用機会均等を推進して、女性の活躍の場を拡大していくことが求められる。後者を欠くと、女性を補助的な職域にとどめることになりかねない。男女雇用機会均等を推進するために、「ワーク・ワーク社員」だけでなく「ワーク・ライフ社員」も活躍できる人材マネジメントと働き方の改革に加えて、男性の子育てへの参画が求められる。

第四に、ＷＬＢ支援策の単独での導入でなく、男女雇用機会均等さらには人材開発戦略など他の人事制度と適切に組合わせることによって、ＷＬＢ支援は、企業の人材活用や企業業績にプラスの効果をもたらすものとなる。

注

（1）価値観やライフスタイルの変化に関しては、ＮＨＫ放送文化研究所編（2010）『現代日本人の意識構造（第七版）』のⅡ「男女と家庭のあり方」とⅤ「仕事・余暇」参照されたい。

（2）分析に利用したデータセットは、Zentralarchiv für Empirische Sozialforschung an der Universität

zu Kölnから入手した。
（3） インターネットモニターを利用して、全国の二五～四四歳の男女を対象に二〇〇六年一月に実施し、回答数は六四一五人である。詳しい分析結果は、男女共同参画会議・少子化と男女共同参画に関する専門調査会（2006）を参照されたい。
（4） 男女共同参画会議の少子化と男女共同参画に関する専門調査会が実施した部下が育児休業や短時間勤務を取得したことのある「管理職を対象とした両立支援策に関する意識調査」（二〇〇五年一月実施、七六四人回答）による。詳しくはhttp://www.gender.go.jp/danjo-kaigi/syosika/g-tyousa.pdfを参照されたい。
（5） 男性の育児休業取得や仕事と子育ての両立に関しては、佐藤博樹・武石恵美子（2004）を参照されたい。
（6） 厚生労働省雇用機会均等・児童家庭局（2005）によれば、①育児休業中や休業後の労働条件を取得者に明示していない事業所が三〇・五％、②賞与のある事業所のうち、賞与の算定の際における休業期間の取り扱いについて決めていない事業所が二四・一％、③退職金制度がある事業所のうち、退職金の算定の際における休業期間の取り扱いについて決めていない事業所は二三・九％となる。
（7） 前掲の「管理職を対象とした両立支援策に関する意識調査」によると、短時間勤務者に関する評価に関して会社から情報提供や指導が「あった」者は三九・七％で、「なかった」者は五三・四％となる（「無回答」が六・八％、短時間勤務を取得した部下のある管理職二二九人の回答）。具体的な評価では「トータルの仕事量を減らしたことをマイナスに評価」（一〇・〇％）や「時間当たりの成果が同じでも、時間の融通がきかないことをマイナスに評価」（七・三％）などとなる。また、両立支援制度の円滑な利用のために必要なこと（複数回答）として、「育児休業制度の利用者の評価の方法を示す」（二〇・九％）や「短時間勤務制度の利用者の評価の方法を示す」（一五・六％）の指摘がかなりの比率を占める。
（8） やや古い調査であるが、ニッセイ基礎研究所（2002）によると、六歳未満の子どもを持つ有配偶の男女雇用者（正社員、非正社員）一〇一一人に対する調査によると、育児休業から復帰後の評価について男女とも「どのような評価につながるか不明確」と回答した者が多く男女計では五五・三％になり、これに「マイナスの評価につながる」が続き、それは男女計で二四・九％となる。また育児休業取得者二三八人（女性が二二二人）に対する設問では、休業取得後の人事上の取り扱いに関して「特に不満に思うことはなかった」が五八・四％と過半であるが、「不満に思うことがあった」が二三・九％で、その不満の内容では「昇給が遅れた」（五六・一％）や「昇進・昇級が遅れた」（四五・六％）が上位に指摘されている。
（9） 詳しくは、佐藤博樹・武石恵美子編（2008）を参照されたい。

文献

NHK放送文化研究所編（2010）『現代日本人の意識構造（第七版）』日本放送出版協会
厚生労働省雇用機会均等・児童家庭局（2005）『平成一七年度　女性雇用管理調査』
佐藤博樹・武石恵美子（2004）『男性の育児休業――社員のニーズ、会社のメリット』中公新書
佐藤博樹・武石恵美子編（2008）『人を活かす企業が伸びる――人事戦略としてのワーク・ライフ・バランス』勁草書房
男女共同参画会議・少子化と男女共同参画に関する専門調査会（2006）『両立支援・仕事と生活の調和（ワーク・ライフ・バランス）推進が企業等に与える影響に関する報告書』
ニッセイ基礎研究所（2002）『男性の育児休業取得に関する調査　報告書』

第Ⅰ部　ワーク・ライフ・バランスの現状と課題

第一章　働く人々のワーク・ライフ・バランスの現状と課題

高村　静

本章では「働き方とワーク・ライフ・バランスの現状に関する調査」（以下、「ＷＬＢプロジェクト調査」）の結果を中心に、首都圏で働く人々のワーク・ライフ・バランス（以下、「ＷＬＢ」）の現状と課題について概観する。

本章の構成は以下の通りである。第1節では、ＷＬＢプロジェクト調査の調査対象者およびその働き方の平均的な状況を示し、第2節ではＷＬＢの状況について示す。第3節では、ＷＬＢの実現の状況と組織に対する働く人の意識特性との関係を示し、第4節では、ＷＬＢ満足に影響を与える職場の特徴について述べる。また、第5節では、夫の働き方の違いによる妻の職場に対するニーズの違いに着目する。また第6節では以上の結果を総括するとともに、ＷＬＢについての職場マネジメントに関する提言内容をコラムにとりまとめた。

1　調査対象者および働き方の概要

(1) 調査の概要と対象者

本章で分析する調査は、従業員規模五〇名以上の民間企業に勤務する年齢二五〜四四歳の男女正規社員のうち近住の家族からの支援が受けにくいと考えられる首都圏（東京都、神奈川県、千葉県、埼玉県の一都三県）在住者二八〇〇名を対象に、WLBの状況、勤務先におけるWLB施策の実状、働き方の実態、就業意識等について把握することを目的として実施した。

年齢層を前述の範囲に限定した理由は、長時間労働の人の割合が、他の年齢層に比べて高いだけでなく、子育てや介護などの家庭責任に加えて、職業上のキャリア構築上重要かつ業務上の責任も重い年代であることによる。

(2) 調査対象者の属性

まず、今回の調査対象者二八〇〇名のおおまかな属性を確認する（図表1-1）。

本調査は、対象者を男女、既婚・未婚の割合が同じになるように割り当てた。子どもを一人以上持つ者は男女合計で二九・七％（男性三三・六％、女性二五・八％）である。大卒以上の学歴の者は

図表1－1　調査対象者の属性の概要

○**性別**：2,800名（男性1,400名、女性1,400名）
○**配偶者有の者の割合**：男女それぞれ50％
○**子ども有の者の割合**：約29.7％。（男性33.6％、女性25.8％）
○**学歴**：大学卒業以上66.9％（男性77.0％、女性56.7％）
○**勤務先企業の従業員規模**：1,000名以上が46.2％（男性50.8％、女性41.6％）
○**業種**：製造業25.4％（男性29.9％、女性20.9％）、サービス業18.6％（男性18.1％、女性19.2％）、情報通信業15.9％（男性19.2％、女性12.6％）が上位３業種
○**職種**：事務職41.4％（男性24.5％、女性60.0％）、専門職・技術職33.6％（男性43.5％、女性26.6％）が多い。管理職は9.9％（男性11.6％、女性3.1％）。

男女合計で六六・九％（男性七七・〇％、女性五六・七％）である。

勤務先の業種は製造業二五・四％（男性二九・九％、女性二〇・九％）、サービス業一八・六％（男性一八・一％、女性一九・二％）、情報通信業一五・九％（男性一九・二％、女性一二・六％）が男女ともに上位三業種である。

職種は男性では「専門職・技術職」が四三・五％と最も多く、女性は「事務職」が六〇・〇％と最も多い。男女合わせると「専門職・技術職」「管理職」「事務職」「販売職」「サービス職」の合計が九五％に近く、主にホワイトカラー的職種が分析の対象となっていることが確認できる

(3) 働き方

今回分析対象となった人々の働き方の全体像を「勤務形態」「勤務先への滞在時間」「残業・休日出勤」の状況から把握してみよう。

①勤務形態

勤務形態は事務職、販売職などを中心に、始業・就業が決められている「通常勤務」をする者が全体の五六・五％（男性五一・四％、女性六二・三％）と過半を占める。「通常勤務」以外の勤務形態では、全体の一八・五％（男性二〇・三％、女性一六・七％）が「フレックスタイム勤務」をしている。「裁量労働制」は全体の五・七％（男性六・七％、女性四・六％）となっている。なお「時間管理適用外」の適用者が九・八％（男性一五・一％、女性四・五％）いる。なお、「フレックスタイム勤務」は専門職・技術職が、「裁量労働制」は専門職・技術職および販売職が中心となっている。

②勤務先への滞在時間

勤務先への滞在時間（出社の時間～退社の時間、その間の休憩時間も含む）の平均は一〇・五時間（男性一一・一時間、女性九・九時間）であった。希望する滞在時間の平均値が九・二時間であることと比較すると、一日あたり女性で約〇・七五時間、男性では約二時間、滞在時間の実際が希望を上回っている。なお片道通勤時間の平均値は約五〇分であり、自宅を出かけてから帰宅するまで、平均的に一日あたり一三時間程度を仕事関係の活動に費やしていることがわかる。

勤務先への滞在時間の平均値を勤務形態別にみると、一一時間以上となっているのは「時間管理適用外（管理職、一一・三時間）」「裁量労働制（一一・一時間）」であった。

③残業・休日出勤の状況

次に残業・休日出勤の状況をみてみよう。希望する残業・休日出勤の時間よりも実際に多く残業・休日出勤（以下、「過剰就労」）をしている者は全体の五二・六％と半数以上にのぼる。残業・

図表１－２　残業・休日出勤時間の実際と希望（勤務形態別）

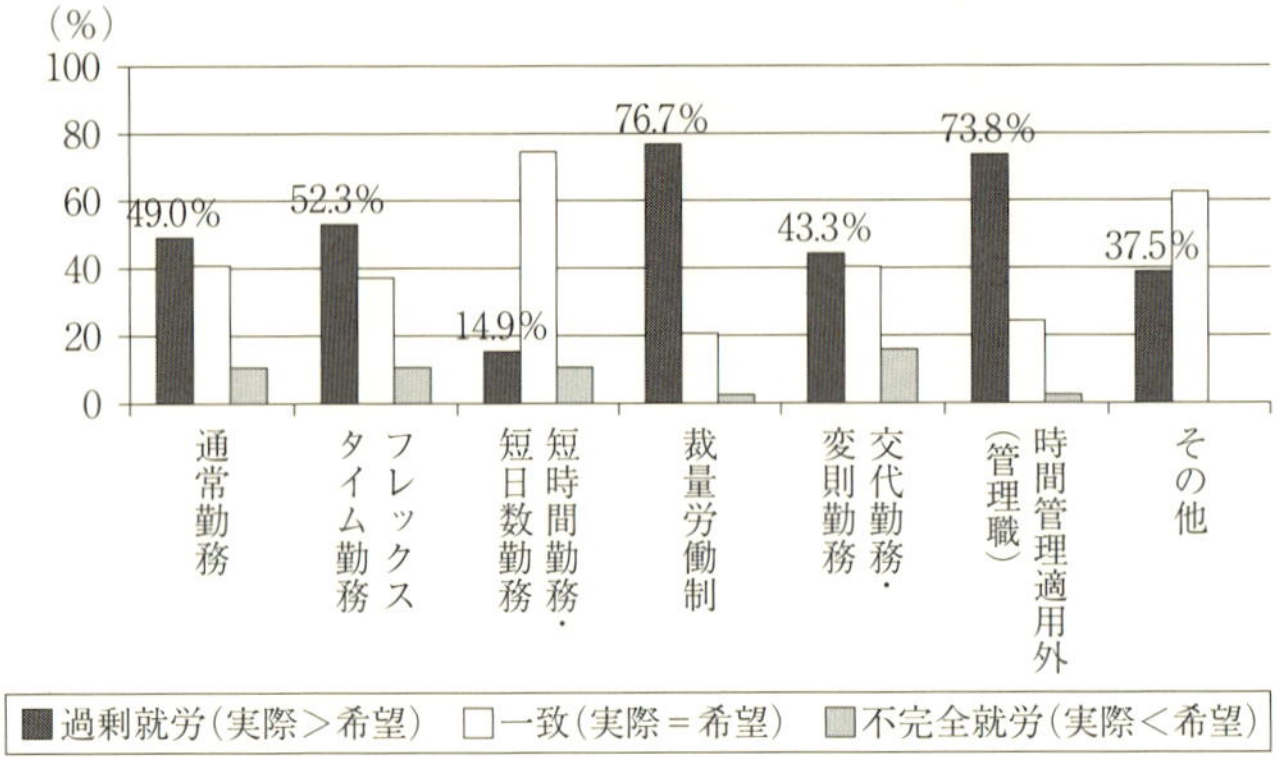

休日出勤の希望と実際とが一致（以下、「一致」）する者は三七・五％、希望する残業・休日出勤よりも実際には少ない（以下、「不完全就労」）者が全体で九・九％となっている。

残業・休日出勤の状況を勤務形態別にみると、「過剰就労」となっている者の割合がとりわけ高かったのは裁量労働制の七六・七％、時間管理適用外の七三・八％である（図表１－２）。

2　ワーク・ライフ・コンフリクトの状況について

(1) ワーク・ライフ・コンフリクトの経験

「仕事と生活の調和を図れないことによる困難（ワーク・ライフ・コンフリクト）」を感じた経験の有無について尋ねた結果を図表１－３に示した。仕事と生活の調和を図ることについて「非常に困難を感じたことがある」

図表1－3　仕事と生活の調和が図れずに困難（ワーク・ライフ・コンフリクト）を感じた経験

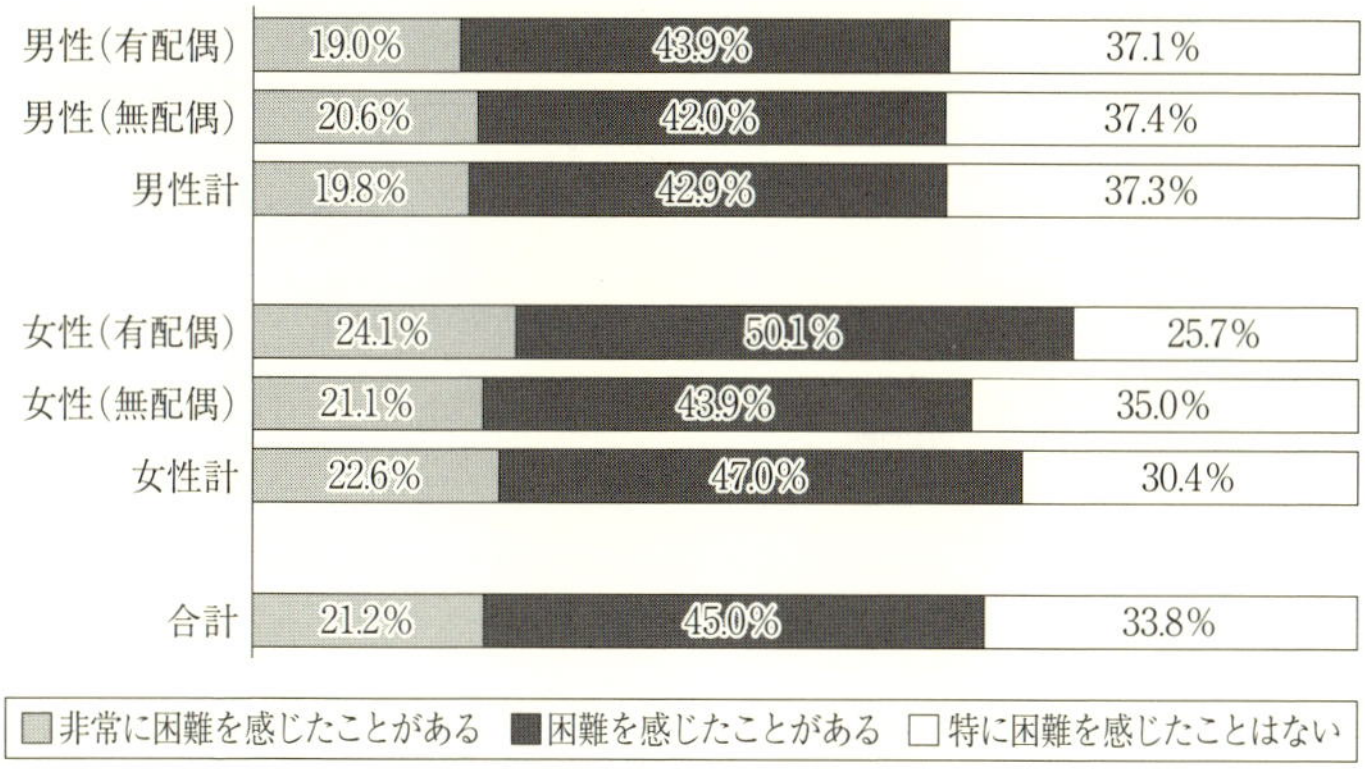

と「困難を感じたことがある」を合計してみたところ、その割合は全体の六六・二%と約三分の二に上ることがわかった。

その要因についてみてみると、回答が多かったのは「仕事と自分の趣味・やりたいこととの両立」「自分自身の健康」「仕事と学習（自己啓発など）との両立に関して」「仕事と子育てとの両立に関して」などであった（図表1－4）。

その解決に向けてどのような行動をとったのかを尋ねた結果を図表1－5に示した。もっとも多かったのは「特に何もしなかった」との回答で全体の四二・二%であった。「人事部門や職場の上司などに対応を求めた」は一四・一%、「労働組合に対応を求めた」は一・五%、他方「仕事を辞めた」が一二・一%であった。

以上のことから、仕事と生活の調和が図れずに困難（ワーク・ライフ・コンフリクト）を感じる状況とは、

図表1－4　仕事と生活の調和が図れずに困難（ワーク・ライフ・コンフリクト）を感じた場面（複数回答）

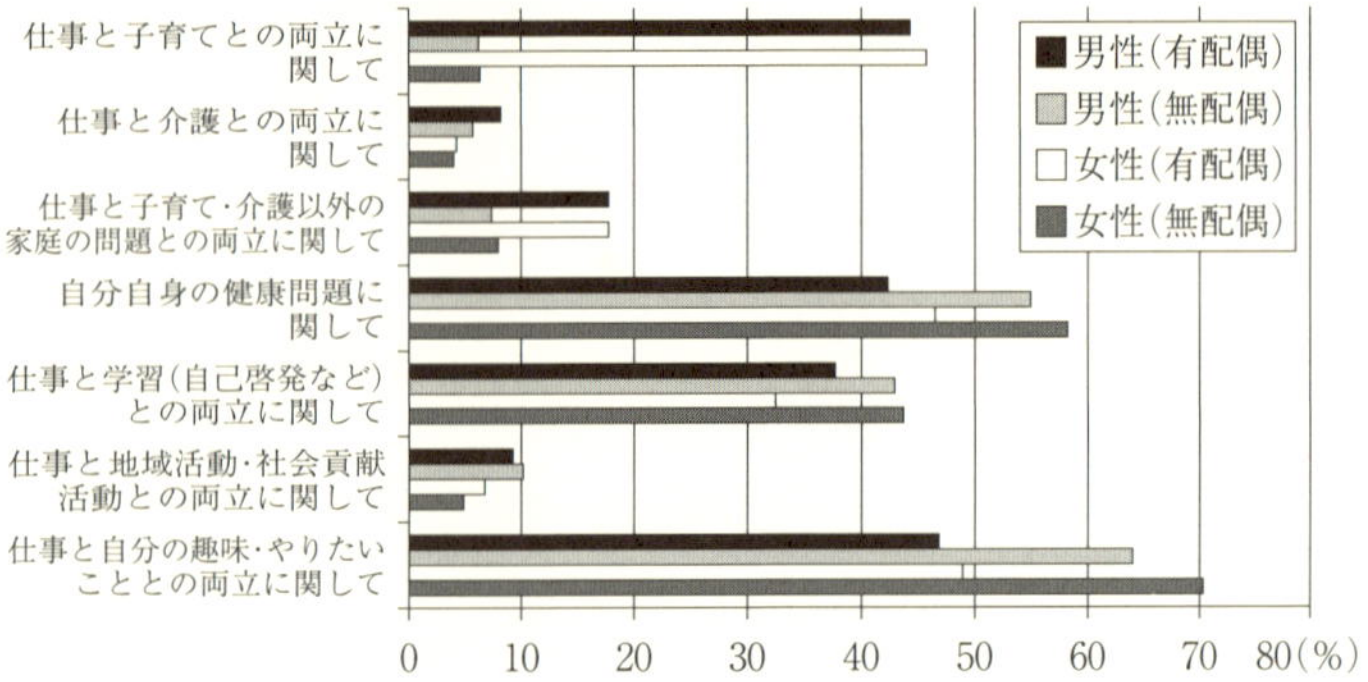

図表1－5　仕事と生活の調和が図れずに困難（ワーク・ライフ・コンフリクト）を感じた場面（複数回答）

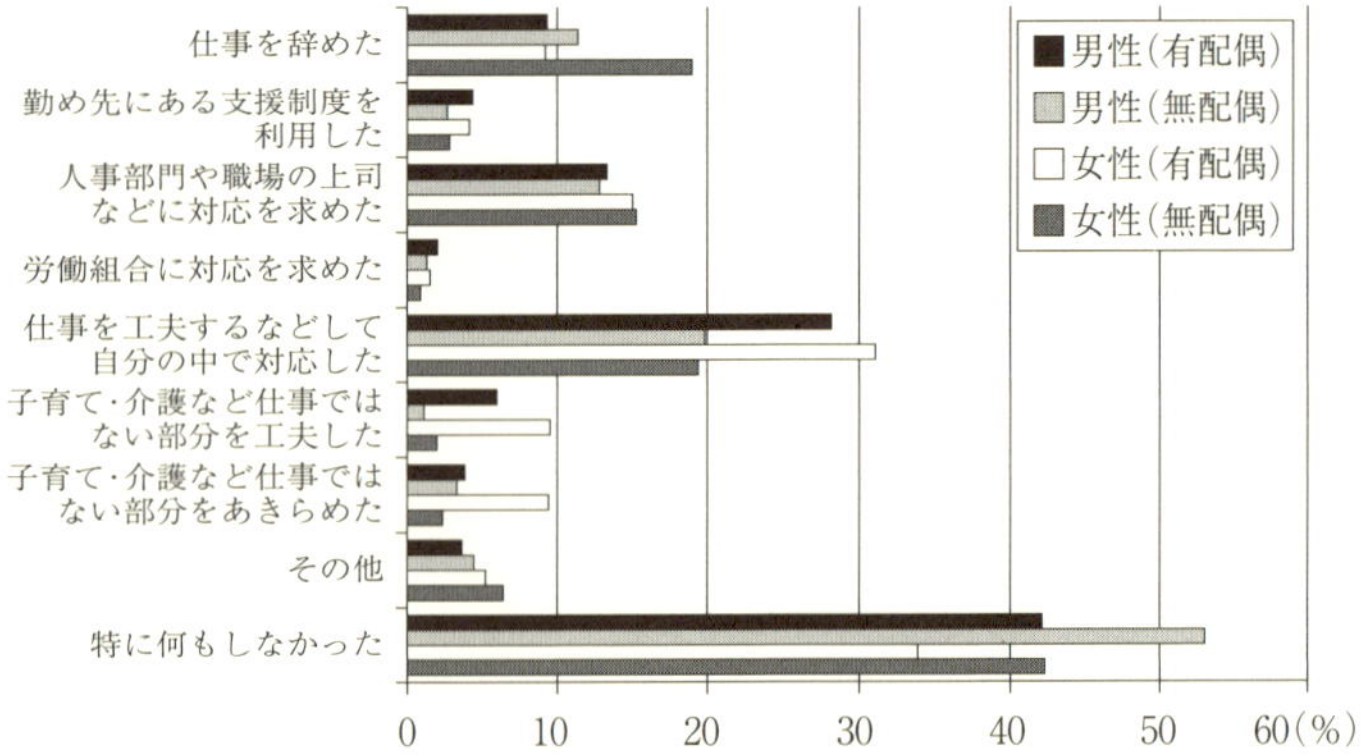

働く人の立場からいえば、自分のやりたいことを抑制していたり、健康に不安を感じていたり、あるいは自己啓発や子育てとの両立などに困難を感じている状況であることがわかった。

これを企業の人材活用の立場からみれば、様々な短期的・中長期的なリスクを抱えた状況であるということができよう。例えば、自己啓発等による社員の能力開発を期待し難いという状況は、従業員を通じた企業への知的資産の蓄積が抑えられ、その相対的な劣化が将来の企業の競争力の低下に繋がる可能性がある。健康に不安を感じている人が多い状況、またそれらのことによって離職する人も多い状況を踏まえると、従業員の健康維持・改善のための費用の他、従業員が勤務継続できなくなったり退職し、代替要員を確保する必要が生じた場合にはそのための費用の発生も予想される。さらに間接的には企業イメージの低下を通じた企業価値の低下なども予想される。

ＷＬＢが達成されない状況とは、企業が潜在的にいくつかのリスクを抱えている状況である。従業員のＷＬＢの向上を目指す取り組みは、企業にとってリスクマネジメントの観点からも重要な面があるといえるだろう。

3　ワーク・ライフ・バランスの実現の状況と組織に対する働く人の意識特性

他方、ＷＬＢの実現には、より積極的な側面がある。例えば仕事と生活の時間のバランス満足（ここでは「仕事に割く時間と生活に割く時間のバランス」についての満足、以下、「ＷＬＢ満足」という）の度合いの高い人ほど「職場に対する満足」も高い。組織に対するコミットメント（ここでは「この会社の発展のためなら、人並み以上の努力をすることをいとわない」という意識）も同様に高い（図表

図表１－６　WLB 満足と組織に対するコミットメント

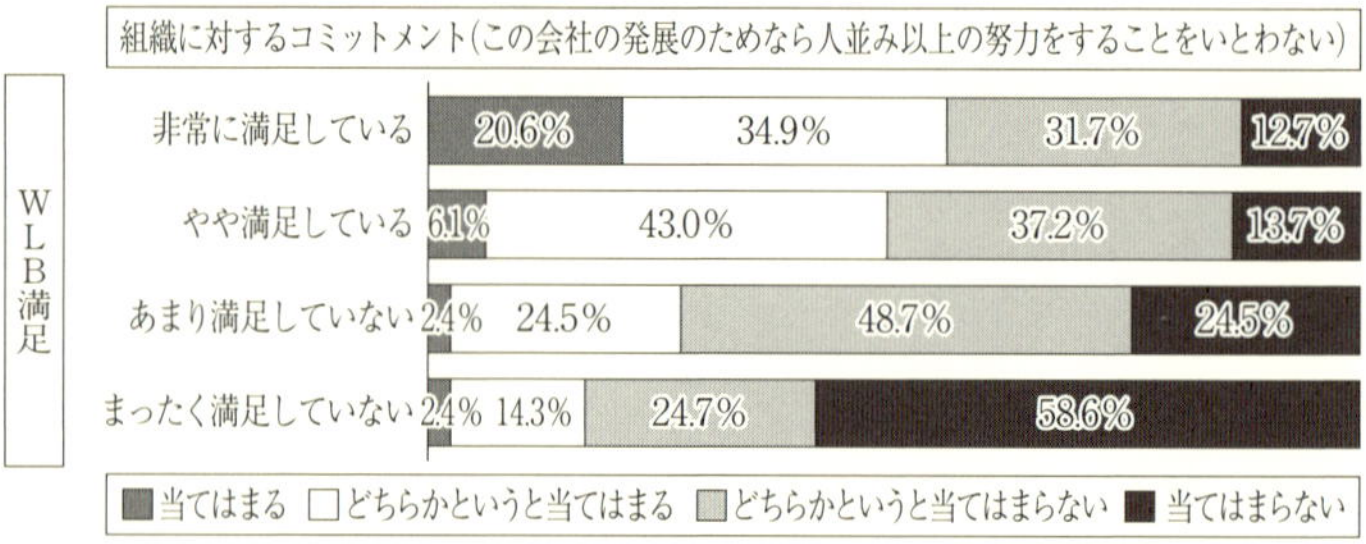

図表１－７　WLB 満足と時間当たり生産性

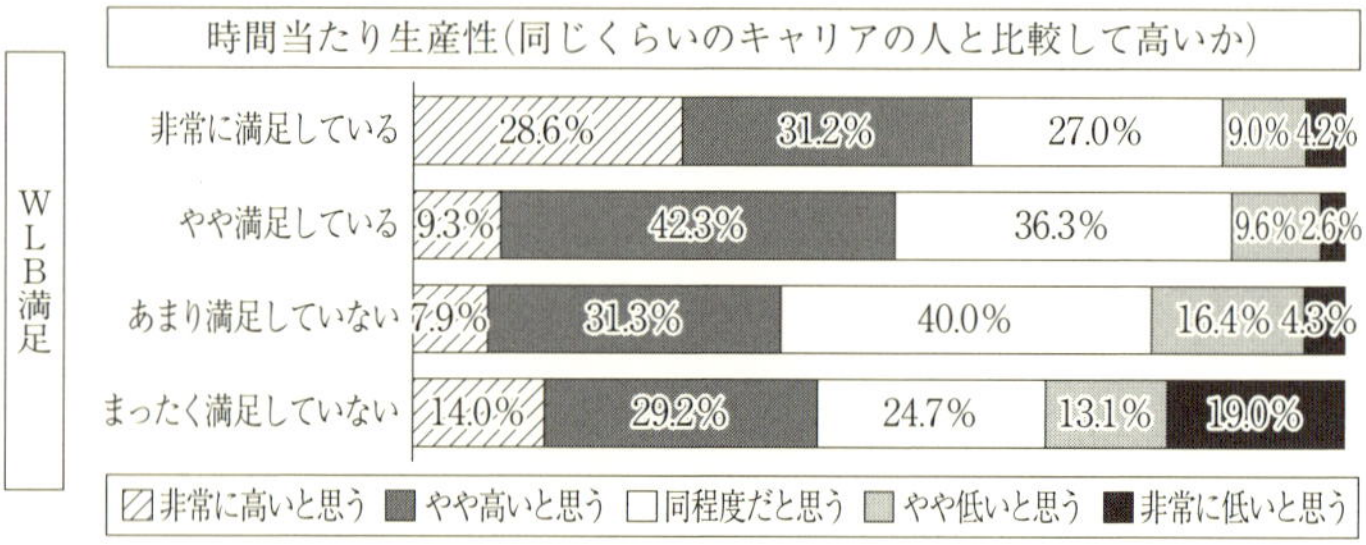

図表１－８　職場の両立しやすさと仕事への意欲

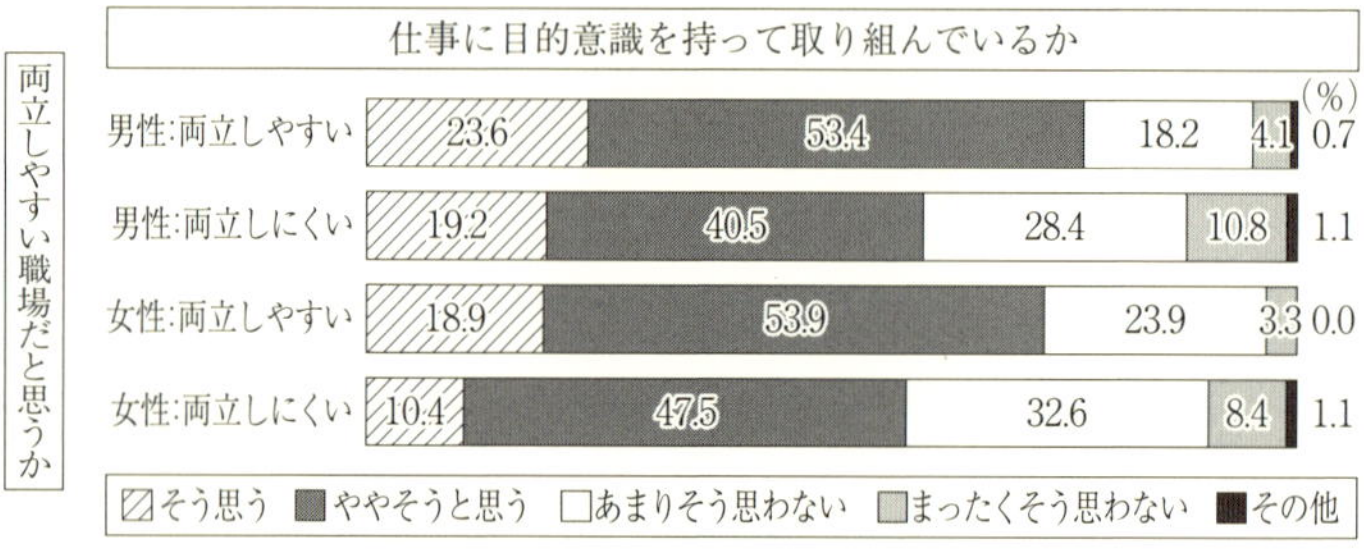

出所：（財）こども未来財団「企業における仕事と子育ての両立支援に関する調査研究報告書」2008年２月

1－6）。また、時間当たり生産性（ここでは「働きぶりを『時間当たり』生産性で測定した場合、同じくらいのキャリアの人と比べて高いか」、以下「時間当たり生産性」という）も同様の傾向にあることがわかる（図表1－7）。

なお、二〇〇八年に㈶こども未来財団が公表した「企業における仕事と子育ての両立支援に関する調査研究報告」（以下、「仕事と子育ての両立支援調査」）も同様の結果が示されている。図表1－8は、自分の職場は両立しやすい環境にあると考えている人ほど、仕事への意欲が高い傾向にあることを示している。

4　ワーク・ライフ・バランスの実現に影響を与える職場の特性

（1）「過剰就労」と「不完全就労」

WLBプロジェクト調査の目的の一つは、「WLBがとれている」という働く人の意識に影響を与える職場の要因を探ることであった。前節で示されたように、WLBについての満足度の高まりにより、働く人の組織に対するコミットメントや生産性を同時に高めていくことができるとすれば、そのような要因を把握し実践することによって、企業は、WLBについての従業員の満足度を高めつつ、一方で組織としての成果を高めることを可能とする効果的な人材マネジメントを実現することができるであろう。

図表1－9　残業・休日出勤時間の実際－希望の状況と WLB 満足

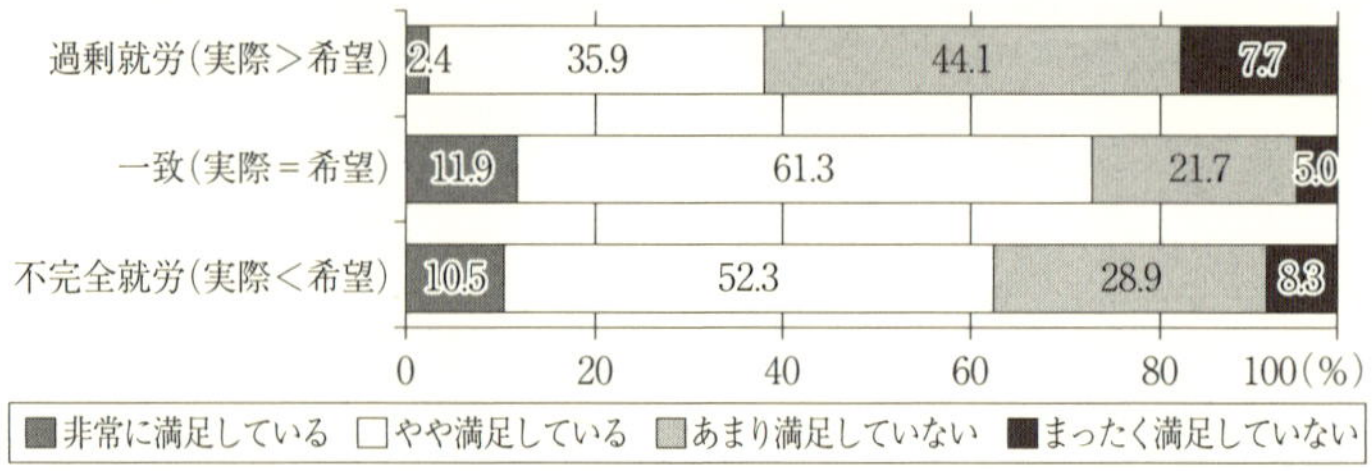

ＷＬＢを阻害する大きな要因は、これまでの研究によれば、「働く時間」についての希望と実際の一致の度合いにある。ここではまず、第１節で取り上げた、残業・休日出勤の希望と実際との差に着目し、「過剰就労」、「一致」、「不完全就労」という状況別にＷＬＢバランス満足の度合いをみてみる（図表１－９）。

図表１－９によれば、残業・休日出勤時間の実際と希望とが「一致」する場合には、七割超の人が仕事と生活の時間のバランスに満足している（「非常に満足している」と「やや満足している」の合計）ことがわかる。一方で、実際と希望が一致しない場合、特に実際が希望を上回る「過剰就労」の場合にはＷＬＢ満足は大きく損なわれ、満足している人は三八・三％と「一致」する場合の半分程度にまで落ち込んでいる。

（２）「過剰就労」になりやすい職場の特徴・なりにくい職場の特徴

ＷＬＢについての満足を大きく損なう過剰就労になりやすい職場・なりにくい職場とはそれぞれどのような特徴をもつのだろうか。仕事、職場、上司の業務管理のあり方の三つの視点から探ってみた。

①仕事の特徴

図表1－10　過剰労働になりやすい仕事の特徴

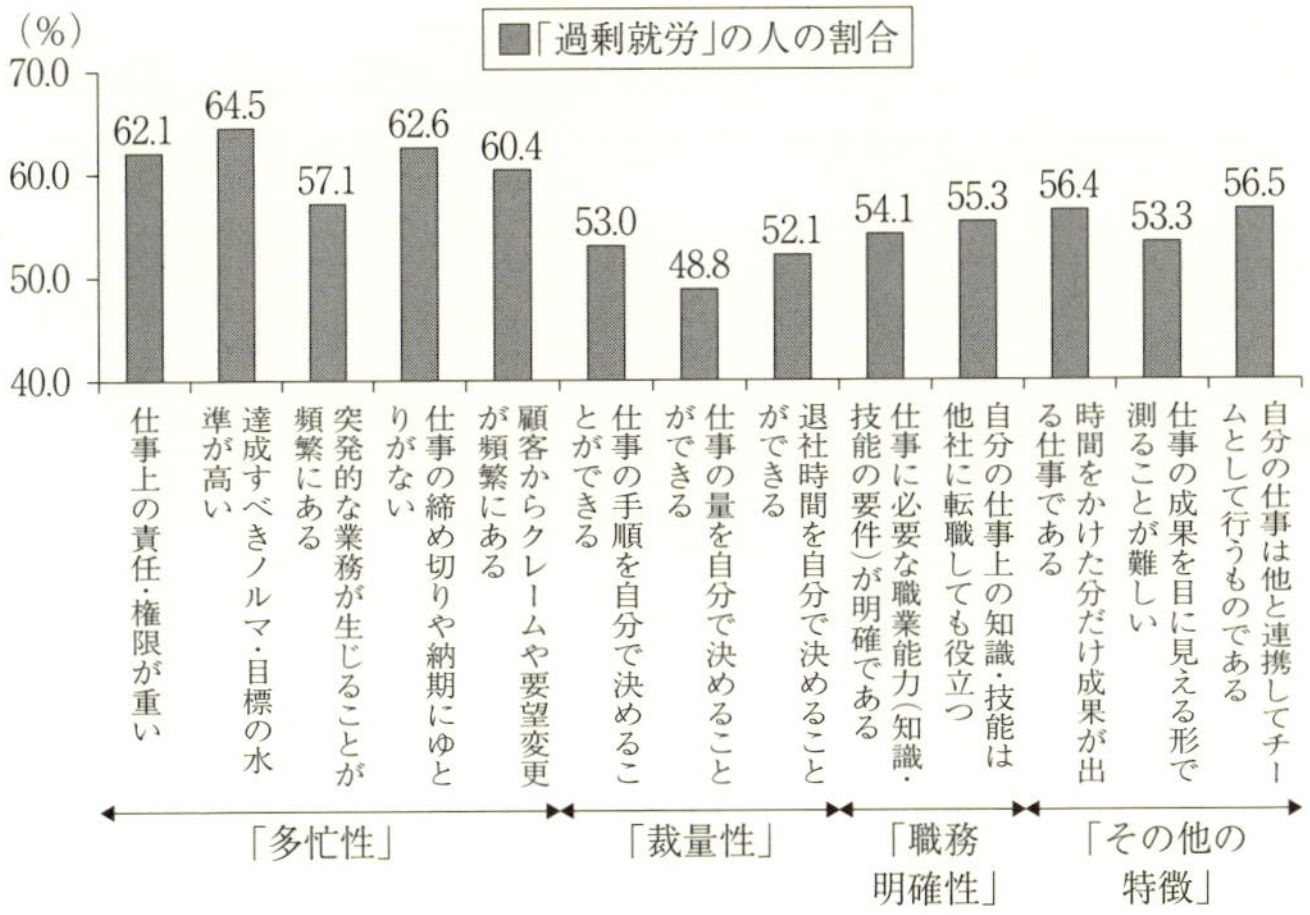

過剰就労になりやすい仕事の特徴として〝多忙であること（多忙性）〟があげられる。具体的に言えば、「仕事上の責任・権限が重い」「達成すべきノルマ・目標の水準が高い」「突発的な業務が生じることが頻繁にある」「仕事の締め切りや納期にゆとりがない」「顧客からクレームや要望変更が頻繁にある」というような場合に、過剰就労となりやすい。反対に、過剰就労状況になりにくいのは〝裁量性のある仕事（裁量性）〟で、「仕事の手順を自分で決めることができる」「仕事の量を自分で決めることができる」「退社時間を自分で決めることができる」などに該当する場合には過剰就労に陥る可能性が低まる傾向にある（図表1－10）。

②職場の特徴

過剰就労になりやすい職場の特徴として〝長時間勤務の風土〟がみられる。より具体的には「職場の人数に比べて仕事の量が多い」「仕事が終わっても

図表1－11　過剰就労になりやすい職場の特徴

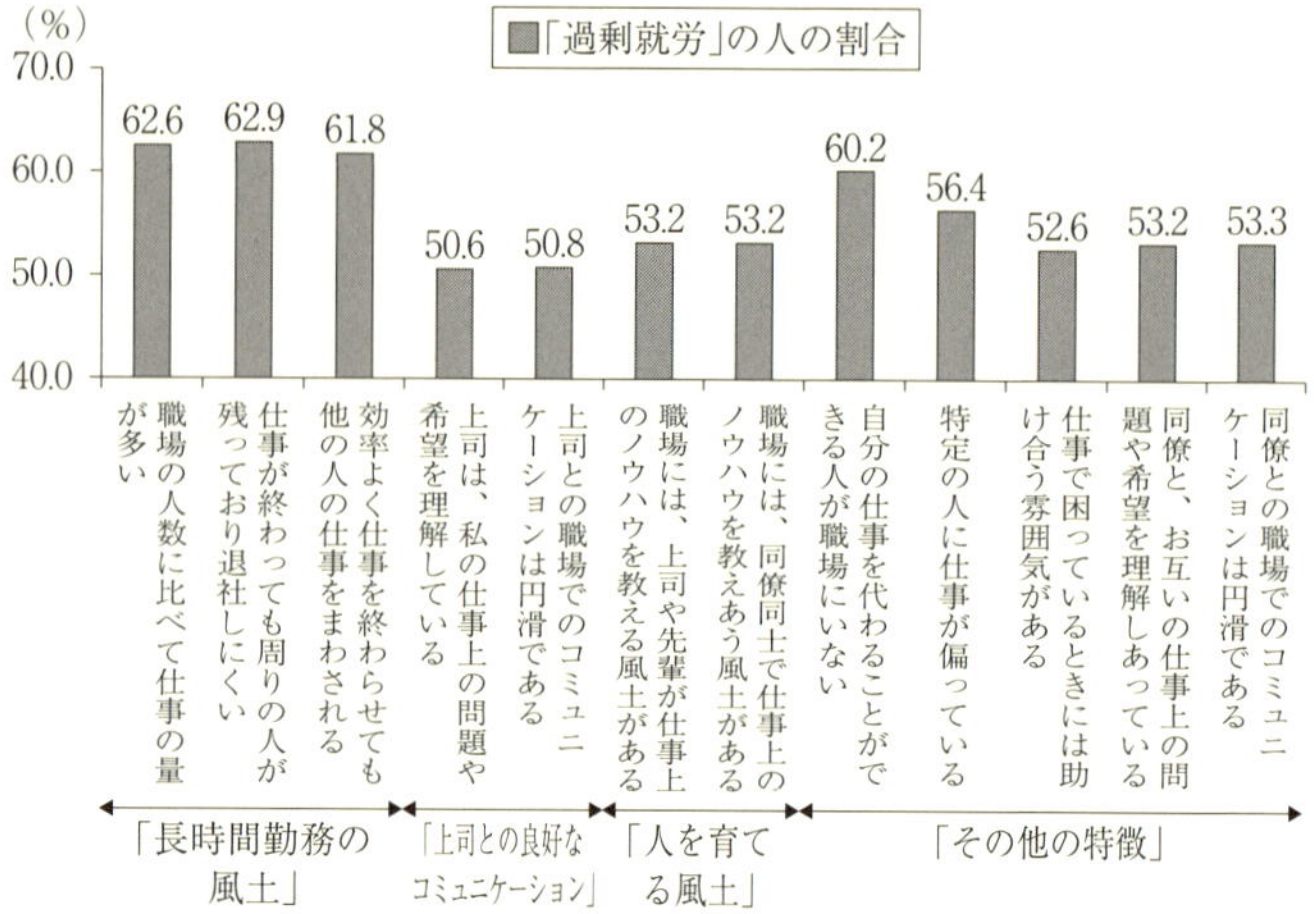

周りの人が残っており退社しにくい」「効率よく仕事を終わらせても他の人の仕事をまわされる」などの職場は「過剰就労」になりやすい傾向がある。一方で、「上司は私の仕事上の問題や希望を理解している」「上司との職場でのコミュニケーションは円滑である」という「上司との良好なコミュニケーション」のある職場は「過剰労働就労」になりにくい職場といえそうである（図表1－11）。

③上司の業務管理の特徴

過剰就労になりやすい上司の業務管理の特徴をみたところ「長時間働くことを評価する傾向がある」場合に、過剰就労となりやすいことがわかった（図表1－12）。反対に過剰労働になりにくい上司の業務管理の特徴として、〝効率的な業務管理〟が行われている場合があげられる。具体的には「効率的な業務の運営に心がけている」「業務量や重要な業務が特定の部下に偏らないように配慮している」「部

図表1－12　過剰就労になりやすい上司の業務管理の特徴

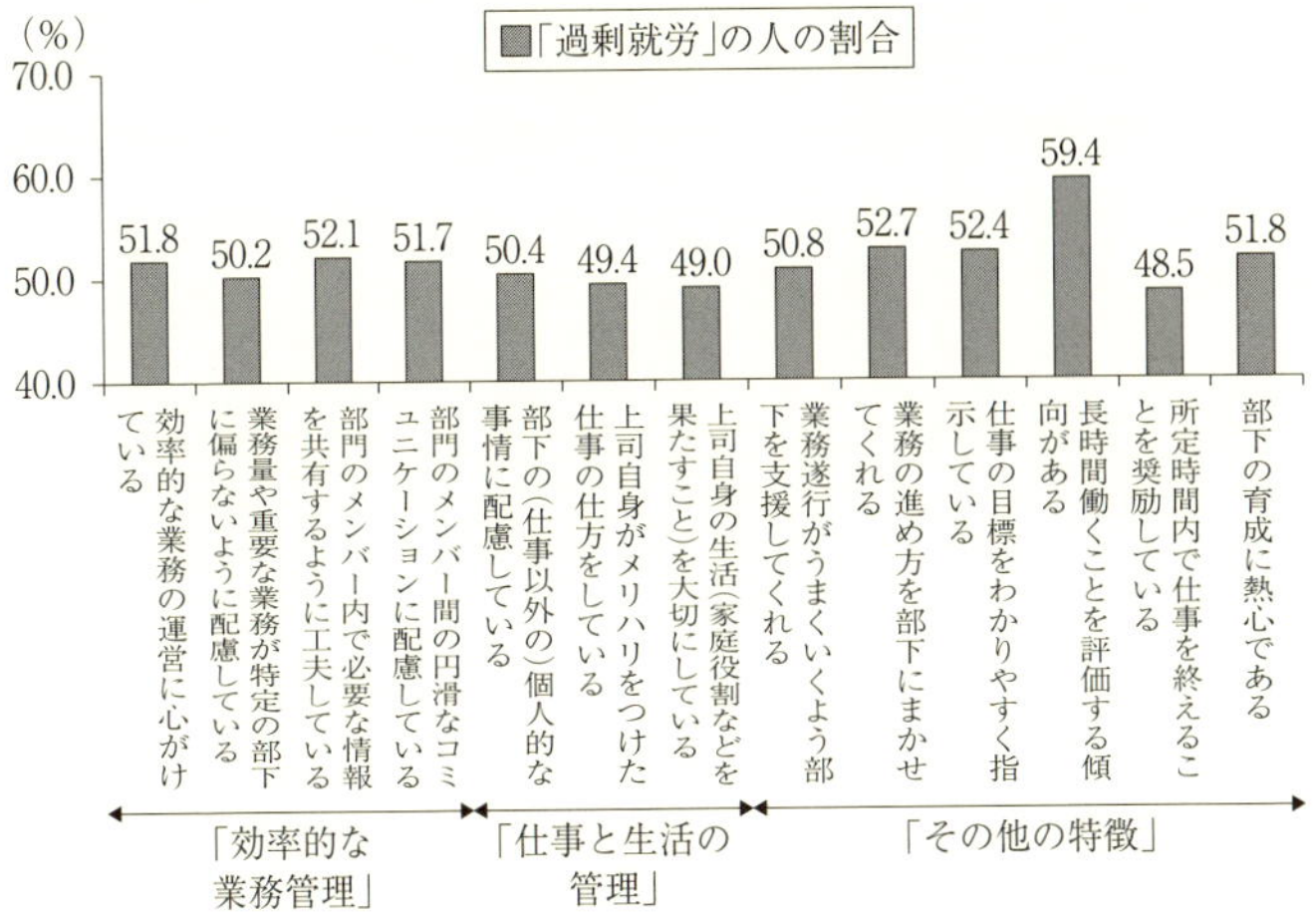

門のメンバー内で必要な情報を共有するように工夫している」「部門のメンバー間の円滑なコミュニケーションに配慮している」などの配慮を行う上司の業務管理のもとでは過剰就労になりにくい傾向があった。同様に「部下の（仕事以外の）個人的な事情に配慮している」「上司自身がメリハリをつけた仕事の仕方をしている」「上司自身の生活（家庭役割などを果たすこと）を大切にしている」という、〝（上司による）仕事と生活の管理〟が行われている場合にも「過剰就労」となりにくい傾向があることがわかった（図表1－12）。

(3) WLBに影響を与える職場マネジメント

上記に示された、過剰就労になりにくい仕事や職場、上司の業務管理といった職場マネジメントのあり方が、WLB満足が高いという働く人の意識にどのように影響するか、また同時に、それが例えば時

図表1－13　職場マネジメントの改善の影響

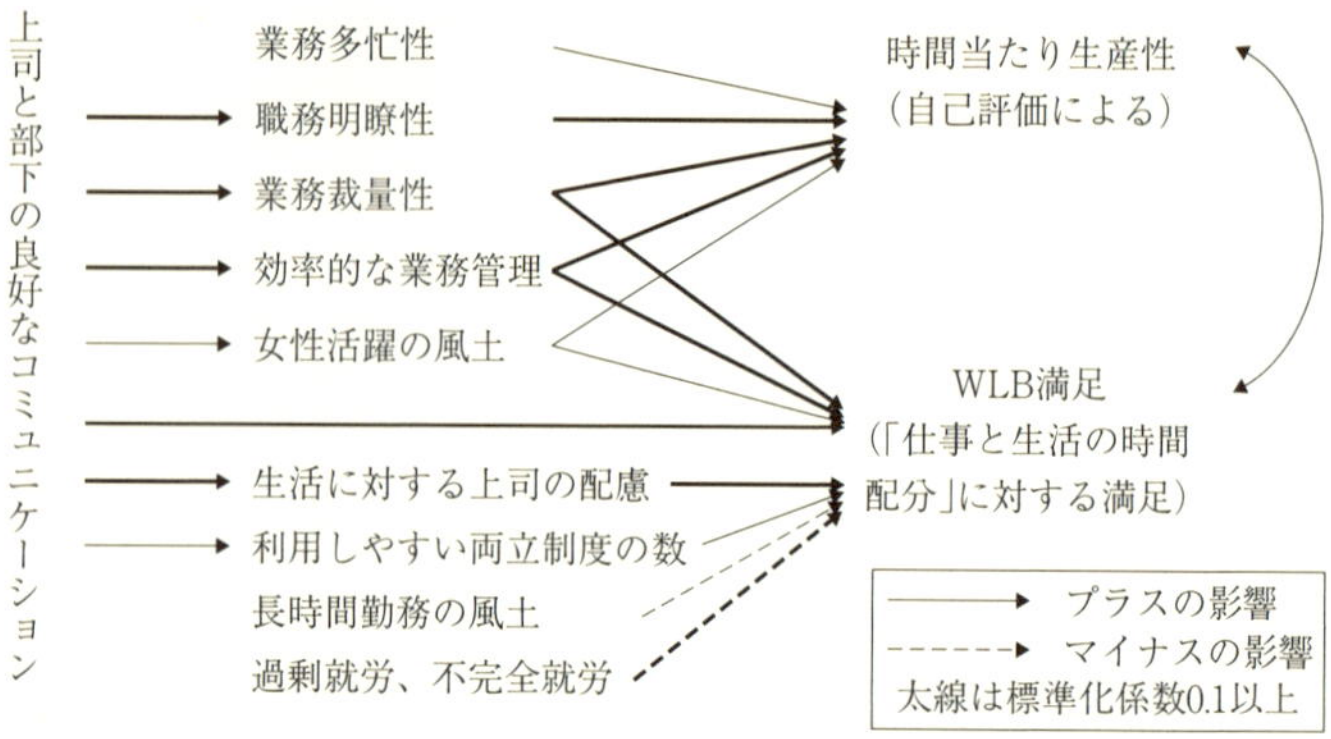

注：上記のパス図はソフトウェア（Amos）で作成したもので、誤差変数、変数間の相関は省略している。n＝2,798、GFI＝0.96、AGFI＝0.92、RMSEA＝0.079、P値＝0.00

間当たり生産性（ここでは自分自身に関する自己評価による）といった人材マネジメント上の成果にどの程度つながるか、という点は、人材マネジメント上、非常に重要な点である。それについて変数間の影響の方向や影響の大きさを統計的手法に基づいて図示したのが図表1－13である。

図表1－13によれば「過剰就労・不完全就労」によってコントロールした上でも、「業務裁量性」「効率的な業務管理」「女性活躍の風土（勤務先での女性活躍の程度度合いについて「女性が活躍する上での障害はないと思う」と回答したもの）」、さらに「上司と部下の良好なコミュニケーション」に対する取り組みは、ＷＬＢ満足の向上に寄与すること、また同時に時間当たりの生産性を高めることにも結びつく可能性があることがわかった。

5　夫婦の働き方とそれぞれの職場の両立支援制度

ＷＬＢの実現の改善によって期待されることの一つに、結婚、出産を経た女性の就業継続、再就職の増加がある。今後はＷＬＢ実現の度合いが高まると同時に子育てや介護など家庭責任を担いながら仕事上の責任も担う夫婦の増加が期待されるが、そのような状況変化についての予想を踏まえると、夫、妻それぞれの職場が連携してＷＬＢの推進に取り組むことが、より大きな成果につながることが考えられる。そこで本節では、ＷＬＢの推進について、夫、妻それぞれの職場の子育てについての支援の現状等を確認し、企業による今後のＷＬＢへの取り組みのあり方を考える。

（1）夫の働き方による妻の職場に対するニーズの違い

図表1－14は「仕事と子育ての両立支援調査」によって、夫婦とも正社員である場合の夫の働き方別に、妻の職場に対する要望をみたものである。

夫婦ともにＷＬＢがとれた働き方をしていると、妻が自分の職場に求めるニーズは比較的抑えられるが、夫がハードな働き方（長時間残業で融通性もなし）をしていると、妻が自分の職場に対して子どもの看護のための休暇の取得や、短時間勤務利用の要望を強める傾向のあることがわかる。

これは、女性（既婚）が多い職場や企業が行う仕事と子育ての両立のための支援は、実はその女

図表1-14　夫婦の働き方別子育て支援ニーズ（女性）

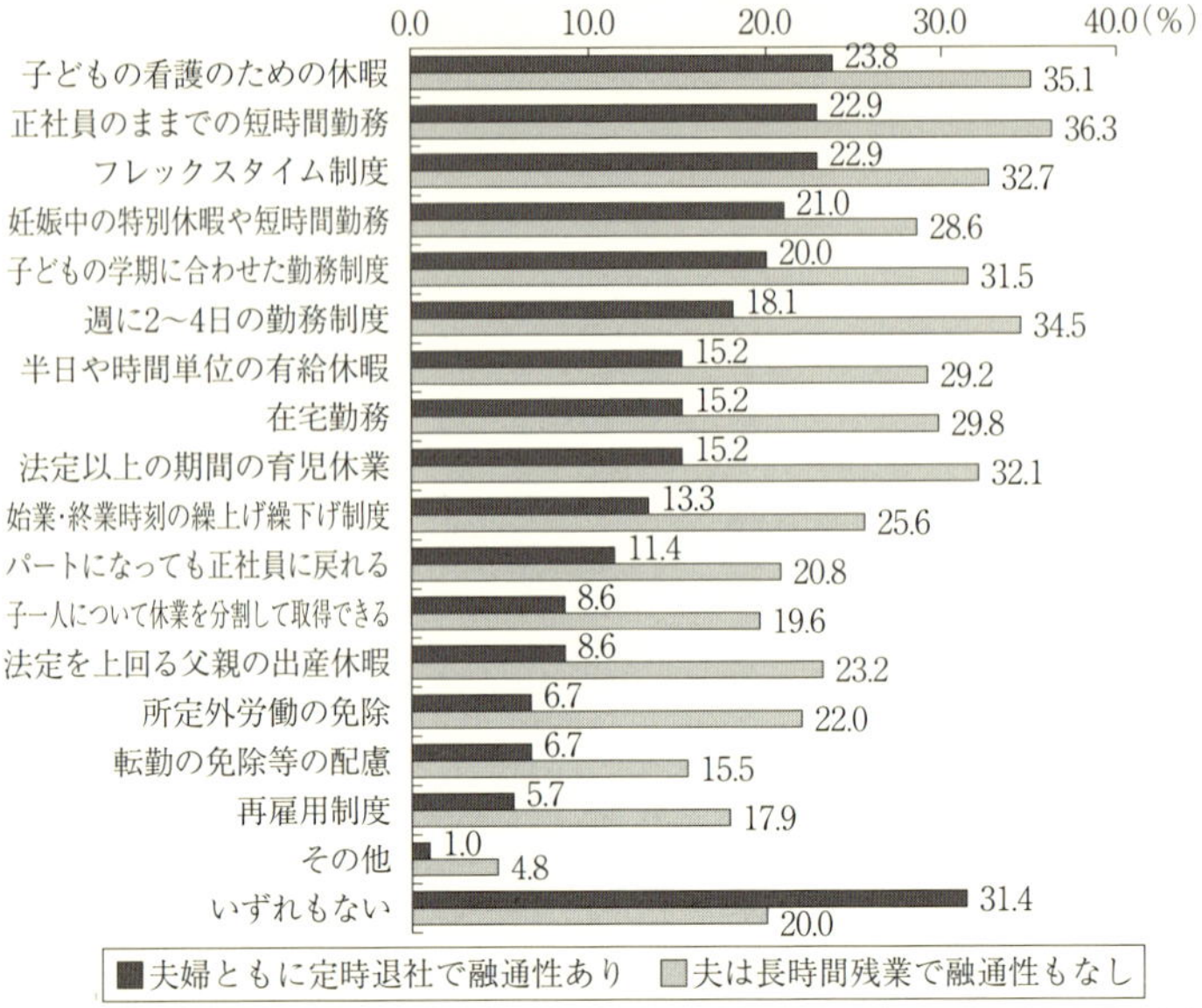

出所：(財)こども未来財団「企業における仕事と子育ての両立支援に関する調査研究報告書」
平成20年2月

性社員の夫の職場や企業のための支援となっている可能性があることを示しているのではないだろうか。

(2) 自分の職場・配偶者の職場の両立についての配慮の度合い

WLBプロジェクト調査においても同様の結果が示されている。すなわち、配偶者が働いている者を対象に、自分の勤め先と配偶者の勤め先の仕事と生活の両立に対する配慮の程度を尋ねたところ、男女ともに女性（妻）側の勤め先への評価が高かった。これは、仕事と家庭の両立に向けた職場の支援を男性側の勤め先よりは女性側の勤め先が多く実施していること、あるいは実際に利用するのが女性に偏っていること等を示すものと考えられ、従って具体的な取り組みの内容は他章に譲るが、そのための費用も女性側の勤め先が多く負担している状況を示唆しているものであるとも考えられる。社会全体としてみるとＷＬＢ実現のための費用の負担がアンバランスな状況となっている可能性があり、今後さらにＷＬＢを推進をするには、各企業が連携して取り組んでいくことが求められる。

6 適切なマネジメントが高めるワーク・ライフ・バランス施策の効果

本章では主にホワイトカラーを対象とし、働く個人と組織の双方にとって効果的なＷＬＢの進め方を調査データから探ってみた。その結果、個人にとっての成果であるＷＬＢ満足の向上と、組織にとっての成果である組織コミットメントや自己評価による時間当たりの生産性の向上とは、同時に達成し得る可能性が高いことが示された。

ただし、それには適切なマネジメントが必要とされる。全体的な傾向としてわかったのは、職場のコミュニケーションを高め、仕事の裁量性や効率性を同時に高め、個人や職場の主体性を高める働き方を実現することが効果的でありそうだという点である。また、社会全体でＷＬＢ実現のためのコストを負担し成果を共有するには、多くの企業の連携が必要であろうという点である。具体的な取り組みの内容について次章以降でみていくこととする。

【コラム】調査から明らかになったワーク・ライフ・バランス推進に関する五つの提言

提言1 「WLB推進は生産性向上、組織コミットメントにつながる」

ワーク・ライフ・バランス満足度（「WLB満足」）と深く関連する職場マネジメントの特徴といえる「業務裁量性」や「効率的な業務管理」の向上、さらに「女性活躍の風土」づくりに取り組むことは、生産性の向上にも寄与する可能性が高い【図表1－13】。

社員の「WLB満足」が高まると、組織へのコミットメント（組織と目的を共有したり組織のために努力しようとする意識）や時間当たりの生産性（自分自身の評価）にも良い影響がみられるなど、企業の人材活用において有益な効果がもたらされる可能性が高く、好不況にかかわらず、企業が取り組むべき課題である。

提言2 「WLB推進はリスク低減に貢献する」

仕事と生活の調和が図れないことによる困難（ワーク・ライフ・コンフリクト）は、性別や配偶関係にかかわらず、社員の六割超が経験している【図表1－3】。その原因として一番多くあげられているのは、男女ともに仕事と「趣味・やりたいこと」との両立の困難であり、そのほか仕事と「自分自身の健康」、「学習（自己啓発）」などとの両立困難も深刻である【図表1－4】。

このように多くの社員がワーク・ライフ・コンフリクトを経験している現状において、WLB推進に取り組むことは、長時間労働によって社員が健康を害するリスク、また社員が自己啓発に取り組めないことによって生じる企業の知的資源の相対的劣化などのリスクを回避することにつながり、企業の人材活用におけるリスク低減のためにきわめて重要である。

提言3　「WLB推進には職場マネジメント改革が必要」

「効率的な業務管理」や「業務裁量性」などといった職場マネジメントの改革は、社員の「WLB満足」や時間当たり生産性向上に貢献するという点できわめて重要であるが、そのためには「上司と部下の良好なコミュニケーション」の構築が不可欠となる。良好なコミュニケーションは「職務明瞭性」や「業務裁量性」さらに「効率的な業務管理」など他の職場マネジメントの改善につながることに加え、社員の「WLB満足」を直接的に向上させる可能性が高い【図表1－13】。

管理職は職場マネジメントの責任者であり、WLB推進に重要な役割を果たしているが、管理職が多忙で「過剰就労」の状態にあると、マネジメント業務に注力できない。また管理職が自ら自分の生活を大切にすること（家庭での役割などを果たすこと）は、「生活に対する上司の配慮」の一部として、部下の「WLB満足」にプラスに影響する可能性が高いことから、管理職自身のＷＬＢにも配慮する必要がある【図表１－２、図表１－12】。
このようなマネジメントの改革によってＷＬＢが実現できる職場風土を定着させるためには、働きぶりの評価基準など人事考課（仕事の量でなく、時間当たり生産性や仕事の質さらにコミュニケーションの改善に取り組む姿勢の評価など）の見直しが不可欠である。これらを人材活用としてだけでなく、重要な「経営課題」として全社的に取り組むことが必要となる。

提言４　「ＷＬＢ支援の施策はハードよりソフトが鍵」

育児・介護のための休業制度など法定の両立支援制度であっても「制度はあるが利用しにくい」状況にある。こうした両立支援制度を含むＷＬＢ支援制度の効果的な活用を図るためには、制度の周知を進めるとともに、社員が「制度があり利用しやすい」と認識する環境の整備が必要となる。「上司と部下の良好なコミュニケーション」がこの認識を高める傾向があることから、この面での改善が有効となる。

提言５　「社会が一体となって進めることがＷＬＢ推進の近道」

共働きの男女に、お互いの勤め先の両立支援への配慮の度合いを尋ねたところ、配偶者の勤め先に対する評価において、女性（妻）側からみた夫の勤め先に対する評価が相対的に低かった。社員の両立支援のためのコストを、女性（妻）側の企業で多く負担している可能性が高いことが考えられる。社員のＷＬＢ推進において特定の企業のみに負担が偏ることのないよう、夫側の企業も男性社員の両立支援を推進するなど、社会全体としてＷＬＢの推進に取り組むことが必要となる【図表１‐14】。

第二章　社員のワーク・ライフ・バランスの実現と管理職の役割

松原光代

現在、企業で働く人々には、企業が必要とする時に必要なだけの時間を仕事に投じることができる者ばかりではなく、時間的制約のあるなかで仕事と仕事以外の生活でやりたいこと、やるべき責任を果たさなければならない者が増えつつある。企業はこの社員の時間制約を前提として職場を運営する必要がある。つまり、人材活用策の一つとして企業による社員のワーク・ライフ・バランス（以下、「ＷＬＢ」と記す）支援が必要となっているのである。

しかし、実際の多くの職場では、時間制約がない社員が多かった時代の仕事の進め方を部下に期待する管理職が少なくなく、部下は会社や上司から期待される仕事上の責任を果たそうと努力する一方、仕事以外の生活における責任ややりたいことに取り組めない状態である「ワーク・ライフ・

コンフリクト」に陥り、仕事に対する意欲、組織貢献意識を喪失することになる。この問題の解決には、管理職による職場マネジメントがカギとなるが、その一方で管理職自身が多忙であり職場マネジメントに注力できていない状況にあることも指摘されている[1]。

本章では、二〇〇九年に実施した『管理職の働き方とワーク・ライフ・バランスに関する調査』（以下、「二〇〇九年度調査」）の結果を基に、管理職の働き方の現状に加えて、職場生産性（仕事の効率性、仕事に対する意欲、業績貢献意識）が高い職場および育児・介護休業制度を取得しやすい職場の要因を管理職のマネジメントから説明するとともに、管理職の職場マネジメント力を高めるために企業は何をすべきか、その取り組み課題を提言として紹介することとしたい。

1　管理職の働き方

（1）管理職の在社時間（退社時間－出社時間）と有給休暇取得率の関係

管理職（調査票の回答者）の平均的な出勤日の在社時間（退社時間から出社時間を差し引いたもの）をみてみよう[2]。「一〇時間以上一二時間未満」が全体の約二分の一を占め、管理職は一般的な所定労働時間である八時間よりも一日あたり二時間から四時間長く在社していることがわかる（図表2-1）。一二時間以上（図表中の「一二時間～一四時間」と「一四時間以上」を合計したもの）働く管理職も二七・三％（課長クラスで二九・八％、部長クラスで二二・九％）となり、管理職はかなりの

図表2－1　管理職の平均的な在社時間（退社時間－出社時間）

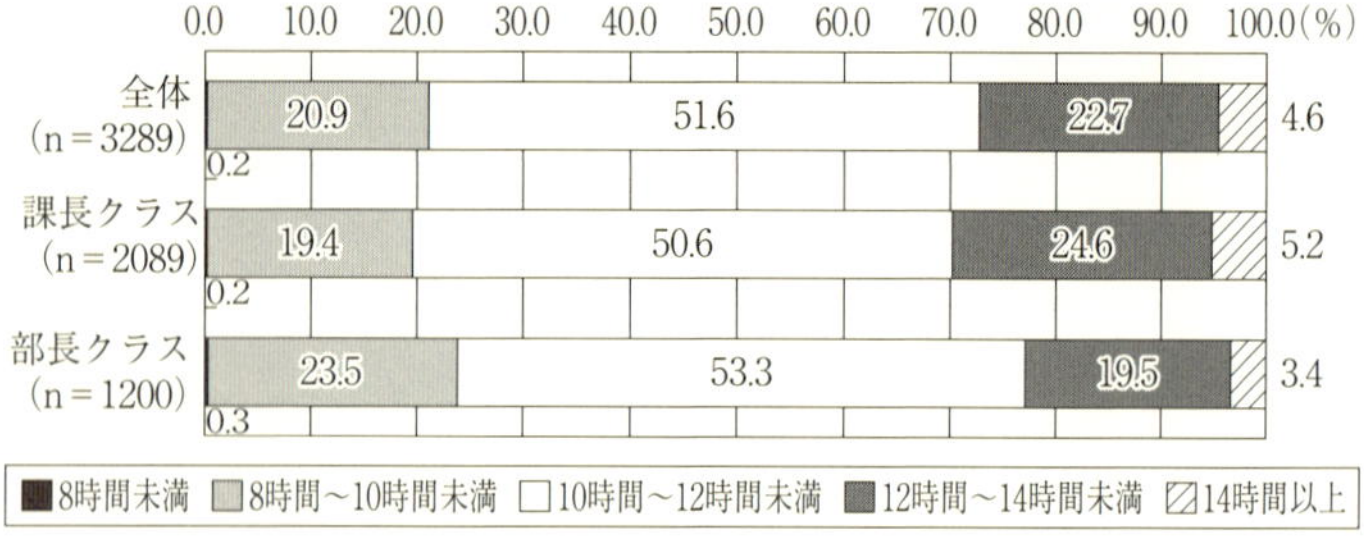

図表2－2　有給休暇の取得率と在社時間の関係

	在社時間（退社時間－出社時間）					(3)～(5)の合計	(4)＋(5)
	(1)8時間未満	(2)8時間～10時間未満	(3)10時間～12時間未満	(4)12時間～14時間未満	(5)14時間以上		
全体(n=3289)	0.2%	20.9%	51.6%	22.7%	4.6%	78.9%	27.3%
1割以下(n=725)	0.0%	11.4%	49.9%	30.6%	8.0%	88.5%	38.6%
1割超～2割以下(n=351)	0.0%	10.5%	57.5%	25.9%	6.0%	89.4%	31.9%
2割超～4割以下(n=888)	0.0%	18.1%	53.3%	24.3%	4.3%	81.9%	28.6%
4割超～6割以下(n=695)	0.3%	23.9%	53.7%	19.9%	2.3%	75.9%	22.2%
6割超～8割以下(n=294)	0.3%	34.0%	51.7%	12.2%	1.7%	65.6%	13.9%
8割超(n=336)	1.2%	42.0%	40.2%	13.1%	3.6%	56.9%	16.7%

長時間労働になっている。図表2－1では示していないが、在社時間が一二時間以上ある者を年齢別にみたところ、三〇代では三九・六%、二〇代で三八・五%、四〇代で三〇・〇%となっている。子育てなど家族責任の大きい世代が長時間労働であり、まさにワーク・ライフ・コンフリクトに直面する可能性が高いことを指摘できる。

では、長い労働時間の問題の解消に貢献できるものとして、管理職は休暇を取得して適切な休息を確保できているのだろうか。図表2‐2は、在社時間別に二〇〇八年度（もしくは二〇〇八年）の年次有給休暇取得率[3]をみたものである。これをみると、在社時間が一二時間以上の管理職の有給休暇の取得率は、「一割以下」が三八・六％、「一割超〜二割以下」が三一・九％となり、在社時間が長い管理職ほど有給休暇を取得していないことがわかる。

（2）週労働時間の希望・実態の格差が管理職のWLB満足度や組織貢献意識に与える影響

管理職がどのような働き方を望んでいるか、労働時間に関する希望と現実の一致・不一致のデータでみてみよう。二〇〇九年度調査では、管理職に普段一週間の実労働時間と希望する労働時間をそれぞれたずねており、両者の間の乖離の大きさと、管理職のWLB満足度および勤め先に対する業績貢献意識の関係を分析している。ここで留意すべき点は、本調査における希望と現実の乖離は、各回答者の普段の実労働時間と希望する労働時間の差で測定しており、労働時間が長い者のすべてが労働時間を短くすることを希望しているわけではないということである。

図表2‐3は、希望と実態の乖離状況と在社時間の関係を示したものである。まず、全体の傾向をみると、週の労働時間を「減らしたい」と考える管理職が六八・九％、希望と実態が「一致している」者が二九・八％、週の労働時間を「増やしたい」が一・三％で、全体的に本人の希望よりも実際の労働時間が長くなっていることがわかる。さらに、これを平均的な一日の在社時間の長さとの関係でみると、一二時間以上在社する者では九二・三％が週の労働時間を「減らしたい」と考え

図表2－3　在社時間の長さと週労働時間の希望と実態の格差の関係

		週労働時間の希望と実態の乖離			
		減らしたい	希望通り	増やしたい	合計
在社時間の長さ	全体（n ＝3289）	68.9%	29.8%	1.3%	100.0%
	10時間未満（n ＝695）	36.5%	61.4%	2.0%	100.0%
	10時間～ 12時間未満（n ＝1697）	69.7%	28.9%	1.4%	100.0%
	12時間以上（n ＝897）	92.3%	7.1%	0.6%	100.0%

ており、長時間労働の管理職が必ずしも自ら望んで長く働いているわけではないことがわかる。

次に労働時間に関する希望と実態の関係が管理職のＷＬＢ満足度や組織貢献意識に与える影響をみてみる。図表２－４は、週労働時間の希望と実態の乖離の程度と管理職自身のＷＬＢ満足度との関係を示したものである。労働時間に関する希望と実態が一致している管理職ほど、仕事と生活に割く時間のバランスに対する満足度が八二％と高くなる。一方、労働時間を現在よりも「減らしたい」と考える管理職の約四割は、仕事と生活に割く時間のバランスへの不満を示しているほか、人数は少ないが「増やしたい」とする管理職でも約六割が仕事と生活に割く時間のバランスが不満であるとしている。労働時間の長さではなく、希望と実態の労働時間の乖離が大きいほどその不満が高まる傾向があるといえる。

さらに、管理職の仕事と生活に割く時間のバランスに関する満足度と「この会社のためなら、人並み以上に努力することをいとわない」という勤め先への貢献意識の関係をみると、ＷＬＢ満足の場合（「非常に満足している」＋「やや満足している」）では、勤め先への貢

図表２－４　週の労働時間の希望と実態の一致状況と管理職のWLB満足度の関係

希望と実態の乖離		①非常に満足している	②やや満足している	③どちらかといえば満足していない	④全く満足していない	合計	①＋②	③＋④
	減らしたい (n=2269)	11.6%	51.2%	30.2%	7.0%	100.0%	62.8%	37.2%
	希望＝実態（一致）(n=984)	14.9%	67.1%	16.1%	1.9%	100.0%	82.0%	18.0%
	増やしたい (n=43)	3.6%	39.0%	41.1%	16.4%	100.0%	42.6%	57.5%

図表２－５　管理職のWLB満足度と勤め先に対する業績貢献意識の関係

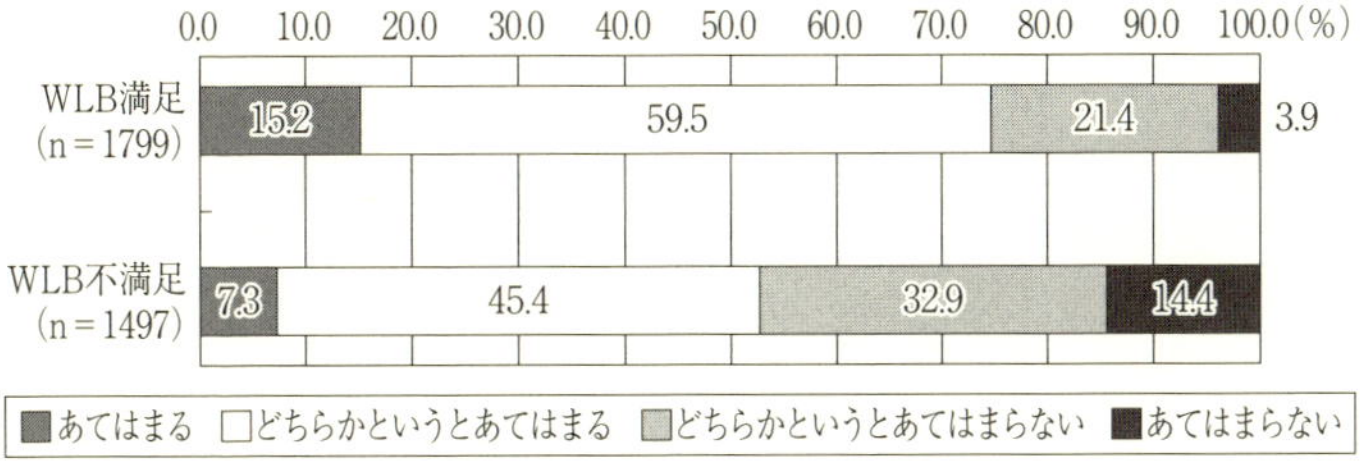

献意識が七四・七％と高いのに対し、ＷＬＢに不満足の場合は、その比率が五二・七％にとどまる（図表２－５参照）。

以上のことから、労働時間に対する希望と実態が一致することは本人のＷＬＢ満足度を高めるだけでなく、組織への貢献意識を高めることになる。第一章では、従業員のＷＬＢ満足度が仕事の効率性や組織貢献意識と密接な関係があることを明らかにしたが、管理職においても同様の結果が得られた。つまり、管理職が、部下の仕事効率性の向上や組織貢献意識の向上を望むのであれば、部下のＷＬＢの実現を支援するだけでなく、管理職自身も自分自身のＷＬＢを実現させるよう働き方を見直す必要があるといえる。

２　部下のワーク・ライフ・バランス満足度と職場のパフォーマンスを高める要因

二〇〇九年度調査では、部下のＷＬＢ満足度[4]を規定する要因だけでなく、職場の生産性（ここでは、仕事の効率性、仕事に対する意欲、業績貢献意識の三つとする）[5]を高める要因も分析した。分析は、会社としての具体的な取り組み施策として、①ＷＬＢ支援への取り組み（二項目）と②労働時間管理改善への取り組み（二項目）の二分野四項目を、職場の取り組み施策や特性として③仕事の特性（二項目）、④職場の特性（三項目）、⑤管理職のマネジメント（二項目）の三分野七項目を取上げ、両者を合計した五分野一一項目について指標を作成し[6]、スコア化する方法で行った（図表２‐６参照）。分析の特徴は、個々の項目がＷＬＢ満足度と職場生産性に与える効果だけでなく、五分野一一項目のバランスを考察した点にある[7]。なお、本分析に使用した指標の概要は以下の通りであるが、詳細については、東京大学社会科学研究所のワーク・ライフ・バランス推進・研究プロジェクトのホームページに掲載されている報告書を参照してほしい。

図表2-6　2009年度調査の分析で使用した指標

分　野	項　目	詳　細
1. 会社としてのWLB支援への取り組み	(1)WLB支援の周知・徹底	「経営や人事の方針として明文化している」などの4項目から構成
	(2)制度利用促進のためのルール化	「休業取得時など従業員の不在時の対応ルールがある」など3項目から構成
2. 会社としての労働時間管理改善への取り組み	(1)時間管理意識向上の取り組み	「スケジュール管理や労働時間に関する管理職への教育」など3項目から構成
	(2)長時間労働の是正	「ノー残業デーなど職場全体の長時間労働を見直す取り組み」など2項目から構成
3. 仕事の特性	(1)業務多忙性 ※スコアを逆転	「達成すべきノルマ・目的水準が他に比べて高い」など3項目から構成
	(2)能力要件明確・職場連携	「メンバー同士が連携してチームとして仕事を行っている」など2項目から構成
4. 職場の特性	(1)協働職場	「仕事で困っているときは助け合う雰囲気がある」「先輩が仕事上のノウハウを教える風土がある」など6項目から構成
	(2)業務多忙・代替困難職場 ※スコアを逆転	「他の人では代替できない仕事をしている人が多い」など2項目から構成
	(3)業務の変動と偏在職場 ※スコアを逆転	「特定の人に仕事が偏っている」など2項目から構成
5. 管理職のマネジメント	(1)適正な部下管理	「業務が特定の部下に偏らないように配慮している」「部下の育成に熱心に取り組んでいる」など10項目から構成
	(2)WLB管理職	「あなた自身がメリハリをつけた仕事の仕方をしている」など3項目から構成

図表２－７　部下のWLB満足度と仕事効率についてのレーダーチャート

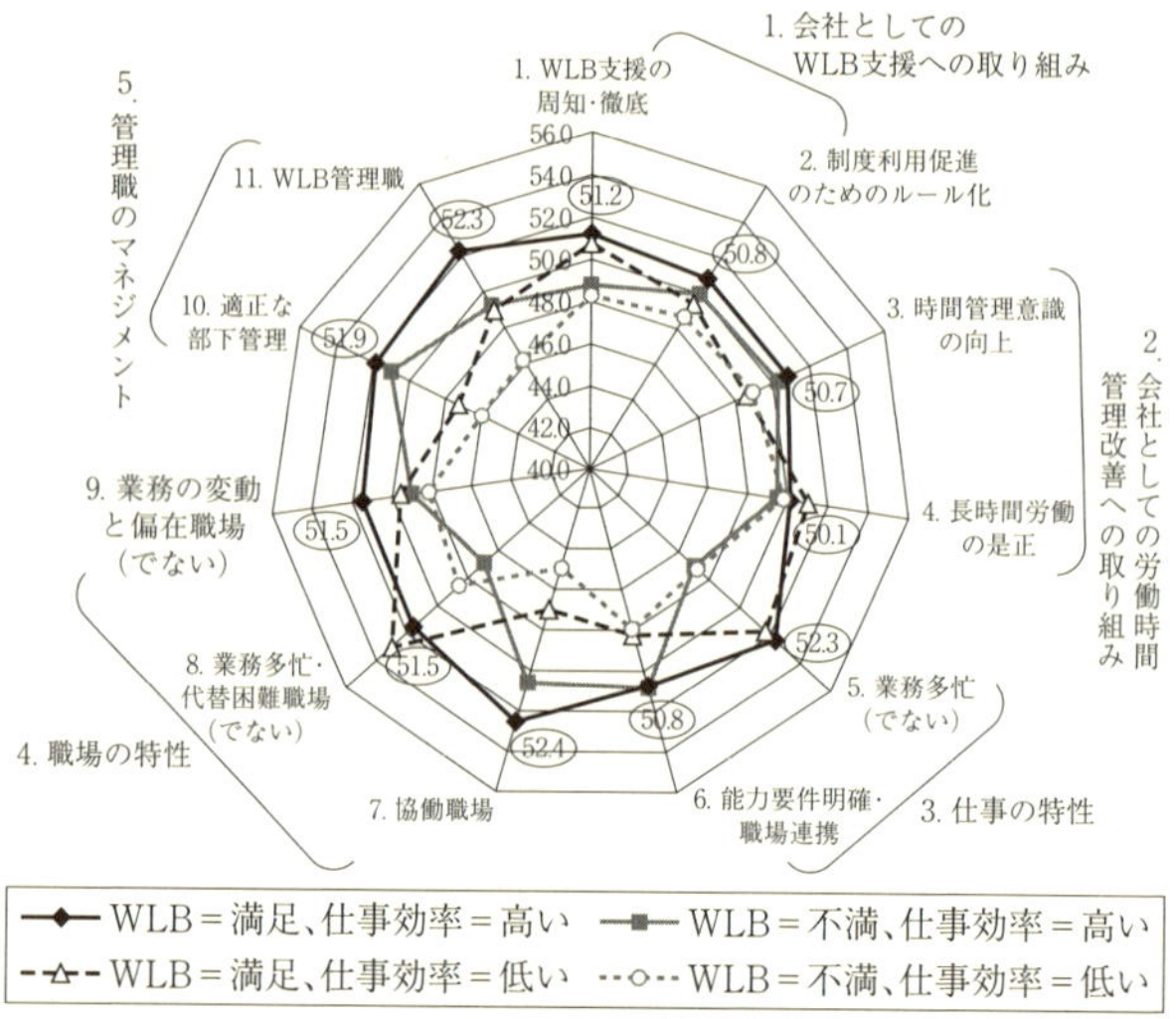

（１）部下のＷＬＢ満足度と仕事の効率性を高める要因

図表２－７は、部下のＷＬＢ満足度と仕事の効率性を組み合わせ、両者が高い職場の要因を示したものである。

部下の満足度が高くかつ仕事の効率性が高い職場では、『管理職のマネジメント』における「適正な部下管理」（スコア：五一・九）と「ＷＬＢ管理職」（スコア：五二・三）、『職場の特性』の「協働職場」（スコア：五二・四）と「業務の変動と偏在職場（でない）」（スコア：五一・五）がいずれもほかの職場類型に比べて高いスコアとなっている。つまり、部下のＷＬＢ満足度が高くかつ仕事の効率性が高い職場では、上司が部下の業務遂行を円滑に支援すべくマネジメントを行っているだけでなく、上司自身がメリハリをつけて業務を遂行し、所定時間内で仕事を終えることを奨励している。さらにそうした職場では、特定のメンバーに業務量が偏らぬよう、職場メンバーで業務を代替しあえる体制が構築され、ノウハウの共有・伝授、上司と部下さらには同僚間のコミュニケーションも円滑である。

また、部下のWLB満足度が高くかつ仕事の効率性が高い職場では、会社によるWLB支援にかかる取り組みも積極的である。『会社としてのWLB支援への取り組み』における「WLB支援の周知・徹底」（スコア：五一・二）、「制度利用促進のためのルール化」（スコア：五〇・八）および『会社としての労働時間管理改善への取り組み』の「時間管理意識の向上」（スコア：五〇・七）は他の職場類型と比較して高いスコア値を示している。また、「長時間労働の是正」（スコア：五〇・一）は、「WLB満足度は高く、仕事効率の低い」職場類型のスコア（五一・一）に比べて若干低いものの、スコア平均よりも高いことからWLB支援や労働時間管理改善に関する取り組みが全般的に推進されていると考えられる。これらの結果から、WLB満足度を高める要因としては業務量やその負荷の偏在問題への解消に向けた取り組み、仕事の生産性を高める要因としては職場の連携体制やそれらを円滑にまわすことができる職場の管理職マネジメント力の向上が重要であるといえる。

（2）部下のWLB満足度と仕事に対する意欲を高める要因

部下のWLB満足度が高くかつ仕事意欲が高い職場でも、『管理職のマネジメント』における「適正な部下管理」（スコア：五二・〇）と「WLB管理職」（スコア：五二・一）、『職場の特性』の

図表２－８　部下のWLB満足度と仕事意欲についてのレーダーチャート

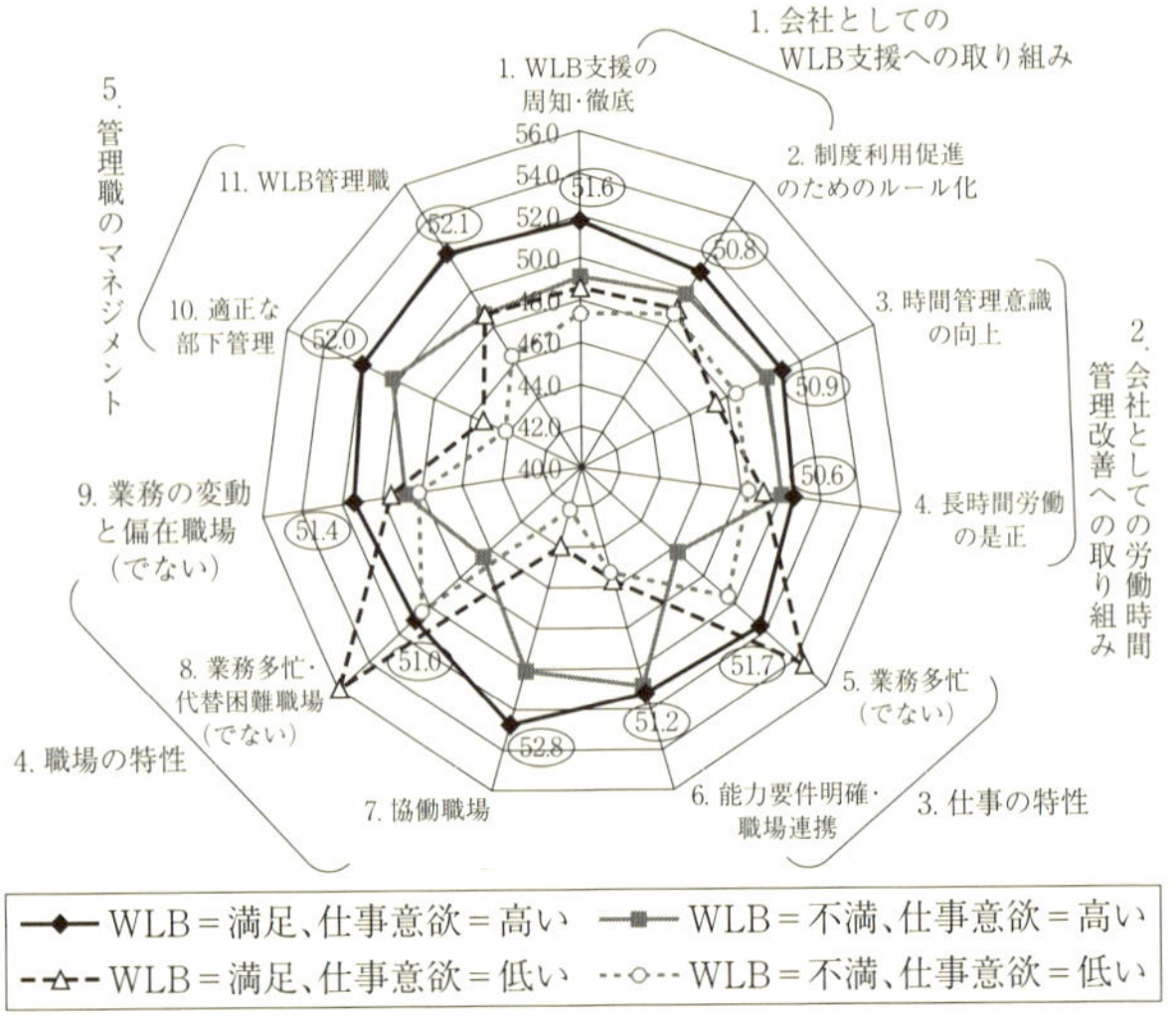

「協働職場」（スコア：五二・八）と「業務の変動と偏在職場（でない）」（スコア：五一・四）、『仕事の特性』の「能力要件明確・職場連携」（スコア：五一・二）がほかの職場類型に比べていずれも高い。また、会社による取り組みも積極的で、『会社としてのＷＬＢ支援への取り組み』における「ＷＬＢ支援の周知・徹底」（スコア：五一・六）、「制度利用促進のためのルール化」（スコア：五〇・八）および『会社としての労働時間管理改善への取り組み』の「時間管理意識の向上」（スコア：五〇・九）と「長時間労働の是正」（スコア：五〇・六）がほかの職場類型に比べて最も高いスコア値を示している（図表２－８参照）。

これらのことから、社員のＷＬＢ満足度の向上には職場マネジメント力の向上と職場の連携体制の構築のほか、組織をあげたＷＬＢ支援や労働時間管理改善に関する取り組みの推進が重要であることがわかる。

（3）部下のWLB満足度と業績に貢献しようとする意識を高める要因

部下のWLB満足度が高くかつ組織への業績貢献意識が高い職場についても、前述の二つの分析と同様の結果が得られた。『管理職のマネジメント』については、「適正な部下管理」（スコア：五二・〇）と「WLB管理職」（スコア：五二・一）、『職場の特性』では「協働職場」（スコア：五二・八）と「業務の変動と偏在職場（でない）」（スコア：五一・五）、『仕事の特性』では「能力要件明確・職場連携」（スコア：五一・二）がほかの職場類型に比べていずれも高い。『会社としてのWLB支援への取り組み』も前述の二つの分析と同様に、会社が積極的に取り組んでいることが分かる（図表2－9）。

以上、三つの分析結果から、部下のWLB満足度が高くかつ職場生産性が高い職場では、職場で助け合い連携しあう風土があり、管理職が仕事管理を適切に行っているだけでなく、管理職自身もWLBに対する意識が高い。各職場類型毎の仕事の特徴は様々であるが、職場メンバー同士で連携を高め、誰もがほかのメンバーのサポートに入ることができるよう日頃の業務を通して人材を育成していくことは管理職のマネジメントに大きく依存するため、そうしたマネジメント力の向上が管理職に求められる。と同時に、管理職自身のWLBに関する意識やマネジメントスキルの向上を支援する役割として企業が担う責任は大きいともいえる。つまり、職場での管理職のマネジメントと

図表2－9　部下のWLB満足度と業績貢献意識についてのレーダーチャート

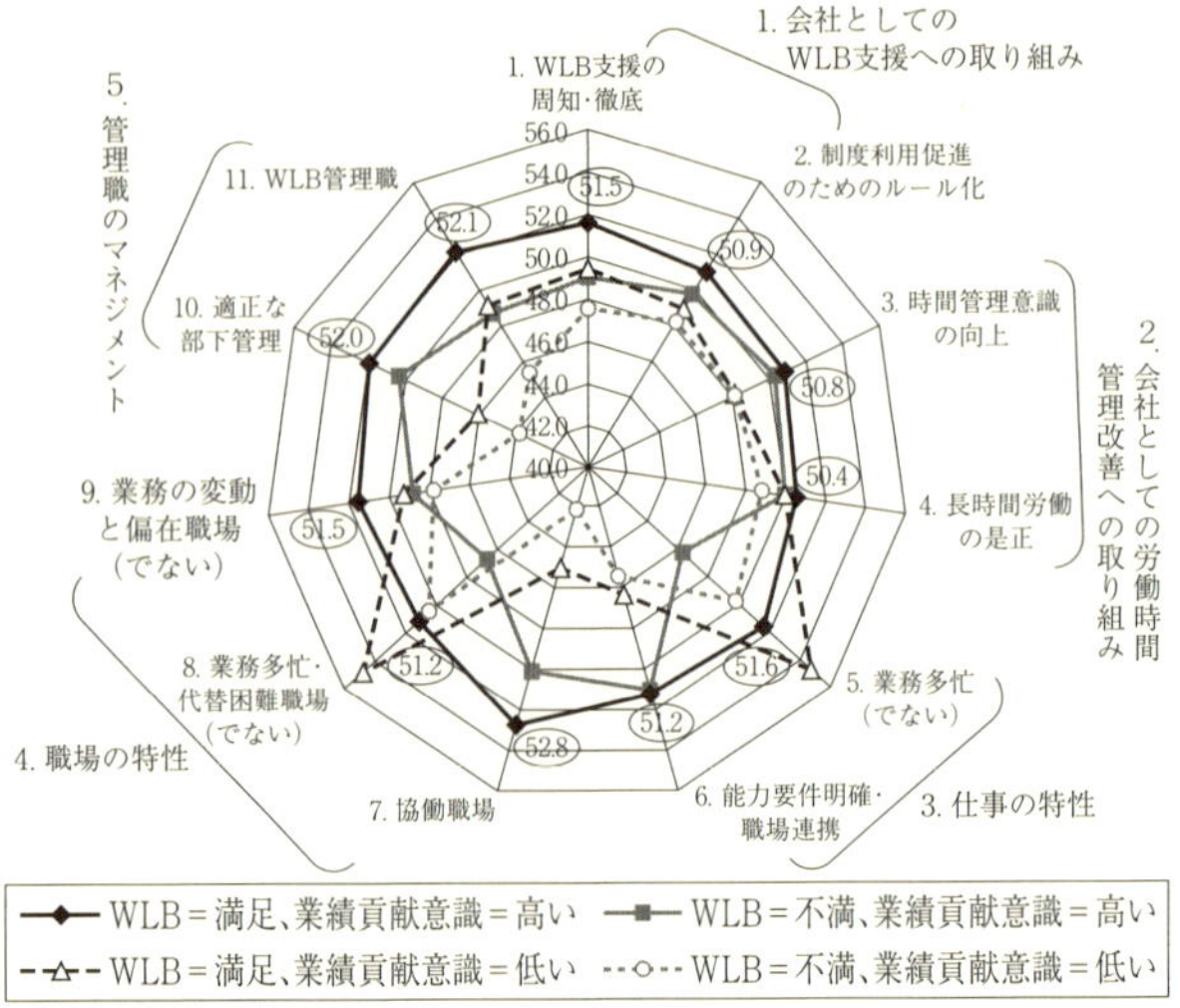

企業としてのWLB支援の取り組みの両者のバランスが重要なのである。

（4）育児・介護休業制度を利用しやすい職場の雰囲気を醸成する要因

育児・介護休業制度の利用実績があり、かつ利用しやすい雰囲気がある職場の要因を制度利用者の男女別に分析するとつぎのようになる。制度の利用実績は制度の利用に対する希望の有無の影響を受けるため、「制度を利用しやすい雰囲気がある」職場をその代替変数として利用している。

まず、女性社員が制度を利用しやすい雰囲気がある職場についてみよう（図表2－10）。利用しやすい雰囲気がある職場では、『管理職のマネジメント』における「適正な部下管理」（スコア：五一・六）と『職場の特性』の

図表２－10　育児・介護休業制度の女性の利用実績と利用しやすさについてのレーダーチャート

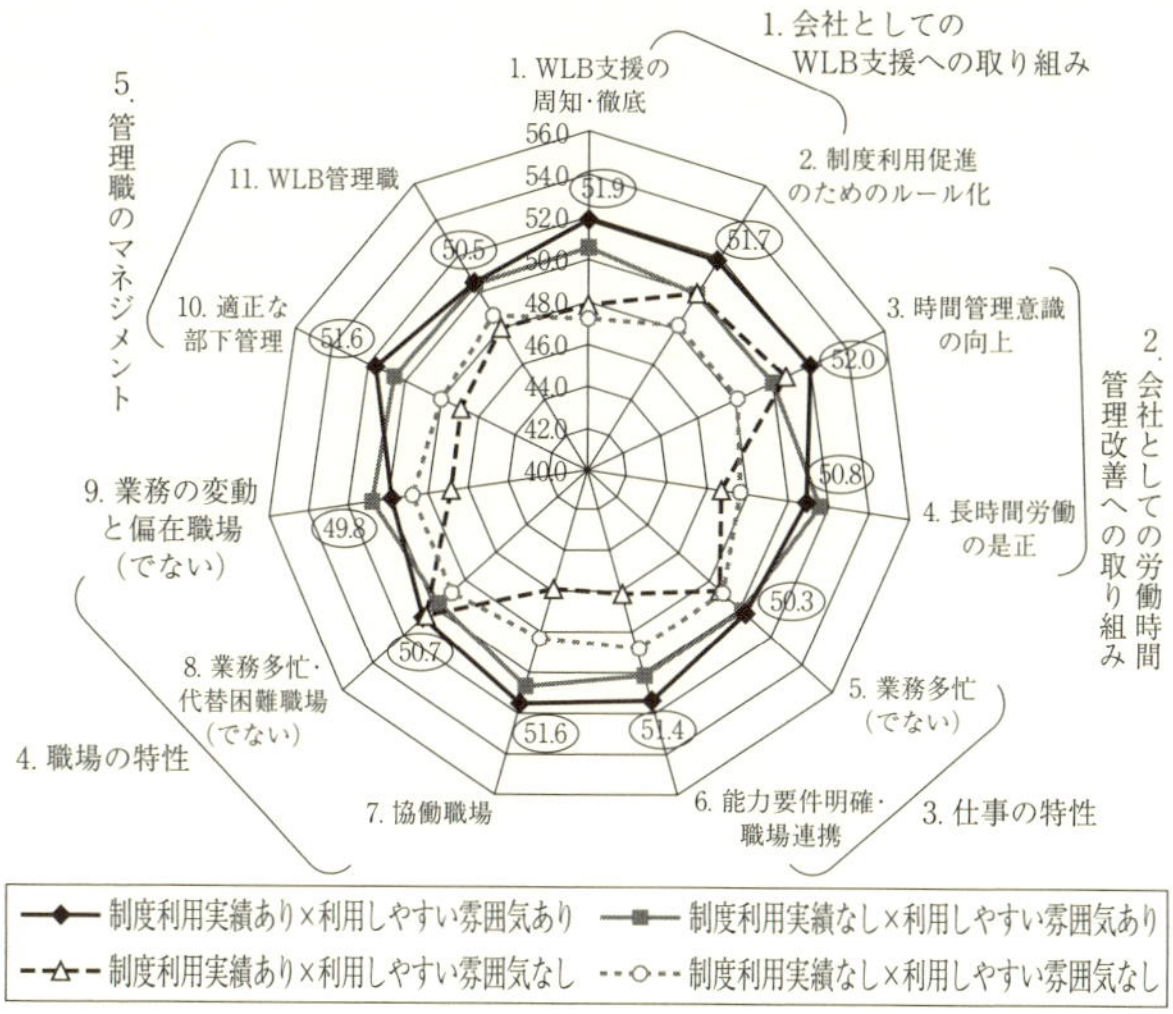

「協働職場」（スコア：五一・六）、『仕事の特性』の「能力要件明確・職場連携」（スコア：五一・四）がほかの職場類型に比べて高くなる。ほかの職場類型と差がある項目は、『会社としてのＷＬＢ支援への取り組み』における「ＷＬＢ支援の周知・徹底」（スコア：五一・九）、「制度利用促進のためのルール化」（スコア：五一・七）および『会社としての労働時間管理改善の取り組み』の「時間管理意識の向上」（スコア：五二・〇）であり、ほかの職場類型と比較して最も高いスコア値を示している。これらのことから、女性社員が制度を利用しやすい雰囲気がある職場とするためには、管理職による適切な仕事管理や業務を連携しあう体制の構築、そのための能力要件の明確化を進めることがカギであるといえる。

と同時に、女性が制度を利用しやすい職場づくりには、会社によるWLB支援や労働時間管理改善に関する取り組みも重要となる。

一方、男性社員が育児・介護の休業制度を利用しやすい職場には、どの要因が影響しているのだろうか。

利用しやすい雰囲気がある職場では、『管理職のマネジメント』における「適正な部下管理」（スコア：五二・二）と「WLB管理職」（スコア：五一・八）、『職場の特性』の「協働職場」（スコア：五二・五）、「業務の変動と偏在職場（でない）」（スコア：五一・三）が、「利用しにくい」職場に比べてそれぞれが高い。つまり、男性社員がWLB関連制度を利用しやすい職場では、上司が部下の業務遂行を円滑に支援すべくマネジメントを行っているだけでなく、上司自身がメリハリをつけて業務を遂行し、所定労働時間内で仕事を終えている。管理職による職場のマネジメントにおいても、日頃から仕事を通してノウハウを共有しあい、さらには上司と部下、同僚間でコミュニケーションを適宜とっていることがわかる。また、会社による取り組みも積極的に行われている。『会社としてのWLB支援への取り組み』における「WLB支援の周知・徹底」（スコア：五三・三）、「制度利用促進のためのルール化」（スコア：五一・七）および『会社としての労働時間管理改善への取り組み』の「時間管理意識の向上」と「長時間労働の是正」（ともにスコア：五一・三）のスコア値が高い（図表2－11）。これらのことから、男性社員がWLB関連制度を利用しやすい雰囲気の醸成には、管理職自身のWLB意識の醸成と管理職による職場マネジメント力の向上、さらには職場連携体制

図表２－11　育児・介護休業制度の男性の利用しやすさについてのレーダーチャート

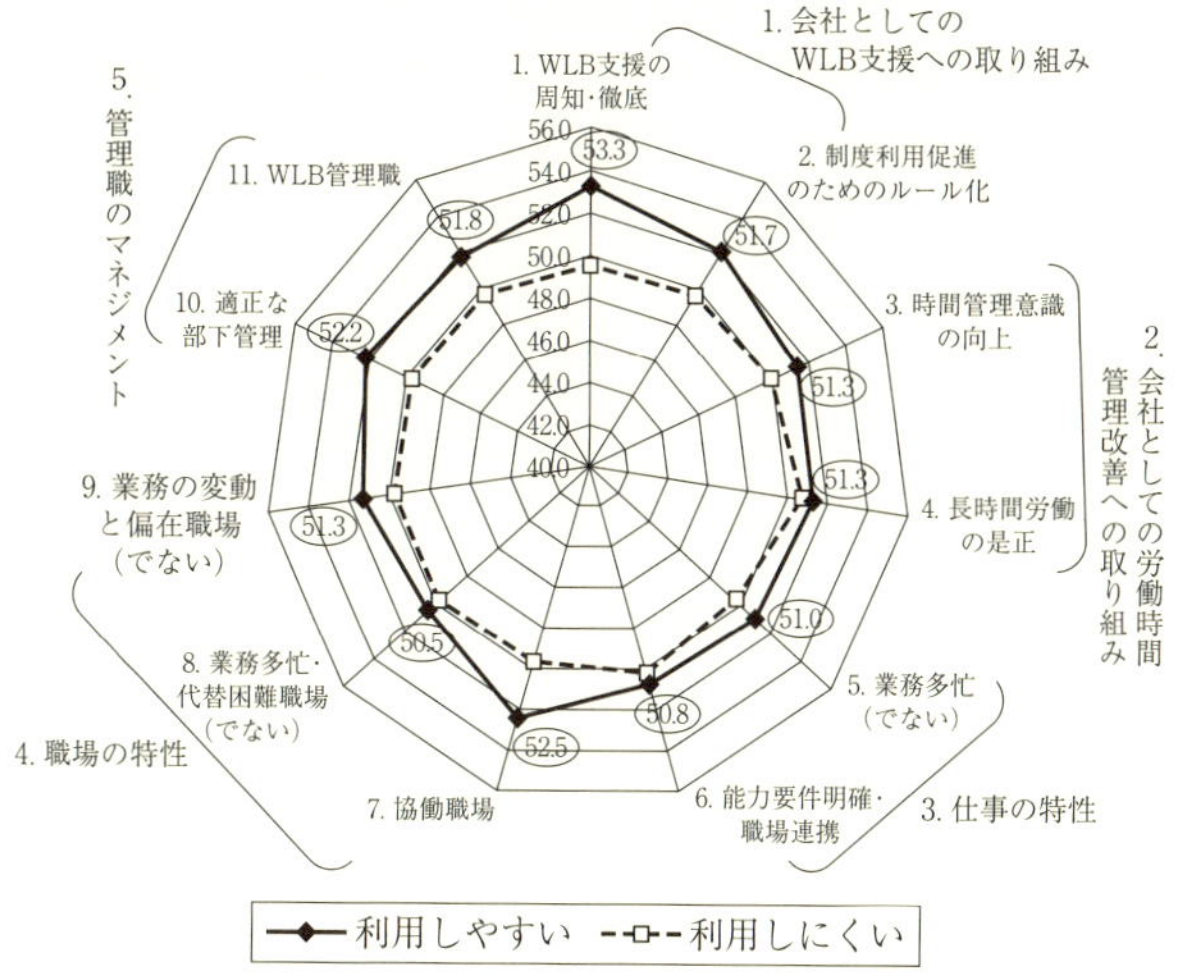

の構築を進めることがポイントである。また会社によるＷＬＢ支援や労働時間管理改善に関する取り組みも重要となる。

３　管理職のマネジメントを高める要因

これまでの結果から、部下のＷＬＢ満足度と職場生産性の向上、育児・介護休業制度を利用しやすい雰囲気の醸成には、管理職による職場マネジメント、具体的には「適正な部下管理」や「ＷＬＢ管理職」要因が大きく影響することが明らかになった。このことは、管理職自身が仕事に投入できる時間に制約があることを意識しながら部下の仕事管理をしていくことが重要であることを示唆している。では、管理職の「適

図表2－12　「管理職のマネジメント」と「会社としての取り組み」指標との相関係数

	会社としての労働時間管理改善への取り組み		会社としてのWLB支援への取り組み	
	時間管理意識向上の取り組み	長時間労働の是正	WLB支援の周知・徹底	制度利用促進のためのルール化
適正な部下管理	0.224**	0.144**	0.191**	0.135**
WLB管理職	0.126**	0.030	0.109**	0.098**

**：１％水準で有意。

正な部下管理」や「ＷＬＢ管理職」を高めることに貢献する要因は何だろうか。この点を最後に分析しよう。

二〇〇九年度調査に基づいて、管理職の職場マネジメントを高める要因を相関係数(8)で考察したところ、『会社としての労働時間管理改善への取り組み』および『会社としてのＷＬＢ支援への取り組み』が管理職の「適正な部下管理」や「ＷＬＢ管理職(9)」を高める可能性があることが明らかになった（図表２－12参照）。つまり、管理職が職場で適切に部下の仕事管理ができるよう、会社としてバックアップしていくことが重要だといえる。

４　ワーク・ライフ・バランスとワーク・ライフ・バランス支援のための職場マネジメントの課題

本章では東京大学社会科学研究所のワーク・ライフ・バランス推進・研究プロジェクトが二〇〇九年度に管理職を対象に実施した調査を基にして、管理職の働き方の現状を明らかにするとともに、部下のＷＬＢ満足度が高くかつ職場生産性（①職場の仕事効率性、②仕事に対する意欲、③業績貢献意識の三つを示す。以下、同様）が高い職場や育児・介護休業制度を取得しやすい職場の要因を考察した。本調査より明らかになった点は以下の通りである。

第一に、管理職の三割弱は一日一二時間以上在社しており、在社時間が長い管理職ほど有給休暇取得率も低く、多忙な状況にある。そして、管理職は、必ずしも積極的に長時間働いているわけでなく、むしろ週の労働時間を減らしたいと考えている者が多い。こうした労働時間に関する希望と現実の乖離は、管理職のＷＬＢ満足度を低下させるだけでなく、組織貢献意識も低下させる可能性がある。

第二に、部下のＷＬＢ満足度が高く、かつ職場の生産性が高い職場は、管理職が部下を適正に管理する能力が高く、かつ管理職自身がメリハリをつけて働き、所定労働時間内で仕事を終えようとする「ＷＬＢ意識」も高い。さらに、勤務先の企業もＷＬＢ支援への取り組みや労働時間管理の改善に向けた取り組みに積極的である。育児・介護休業制度を利用しやすい雰囲気がある職場でも同様の傾向が確認でき、特に男性社員が育児・介護休業制度を利用しやすい雰囲気がある職場でこの点がより明瞭になっている。

第三に、『管理職のマネジメント』（「適正な部下管理」と「ＷＬＢ管理職」）は、部下のＷＬＢ満足度と職場生産性の向上、育児・介護休業制度を利用しやすい雰囲気の醸成にプラスの効果をもたらすという点で重要であり、この『管理職のマネジメント』は『会社としての労働時間管理改善への取り組み』および『会社としてのＷＬＢ支援への取り組み』と密接な関係にある。

以上の点を踏まえ、ワーク・ライフ・バランス推進・研究プロジェクトでは、プロジェクト参加企業の意見も踏まえ、企業のＷＬＢの推進と定着に向け、次のような提言を取りまとめた。

第一の提言としては、部下のＷＬＢと職場生産性向上の両者を実現させるためには、管理職が部下の業務遂行状況を把握し支援する能力（本章における「適正な部下管理」）を高めることが重要であることから、企業は管理職の部下管理力を一層高めるよう支援する必要がある、というものである。本章では、部下のＷＬＢ満足度が高くかつ職場生産性が高い職場および育児・介護休業制度を利用しやすい雰囲気がある職場では、『管理職のマネジメント』における「適正な部下管理」のスコアが高いことを明らかにした。こうした能力や資質が組織力向上に貢献するのであれば、企業は管理職の「適正な部下管理」能力を一つの専門能力とみなし、その能力開発を支援するとともに、当該能力が高いことも管理職登用の際に考慮していく必要があるだろう。これまで管理職登用要件の多くは業務遂行能力の高さを重視し、マネジメント力は業務遂行能力に付随する能力とみなされてきたと思われる。しかし、業務遂行能力が高い人材が必ずしも組織マネジメント能力が高いとはいえない。組織マネジメント力とは、部下の能力や意欲を高めるように仕事の目標を提示し、それに必要な職業能力の開発を支援しつつ、部下の仕事への意欲を維持・向上させるとともに、部下が仕事を円滑に遂行できる環境を整備できることである。こうしたマネジメント力も業務遂行能力と同様に、一つの専門能力とみなし、その能力開発を組織をあげて支援する必要があろう。

第二の提言としては、部下のＷＬＢと職場生産性向上の両者を実現させるためには、管理職自身がメリハリをつけた働き方を実践するとともに所定労働時間内で仕事を終えることを推奨する意識を持つ（本章における「WLB管理職」）こと、組織として管理職にWLBに対する意識を高める取り組みを積極的に展開していく必要がある、ということである。第一の提言同様、部下のWLB満足度が高くかつ生産性が高い職場や育児・介護休業制度を利用しやすい雰囲気がある職場では「WLB管理職」のスコアが高かった。「WLBは個人の問題であり、企業や管理職が個人の価値観に口をはさむべきでない」と考える管理職や企業は多いが、部下の業務が管理職のマネジメントの下で進められるなかで部下の仕事のやり方は管理職のWLBに対する価値観に規定される。少なくとも、管理職は組織に対する自分の価値観の影響力を認識すべきである。こうした取り組みの推進役は企業が組織をあげて行うべきであろう。

第三の提言としては、労働時間・休憩・休日に関する労働基準法上の規定の適用から除外されている管理職に対しても労働時間や働き方をモニタリングし、管理職が長時間労働になることを抑止して「適正な部下管理」を実行できる時間を確保することが必要である、ということである。管理職の「適正な部下管理」や「WLB管理職」が高いほど部下のWLB満足度だけでなく職場の生産性が高いことを考慮すると、労働時間・休憩・休日に関する労働基準法上の規定の適用から除外されている管理職に対しても、一定の配慮が必要であろう。業務計画の円滑な遂行と達成、部下の能力開発と業務支援、職場の長時間労働の是正と部下のWLB支援など多様な役割を担う管理職は、自らが長時間労働に陥る可能性が高いため、組織全体で管理職が部門の円滑なマネジメントに注力できるような支援を推進することが求められると考えるのである。

第四の提言としては、会社によるＷＬＢ支援への取り組みや労働時間管理の改善に向けた取り組みは「管理職のマネジメント」力を高めることから、企業は組織的にこれらに取り組む必要がある、ということである。本章でみてきた部下のＷＬＢ満足度が高くかつ職場の生産性も高い職場では「適正な部下管理」と「ＷＬＢ管理職」が高いという特徴があったが、これらは『会社としての労働時間管理改善への取り組み』（「時間管理意識向上の取り組み」および「長時間労働の是正」）および『会社としてのＷＬＢ支援への取り組み』（「ＷＬＢ支援の周知・徹底」や「制度利用促進のためのルール化」）と相関関係にあった。企業が組織をあげてＷＬＢの推進に取り組んでいると社員が認識することによって、制度が職場に浸透するといった調査結果は多数ある。これらの結果からも、企業は組織的に社員のＷＬＢ支援に関する取り組みや労働時間管理の改善に向けた取り組みを積極的に展開していくことが重要であると指摘できる。

以上の提言を各社が取り組んでいくことによって社員の一人ひとりが持てる能力を十分に発揮し、企業が持続的に発展していくことを期待したい。

【コラム】調査から明らかになった企業のWLB支援を推進するため提言

提言1　部下のWLBと職場生産性向上の両者を実現させるためには、管理職が部下の業務遂行状況を把握し支援する能力（「適正な部下管理」）を高めることが重要である。

提言2　部下のWLBと職場生産性向上の両者を実現させるためには、管理職自身がメリハリをつけた働き方を実践するとともに所定労働時間内で仕事を終えることを推奨する意識を持つ（「WLB管理職」）ことが重要である。

提言3　労働時間・休憩・休日に関する労働基準法上の規定の適用から除外されている管理職に対しても労働時間や働き方をモニタリングし、管理職が長時間労働になることを抑止して「適正な部下管理」を実行できる時間を確保することが重要である。

提言4　会社によるWLB支援への取り組みや労働時間管理の改善に向けた取り組みは「管理職のマネジメント」力を高めることから、企業は組織的にこれらに取り組むことが重要である。

注

（1）価値観やライフスタイルの変化に関しては、NHK放送文化研究所編（2010）『現代日本人の意識構造（第七版）』のⅡ「男女と家庭のあり方」とⅤ「仕事・余暇」参照されたい。

（2）調査では、回答者に平均的な出勤日の「自宅をでる時刻」「出社時間（会社への到着時刻）」「退社時間（会社を出る時刻）」「帰宅時刻」をたずね、それらを組み合わせて管理職の日常的な労働時間や生活時間等を算出している。

（3）年次有給休暇取得率の算出方法は、二〇〇八年中（または年度中）に取得した休暇日数を同年中に付与された休日日数（前年の繰越日数は含まない）で除したものである。

（4）部下のWLB満足度は管理職に「あなたの部下は〝仕事に割く時間と生活に割く時間のバランス（両者の時間配分）〟に満足していると思いますか」とたずねた結果を用いている。

（5）本調査では、「仕事を効率的に行っている」「仕事に対する意欲が高い」「業績に貢献しようとする意識が高い」の三つを取り上げて、それぞれに「そう思う」～「そう思わない」の五段階でたずね、その回答のうち「そう思う」と「どちらかといえばそう思う」を合計したものを用いている。

（6）各分野の項目は、当該分野にあてはまる設問を主成分分析することで作成した。

（7）指標は、考察したい項目に対する各指標の影響度を比較検討できるように、調査データを標準化（偏差値）し、スコア化した。各指標が複数の項目から構成される場合は、構成する各項目に肯定的な回答をした場合は「四点」、否定的な回答をした場合は「一点」として各指標の合計点を算出し、その合計点を構成する項目数で除している。偏差値＝（各指標の値－平均値）／標準偏差×10＋50となる。

なお、実データより指標をスコア化する際に、各指標の内容を示す方向がプラスとなるように調整を行った。実データの大小と逆の方向にプラスとなる指標（『3．仕事の特性』の「業務多忙性」および『4．職場の特性』の「業務多忙・代替困難職場」と「業務の変動と偏在職場」）については、否定

的な回答を「四点」として合計点を算出し偏差値を求めている

（8） 相関係数は二つの項目間の関係性の強さを示すものであり、1に近いほど相関関係が強いといえる。ちなみに、係数が0≦x≦0.2の場合は「ほとんど相関がない」、0.2≦x≦0.4の場合は「やや相関がある」、0.4≦x≦0.7の場合は「かなり相関がある」、0.7≦x≦1の場合は「強い相関がある」ことを示している。

（9） 管理職の満足度と「WLB管理職」要因の因果関係は本調査で詳細に分析していない。

文献

小倉一哉（2009）「管理職の労働時間と業務量の多さ」『日本労働研究雑誌』NO. 592, pp. 73–87

佐藤博樹（2008）『子育て支援シリーズ2　ワーク・ライフ・バランス――仕事と子育ての両立支援』ぎょうせい

武石恵美子（2008）「ワーク・ライフ・バランス施策と従業員のモチベーションの関連」『キャリアデザイン研究』VOL. 4, pp. 33–48

原ひろみ・佐藤博樹（2008）「労働時間の現実と希望のギャップからみたワーク・ライフ・コンフリクト――ワーク・ライフ・バランスを実現するために」『季刊家計経済研究』NO. 79（2008　SUMMER）

Dana E. Friedman（1991）“*Linking Work-Family Issues to the Bottom Line*” *The Conference Board*, Report No. 962

Susan C. Eaton（2003）“*If you can use them: Flexibility Policies, Organizational Commitment, and Perceived Performance*” *Industrial Relations*, Vol. 42, No.2, pp.145-167

第三章　欧州企業における働き方とワーク・ライフ・バランス

朝井友紀子

本章は二〇一〇年一月と九月に欧州において、ワーク・ライフ・バランス（以下、ＷＬＢ）推進の取り組みに関して企業と労働者のヒアリングを行った結果を、統計データ等を補足しながら紹介し、日本におけるＷＬＢ推進のための参考とすることを目的としている。企業ヒアリングの訪問国は、イギリス、フランス、ベルギー、ドイツ、オランダの五ヵ国、労働者ヒアリングの訪問国はスイスの一ヵ国である。(1) 具体的には、長期持続型のＷＬＢ支援の取り組み方法、企業経営・人材活用への効果・影響などに関して情報や事例を収集している。本章の構成は下記の通りである。まず、欧州諸国と日本の働き方について概観した後、ヒアリングの結果を紹介する。

1　欧州と日本の働き方の違い

ここでは、欧州と日本の働き方の違いについて、労働時間と休暇という側面から、概観する。

(1) 労働時間

欧州と日本の働き方の大きな違いは、労働時間の長さと有給休暇の取得日数にある。多くの欧州諸国では、労働法や欧州連合（EU）の法律で、労働時間や休暇に関する上限や最低日数を設定している。EU労働時間指令では、四八時間が上限とされているが、多くの欧州諸国では、それより少ない四〇時間程度に設定をし、弾力的労働時間制度をとっている（図表3-1）。これは、一定の期間内に平均ベースで法定上限を守れば、ある週に労働時間が上限を超えてもよいという制度である。

図表3-2[2]は労働者の労働時間の国別分布をみたものである。今回ヒアリングを行った欧州の六ヵ国において、週五〇時間以上働いている男性の割合は、イギリス（二五%）、フランス（一九%）、ベルギー（一四%）、ドイツ（一四%）、スイス（一一%）、オランダ（九%）であるのに対し、労働時間の区分が異なるが、日本では週四九時間以上が四三%となっている。女性の労働時間は、欧州諸国と同様日本でも男性より短いが、週に四九時間以上働いている日本の女性は一四%とその割合

図表3－1　各国の法律、労働協約に定められた週労働時間（2009年、単位：時間）

	法定上限	標準	労働協約（平均）
ベルギー	38	38	37.6
フランス	48	35	35.6
ドイツ	48	－	37.7
オランダ	48	－	37.5
イギリス	48	－	37.3
スイス	45 ～ 50	－	－
日本	－	40	39.4

注：「法定上限」とは、労働法で定められている労働時間の上限である。「標準」とはそれを超える時間に対しては手当を支払わなければならないという境界である。

出所：European Foundation for the Improvement of Living and Working Conditions (2010) "Working time developments - 2009"
日本はOECD (2009)「国際比較――仕事と家族生活の両立OECDベイビー&ボス総合報告書」(2005年データ)、スイスはThe Federal Authorities of the Swiss Confederationウェブサイトより

は他国よりも多くなっている。加えて日本では六〇時間以上働く者も相当な割合でおり、「労働力調査」[3]によると、二〇〇九年における週労働時間が六〇時間以上の男女計での労働者の割合は九・三％、特に子育て世代に当たる三〇歳代男性では二〇％程度になる。国際的にみても日本の労働時間は長く、とりわけ子育て期に当たる男性に長時間労働者の割合が多いということがみてとれよう。

週六〇時間以上働いている長時間労働者の場合、一日当たり一二時間の労働をしていることになる。これに、休憩時間や通勤時間を含めると仕事に関する拘束時間は一五時間を超えてしまうため、平日の帰宅後は、寝る時間しか残らないことが想定できる。「NHK国民生活時間調査」[4]により、長時間労働者の生活時間をみてみると、テレビやレジャーなどの自由時間はほとんどなく、睡眠時間や食事をする時間も短い。平日に仕事しかしていない長時間労働者は、平日の睡眠、家

図表３－２　労働者の労働時間の分布（2005年、縦軸は％、横軸は労働時間）

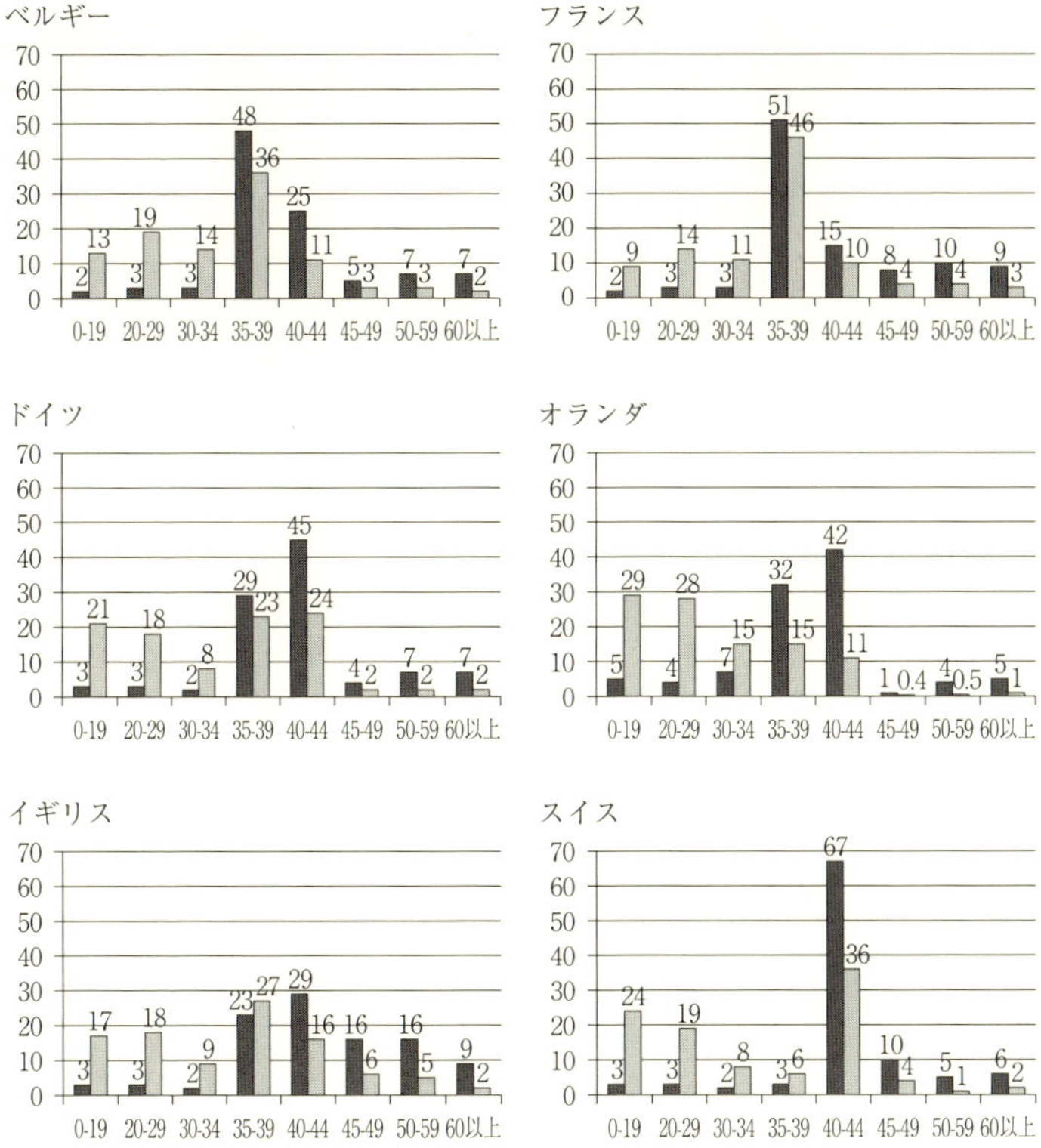

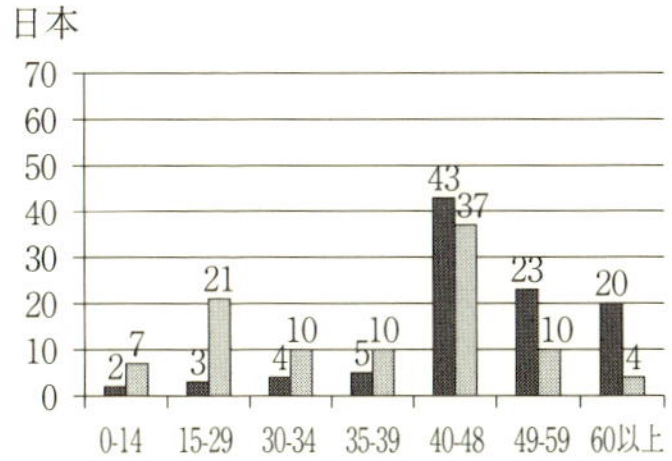

■男性　□女性

注：日本の労働時間の区分は他の５ヵ国と異なる。

出所：OECD（2009）「国際比較——仕事と家族生活の両立 OECD ベイビー＆ボス総合報告書」明石書店（OECD database on Usual weekly Hours of Work）

事をまとめて休日に行う必要があるため、長時間労働は休日の充実した過ごし方にも、マイナスの影響を及ぼしている。日本の労働時間はここ一〇年の間に減少したとされているが、これは非正規で働く者の増加によるもので、一般労働者の労働時間は過去一〇年間ほとんど改善していない[5]。「労働力調査」によると、いわゆる非正規社員に分類される雇用形態で働く者の割合は、二〇〇九年には三三・七%となっており、一〇年前と比較して約一〇%増加している。また、健康状態をみても、労働時間が長くなるに従い、疲労感を感じる割合や、精神的ストレスを感じる割合が増加するという[6]。特に、週平均労働時間が五〇時間を超えた者に関しては、四分の一が体力的に疲労感を感じ、三分の二以上が精神的にストレスを感じ、六〇時間以上の者では、四五・二%が疲労感を感じ、七一・四%が精神的にストレスを感じている。労働政策研究・研修機構(2005)では、五七・一%がこの調子で仕事を続けた場合、健康を害すると不安に思っているという結果が示された。欧州の調査でも[7]、週に四九時間以上働く者は四八時間以下の者に比べて健康を不安に思う割合が高いことがわかっている。

(2) 休暇

欧州の労働者は、有給休暇として年当たり法定で約二〇日間の権利が与えられている(図表3-3)。二〇〇九年における一年間の休暇日数を国際比較した図表3-4をみてみると、日本は祝祭日が多いことにその特徴がある。しかしながら、当該年の有給休暇の新規付与日数に対する取

図表3－3　各国の法律、労働協約で定められた年次有給休暇日数（2009年）

	法定最低	労働協約（平均）
ベルギー	20	－
フランス	25	25
ドイツ	20	30
オランダ	20	25.6
イギリス	28	24.8
スイス	20 ～ 25	－
日本	10 ～ 20	－

注：「法定最低」とは、労働法で定められている年次休暇日数の最低基準である。
出所：European Foundation for the Improvement of Living and Working Conditions(2010)
"Working time developments - 2009"
スイスは The Federal Authorities of the Swiss Confederation ウェブサイトより

得率は五〇%程度で有給休暇の半数が未消化[8]に終わっていることから、年間休日日数は、イギリスでは約一三七日、ドイツ約一四五日、フランス約一四〇日、ベルギー約一三四日、オランダ約一三六日、スイス約一三三日と比較して、日本は約一二八日と少なくなる。これに対し、欧州諸国では、有給休暇がほぼ一〇〇%消化されている。日本では、六ヵ月の勤続後に、一〇日間の休暇を取得できる権利が法律により定められており、勤続年数とともにこの日数は増加し、法定で最大二〇日間取得できる。しかしながら、休暇を取得しないことが、会社や上司への忠誠を示すとの職場風土や、業務多忙などから、その消化をためらう労働者が多いと考えられている。有給休暇を多く取得する社員は、しばしば仕事意欲が低く仕事に対して熱心でないとみなされることさえある。加えて、多くの欧州諸国では、二週間以上の連続休暇の取得が法律もしくは実態として保障されている。他方、日本の労働基準法にはそのような規定がなく、ほとんどの労働者が、冠婚葬祭や病気などの際に一日単位の細切れの取得が一般化しており、欧州との大きな違いである。

図表3－4　年間休日数の比較（合計は週休日＋祝祭日＋有給休暇）

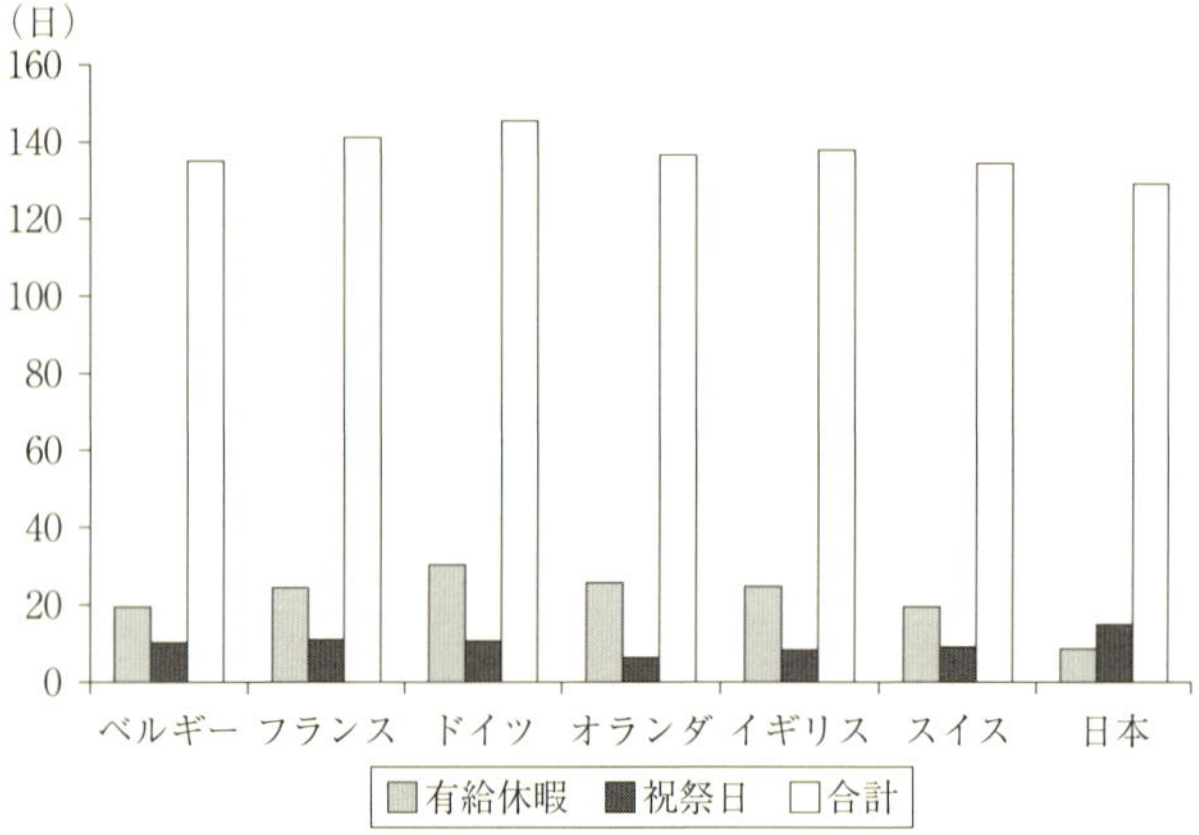

注：欧州の年次有給休暇は労働協約の日数（ベルギーとスイスは法令の日数）、日本は取得日数。
連邦制であるスイスの祝祭日数は郡・県や州の間で異なるため、ジュネーブのもの。
出所：日本のデータは厚生労働省（2010）「就労条件総合調査」
欧州5ヵ国のデータはEurope an Foundation for the Improvement of Living and Working Conditions(2010) “Working time developments - 2009”
スイスはThe Federal Authorities of the Swiss Confederationウェブサイトより

欧州では、労働法や欧州連合（EU）の法律が、休暇のルールを定め、守らない企業に対して、社員は訴えることで休暇取得を要求できる。また、欧州諸国では、原則的には、有給休暇は当該年度内に取得するものとされて、繰り越しが認められない国や未消化分を繰り越しできる国さらに貯蓄分を現金化できる国などもあるが、企業は定期的に毎年取得することを奨励する傾向にある。[9]また、オランダでは、休暇を五年間にわたって貯蓄することができる制度もある。[10]他方、日本では、未消化の有給休暇を次年度まで繰り越しすることができるが、消化しない日数が多いため、有給休暇の権利を放棄している者も少なくない。[11]

二〇〇九年OECD統計[12]によると、労働時間当たりGDPは、ベルギー五六・五ドル、フランス五四・五ドル、ドイツ五三・三ドル、オランダ五六・四ドル、イギリス四七・六ドル、スイス四七・二ドルであるのに対し、日本は三八・二ドルであった。また、二〇〇九年の日本の労働生産性（就業者一人当たり名目付加価値）はOECD加盟三三ヵ国中第二二位であるという[13]。やや単純化した例として日本の新幹線とフランスの高速鉄道TGVを取り上げると、日本と欧州で同じような質の製品を生産しているにもかかわらず、なぜ仕事への投入時間がこれほどまでに異なるのだろうか。より短い労働時間で同じ質の仕事をするためにはどうすればよいのか。本章では、これを解明したいと思う。

2　日本のワーク・ライフ・バランス推進の現状とそのニーズ

（1）なぜ日本でWLB推進が難しいのか？

従来、日本の正規社員は、定年までの長期継続雇用の保障が提供される代わりに、仕事への配置や転勤、さらには労働時間などに関して企業による強い人事権を受容してきた。言い換えれば、正規社員における頻繁な転勤や恒常的な長時間労働は、雇用保障の代償とみることもできる。他方で、こうした働き方を受容できない者は、非正規社員などのほかの働き方を選択せざるを得ないことにもなる。また、恒常的な残業が存在し、労働時間に歯止めがなくなり優秀な社員に仕事が偏るなど、

図表3－5　仕事と生活の調和が図れず困難を感じたことがあるものの割合（日本）

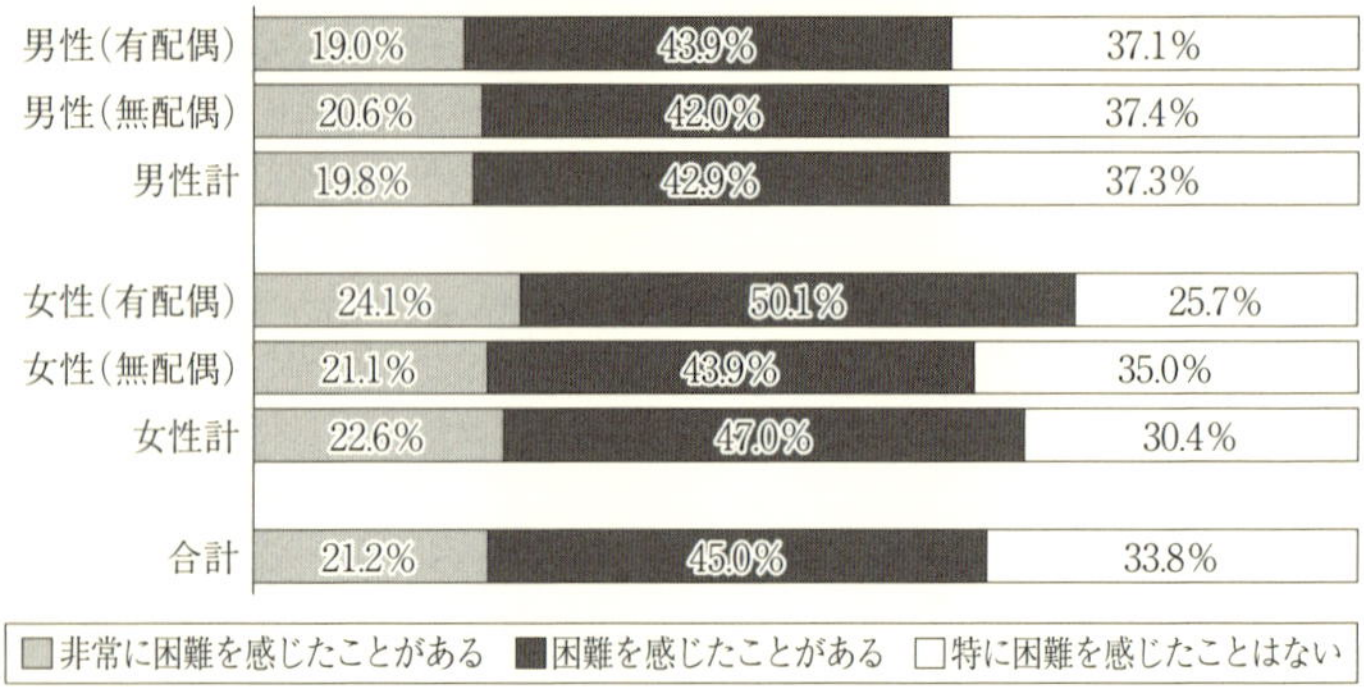

出所：東京大学社会科学研究所 WLB 推進・研究プロジェクト（2009）「働き方と WLB の現状に関する調査」2009年

仕事配分の不均等も発生することになる。同僚に協力を依頼することをせず、一人で仕事を抱え込む者が多くおり、情報共有が不十分でお互いの仕事をカバーする体制がないことも多く、こうしたことが、より帰りにくい、休みにくい状況を生み出している。

(2) 増加するWLBのニーズ

近年、日本で、従来型の雇用制度や処遇制度も変わりつつあり、他方で、WLBが実現できる働き方をしたいと希望する労働者が増えている。また、男性の間にも子育てと仕事の両立を求める者や、管理職の中に介護等によって今までのような働き方ができない者も出てきている。東京大学社会科学研究所ワーク・ライフ・バランス推進・研究プロジェクト「働き方とWLBの現状に関する調査」（二〇〇九年）（図表3－5）をみてみると、回答者の六割以上が仕事と生活の調和を図れず困難を感じたことがあるとしている。仕事と生活の優先度に関しては、現実では男性の四九・三％、女性の四一・〇％が仕事優先であるのに対し、仕事優先を希望する者は男性で三・八％、女性で一・四％のみである。ここからもやはり日本においてＷＬＢ推進に取り組み、ワーク・ライフ・コンフリクト（仕事と生活の両立困難）を解消することは急務であることがみてとれる。欧州でも、三〇〜四四歳の労働者のうち、週五五時間以上働く者に、高いワーク・ライフ・コンフリクトが観察される傾向にある。(14)

（3）ワーク・ライフ・コンフリクト（仕事と生活の両立困難）がもたらすもの

「プレゼンティイズム（presenteeism）」の問題が近年、欧州において注目されている。これは、出勤しているものの、健康や精神状態が良くないために、仕事に注力できず、生産性が低く、ミスなども多い状態を指す。(15)睡眠不足、うつ病、ワーク・ライフ・コンフリクト、ストレス等理由は様々だが、出勤していても虚ろで仕事をしていない時間が増え、労働の質が低下し、担当できる業務量の減少、仕事の満足度の低下等の問題をもたらし、個人の生産性や企業の業績に悪影響を及ぼすことになる。他方、働きやすい職場とは、怠けていることをよしとする職場ではなく、自分の能力を最大限に発揮できる環境が整っている職場のことをいう。プレゼンティイズムを防止するためにも、ＷＬＢの推進は欠かせないものとなってきている。日本でも欧州にならって、社員が満足して、最大限の力を発揮できる職場環境を整える必要がある。

また、ストレスとバーンアウト（燃え尽き症候群）は、遅刻や欠勤、退社などの増加を生み企業に損失をもたらす。イギリスでの調査[16]によると、約五〇％の労働者が病気欠勤の理由としてストレスを挙げている。欧州安全衛生機構の報告書[17]でも、仕事関連のストレスが、欠勤の五〇～六〇％を生みだしていると指摘されている。また、欧州の労働者の二二％が仕事による強いストレスを感じている[18]。欧州委員会の推計によると、二〇〇二年における、仕事関連のストレスによる欧州一五ヵ国における経済的コストは、年間二〇〇億ユーロにものぼるという[19]。東京大学社会科学研究所ワーク・ライフ・バランス推進・研究プロジェクト（2010）「管理職の働き方とWLBに関する調査」でも、労働時間が長いほど仕事に対するストレスを感じる者の割合が高くなることが指摘されている。ワーク・ライフ・コンフリクトやストレスは企業のコストを増すことから、WLBの推進により社員の満足度と生産性を上げ、これらのコストを削減する必要がある。

（4）なぜ欧州の働き方を参考にするべきなのか？

欧州主要一一ヵ国の労働者の仕事満足度[20]をみると、八〇～九〇％が大いに満足あるいは満足と回答している。これに対し、東京大学社会科学研究所WLB推進・研究プロジェクト（2009）によると、大いに満足あるいは満足と回答している者は約六〇％であり、欧州に比べて日本の仕事満足度は低い水準となる。米国の百貨店での調査によると、社員の会社と仕事に対する意識や満足度が五ポイント向上すると、顧客満足度は一・三ポイント上昇し、これが収益成長率を〇・五％改善する[21]ことが明らかにされていることから、顧客満足度を高める点でも、社員の満足度を高めることは重要であるとの指摘がある。二〇〇五年の欧州の調査[22]によると、今回の調査で訪問した六ヵ国のストレスレベルは欧州のなかで低く、仕事によるストレスを感じている労働者の割合は、イギリスで一二％、ドイツとオランダで一六％、スイスで一七％、フランスで一八％、ベルギーで二一％である。五年前の二〇〇〇年の同調査と比較すると、データのないスイスを除いた五ヵ国すべてにおいて、ストレスを感じる労働者の割合は減少している。ストレスを回避し、満足度の高い労働環境を作るにはどうしたらよいのだろうか。そのための参考情報として、ストレス度の低い職場を作り上げ、五年間でストレスを感じる者の割合を減少させることに成功した欧州諸国におけるＷＬＢ実現のための取り組みを以下で紹介する。

3　欧州ヒアリングの概要と結果

「制度の導入だけではなく、柔軟な働き方やＷＬＢ施策をどのように定着させたらよいのか」、これが日本企業の直面しているＷＬＢ推進上の課題である。これまで幾度となく行われてきたＷＬＢ支援の取り組みが失敗に終わったのも、その取り組みが定着しなかったことに原因があった。残業を前提とした仕事の進め方を見直すためには、ＷＬＢ推進に成功した事例の仕事の進め方や割り振りなどを紹介することが有益である。また、多くの仕事がチーム単位で行われていることを考えると、職場のチームレベルにおける事例研究も必要であろう[23]。仕事の質を下げずに、恒常的残業のない働き方や短期・長期の休暇の円滑な取得を可能とする働き方を定着させるにはどうしたらよいのか。欧州の企業では、どのように仕事管理・時間管理を行うことで、ＷＬＢを実現させているのであろうか。日本の職場にＷＬＢ施策を定着させるためのヒントとなる欧州の取り組みや事例を以下で紹介する。下記での欧州あるいは欧州の企業と記述してあるものでも、調査で訪問したヒアリング先に関するものであることに留意されたい。

(1) ヒアリング項目

欧州五ヵ国における企業ヒアリングの項目は下記の通りである。スイスにおける労働者ヒアリングは、休暇の取得を中心に行った。

労働時間について：
——業務量や業務発生のタイミングが予測しにくい職場での残業削減方法
——労働時間が短くなることによる、コミュニケーション機会の減少とその促進方法
——効率的な会議を行う工夫（会議原則等）
——生産性への影響

組織構成について：
——チーム編成、仕事の共有方法

——業務の平準化

定時後の活動について‥

——何をしているのか

インフラ整備‥

——ブラックベリー、リモートアクセス

休暇について‥

——長期休暇取得のための工夫

——休業・休暇取得者が出た場合のノウハウ

(2) 日本の働き方の問題点

欧州でのヒアリング調査の結果を踏まえると、WLBの実現を難しくしている日本の働き方の問題点として、主に下記の五つを挙げることができる。

① 一人ひとりの仕事の範囲が明確でない

海外で数年働いた経験のある日本人の社員は、欧州と日本の働き方の違いを生み出している要因として一人ひとりの仕事の範囲が明確でないことを指摘する。日本では、仕事ができる人に仕事が集まってくるという傾向がある。よって、仕事をすればするほど、仕事は追加され、優秀な社員ほど仕事量が多いという仕事配分の不均等が生まれる。

一方、欧州の場合は、担当職務ごとに個々人の役割が明確にされており、仕事の範囲が決められているため、担当する仕事が終われば、早く帰ることができる[24]。仕事を助けあうというのは、仕事の運営上重要ではあるが、日本のように仕事ができる人にほかの人の仕事を肩代わりさせ、業務量を増やすことは、優秀な社員のストレスを増加させるだけでなく、バーンアウトを引き起こす原因ともなる。また、仕事の範囲が明確でないことによって、同じチームにいても担当者がわからず情報の共有が行われない、同じような作業を複数人が行ってしまう、等の状況が発生し、これが仕事の無駄を生んでしまっている現状がある。仕事の重複による業務量の増加により、フィードバックをする時間を十分に確保できないことから、経験や失敗が生かされることなく、同じ間違いを繰返してしまうことにもなる。日本の職場にＷＬＢを定着させるためには、まず、個々人の業務量と仕事の範囲を明確にし、お互いの業務や仕事に関する情報共有を行うことが重要となる[25]。

②資料の見栄えの過度の追求

日本では資料の細部や見栄えに非常にこだわるため、一つの資料作成にかける時間が長いという点が特徴的である。ある欧州の社員は、日本の社員の資料に関して、図表の美しさには目を見張ると語っていた。しかし、作成する資料に可能な限りの情報を限界まで詰め込む傾向にあり、情報の消化ができていないことが問題としてあげられる。これに関して、欧州では、資料を作成する際には、常に何人がこの資料を読むのか、本当に必要かを考え、必要最低限の労力と時間を投入して資料を作成するという。資料の見栄えの過度な追求を避ける手段としては、資料作成を専門に行う部署の設置、フォーマットの作成、もしくは、外注をするといったことが効果的であろう。また、内部で使用する資料は簡単なものにするといった工夫もあげられる。

③「プレゼンティイズム」の存在

数年前に、長時間労働をしていたと語る欧州の社員は、長時間労働をしていると非生産的になることを指摘する。睡眠不足や疲れ等によりストレスが溜まると、一時間でできる仕事に二時間かかり、ミスも増える。これは先に指摘したプレゼンティイズムの問題であり、効率性を高めるためには、生産性が逓減する前に休息をとることが重要となってくるのである。不景気になると業務量が減るため、欧州の多くの企業の労働時間は減少し、一時間程度は退社時間が早くなる。しかし、日本の社員の場合には、不景気でも好景気であっても二二時に退社するというスタイルを変えようとしないという。ここから、業務量が過多であるために恒常的な残業をしているのではなく、仕事の進め方やプレゼンティイズムが放置されていることにその原因があると考えられる。

④会議の数が多く、その規模が大きい

欧州のヒアリング先企業では、週の会議回数が二〜三回という者が少なくなく、その会議に参加する人数の規模も五人以下と小規模である。これに対し、日本では、一日に数件も会議のある社員が多いことから、机に向かって落ち着いて仕事をするのは夕方以降となってしまう。さらに会議の開始時間や終了時間は守られないことも多く、特に会議の参加者数が多いほど、また会議の数が増えるごとに仕事の効率性は低下していく。日本では、ＷＬＢ推進にあたって、会議の効率的な運営手法やツール等に注目を当てがちであるが、より重要なのはいかに不要な会議を減らすかである。また、チームの全員が出席するべき会議なのかを考えることも必要となる。代表者や担当者のみが出席し、情報を持ち帰ってチームで共有することができれば、会議に割く時間が減る。節約した時間をほかの仕事に使うことで生産性も向上する。

また、日本と欧州では、各社員への決定権限の持たせ方が違うことも会議の数の違いを生み出している要因でもある。日本では、意思決定に際してはコンセンサスの形成が重視される。他方、欧州では担当者にある程度の決定権限を委ねていることが多いため、一つの物事を決定する前段階として、情報共有や確認のために多くの会議をし、意見をすり合わせる必要はないのである。その代わり、担当者は決定に責任を持つことになる。このように権限の委譲を含めて仕事を任せることで、職場成員の成長にもつながる。ある欧州のヒアリング先が作成した資料によると、日本の会社の典型的な決定プロセスでは、一つの物事の決定に至るまでに、商談、情報収集、根回し、たたき台作成、予備会議、本会議、稟議書など約一〇ものプロセスが必要であると説明されていた。一つの事項に関して、これほどのプロセスが必要であれば、それに応じて会議の数も増えることは容易に想像できよう。決定プロセスが多段階で慎重な進め方であるがゆえに、対象事項は精査され、確実な決断がなされることが多いかもしれない。しかし、それにかけた莫大な時間を考慮すると、意思決定に時間を要するため企業としてのフットワークは重くなり、労働の時間当たりの付加価値は低下し、企業の生産性や業績にもマイナスであるといわざるを得ないのではないか。また、知識データベースや通信システムなど情報共有の仕組みが発達した現代では、情報共有のために会議を開かなくてもそれが可能であるという点も指摘しておきたい。

時間管理という面では、会議の運営手法や工夫ももちろん重要であり、欧州では、多くの社員は、会議の時間の効率化を常に気にかけている。例えばアシスタントに、会議終了時間に呼びに来させるという工夫や、会議の議題、進行、決定事項を事前に確認し、不要な会議は行わないことなどである。こういった時間管理を積み重ねることで、会議の時間は守らなければいけないこと、議題を整理し、限られた時間で有効に議論することなど、効率的な会議を運営するコツが身についていくことになる。ある企業では、会議運営の改善のために、時間管理のコンサルタントを活用し、定期的に研修の機会を提供している。

⑤頻繁な組織変更

日本の企業では、欧州と比べて、組織変更や人事異動が頻繁にあることが特徴的である。新しい職場に異動させることで、仕事の幅を広げることによる人材育成や企業内の情報共通、さらには働くモチベーションを高めたり、仕事のマンネリ化を避けたりするための措置であるが、時には生産的でないところに時間と労力を使いストレスを増加させることにもなる。転居を伴う転勤や異動をきっかけとしてうつ病になってしまう者もいる。例えば、日本の企業でも、組織変更ではなく、同じ部やチームで人の役割をローテーションさせて対応している事例もある。多くの欧州諸国では、転居を伴う転勤や異動は少ない(26)。社員のストレス軽減のためにも頻繁な組織変更や異動は減らしていく努力が日本の企業にも求められよう。

(3) 欧州の管理職の部下マネジメントと評価方法

管理職の部下マネジメントや評価の仕方にも日本と欧州で下記のような違いがみられた。

①管理職の役割

欧州の管理職は、「我々の仕事は第一に仕事を管理監督し、第二に部下のモチベーションを上げることである」と語ることが多い。彼らはチームの仕事を管理し、問題や突発事項が発生した場合の対応をする。加えて、部下のサポート・助言、仕事の時間配分や進捗のチェック、そして目標を達成できていない部下がいれば話し合う等、常に部下を「みること、指導すること」が管理職の仕事として理解されている。部下の育成は子育てと同じであると、ある管理職は語っていた。子どもを育てる時は、日に日に独立させ、責任を与えていく。子どもに成長するための材料を与えて、経験を積ませ、指導をする。時には、叱って、正しい道へ導くことも必要である。もちろん、人を育てるには大変な労力と時間がかかる。はじめは時間がかかり効率的な仕事ができないが、慣れれば効率的に仕事ができるようになり、会社にとって多くをもたらす人材に育つことになる。

部下のモチベーションを高める点でも、WLB推進は非常に重要であり、休暇の取得を奨励し、個々人の生活の満足度を高めることで、仕事や上司への満足度も同時に高め、生産性を上げようと努力している。部下のWLBに配慮せず、無駄な仕事をさせるような管理職は、管理職としての責任を果たしていないとみなされることになる。ドイツでは、部下に長時間労働を強いる管理職は法律により罰せられることになっている。[27] このような法律面でのサポートも部下のWLBに気を配るモチベーションとなっている。

②仕事の評価方法

欧州の多くの企業では、仕事の評価に際して、それに費やした時間を確認し、単位時間にどれほどの価値を生み出したかどうかを重視する。同じ仕事を、短い時間で完成させることができれば、その社員は多くの付加価値を生み出したことになる。この考え方が、職場に長時間居ることは成果の付加価値を下げることになるとして、多くの社員が一九時頃までには退社するモチベーションとなっているのである。欧州の時間外手当が割高であることも、管理職が部下の不必要な残業を抑制するインセンティブとなっている。[28] また、時間の価値を考える管理職は、九五％の完成度の締め切りを過ぎて提出された資料よりも、八〇％の完成度で締め切りに間に合った資料を高く評価するという。資料の完璧さを追求するあまり、締め切りを過ぎ、そのために完成を待っていた同僚の時間を奪うよりは、ある程度の完成度で時間コストを節約した方が経営上は良いと考えているのである。

日本は欧州と比較すると、プロジェクトを行う際に、事前の計画段階に時間をかけすぎる傾向にあることが指摘される。予算や資料を作成し、種まきの段階を綿密に行う傾向にある。どれくらいの成果があるか、収穫はどれくらいかという見積もりを慎重に作成する。しかし、欧州の多くの企業では、四半期毎に簡単に計画を立てるため、フットワークが軽く、業務の変動にも対応しやすい体制となっている。日本のように年度末の成果をみるのではなく、各時点の成果をみることで、一つの仕事にかけた時間がよりみえやすいのである。

（4）WLBを容易にする様々なシステム（会社全体としての取り組み）

ここでは、会社として社員のWLB支援をする際のヒントとなるシステムを紹介する。

①福利厚生

社員の生活を様々な面からサポートする「コンビニエンスサービス」を導入している企業も多い。例えばある企業では、贈り物の多いクリスマス前に郵便局の出張サービスを頼み、郵便局に行く手間と時間を省くためのサービスを提供している。また、ドライクリーニングやマッサージの出張サービスの導入、さらにトレーニングジムの設置等、就業時間外にしていたことが昼食の時間帯に済ませられるような工夫がされており、空いた時間を家族と過ごすために使うことができる。これら小さな工夫ではあるが、社員のWLB実現のために強い味方となるものである。社員の健康を考えるのも会社の役割であるという認識も強い。例えば、栄養バランスのよい食事の宅配を月に数回頼み、食生活から生活のバランスを保つためのサービスも提供している。「コンビニエンスサービス」は社員の福利厚生の一環として人事担当が企画・実施しており、社員参加のマラソン大会等のイベントなどを考えるのも、彼らの仕事である。これらサービスやイベントは、社員の満足度を上げ、コミュニケーションの促進を通じてチームワークを向上させることから、費用対効果が高いという。

低コストで、社員のモチベーションやストレスを改善し、生産性を高めるとなればまさに一石二鳥のシステムではないだろうか。

②仕事の見直し、カウンセリング

ヒアリングに訪問したある会社では、仕事の見直しを定期的に実施している。仕事の見直しアンケート調査には、「あなたのWLBは実現されていますか？」という設問を設け、WLBに満足していないと回答する社員がいれば、管理職が面談をし、WLBを実現するための方策を一緒に考えるというものである。また、四半期毎に、仕事の量や不必要な仕事を減らすべきか、時間の使い方に問題はないかを見直す機会を設けている[29]。

カウンセリングサービス等の社員サポートプログラムも多くの企業で提供されている。各社が外部のカウンセラー会社と契約を結んでいるため、社員やその家族は会社側に一切知られることなく利用することができる。ストレスを早い段階で取り除き、社員が自分の能力を最大限に発揮できる環境を整えるために、あらゆるサービスが提供されている。

③インフラの整備

多くの企業で導入されていたのが、無料でコーヒー、紅茶、ソフトドリンクを提供する自販機の設置である。無料であることが、休憩時間に飲み物を取りに行くインセンティブとなり、カフェテリアには多くの社員が集まりコミュニケーション機会が自然と形成される。簡単な打ち合わせであれば、その場で済ますことができ、会議回数も減らすことができる。これら自販機の設置は、低コストであり、アシスタントにコーヒーを入れさせる等の労力も要らないため、社員のコミュニケーションを促進する効果的手段として多くの企業が導入している。

(5) WLBを容易にする工夫(職場単位の取り組み)

以下では、WLBを容易にする欧州における職場単位の工夫を紹介しておこう。

①一対一の会話、親睦会の開催

日本では、「所定労働時間外」に部下や同僚とコミュニケーションをとることが、良いチームワークを形成するために重要であると考えられている。このような理由から、部下や同僚と夕食を共にしたり、居酒屋等を利用した懇親会などが頻繁に行われている。しかし、「所定労働時間内」でコミュニケーション機会を増やし、良好なチームワークを形成することもできる。欧州企業でのヒアリングを通じて日本との大きな違いであると感じたのは、チームの管理職が部下と毎日数分間、一対一の会話を通じて、コミュニケーションをとっている点である。チームの管理職は出社時や空いた時間に、部下に話しかけ様子や仕事の進捗を聞くという。時間を決める必要はなく、会議室に行く必要もない。五分程度の短い会話を毎日続けることで、上司は部下の仕事を把握することができ、さらに顔色をみることで、部下のWLBや健康状態にも気を配ることができるのである。同僚同士でも同様に、簡単な会話を日々欠かさずすることで情報の共有に努めている。また、ある企業では、会議室を利用して、「所定労働時間内」に交流会が開催されている。社内で二時間程度と時間を区切って開催することで、子育てなどで制約のある社員も気軽に参加し親睦を深めることができる。つまり、コミュニケーションを促進する機会は「所定労働時間外」に限らないのである。日々のこのような努力が、労働時間が日本より短くとも、最大限コミュニケーション機会を増やし、良いチームワークを作り上げてきた秘訣であるということができよう。

②仕事のペースと時間の有効活用

欧州では、仕事には精一杯取り組むが、無駄なストレスを溜めないために、夜は帰宅し、仕事から離れ家族と過ごす。仕事はもちろん大事ではあるが、それ以外にも大事なものがあり、両方のニーズを満たすために、仕事では時間を決めて効率的に仕事をし、オン・オフのメリハリをつけている。時間制約のある彼らの仕事のペースは当然速い。フランスで、労働時間の規定が変わり、より短い労働時間で仕事をする必要に迫られた際には、仕事のペースが速まり(30)、加えて昼食の平均時間も減ったという。昼食の時間に食事をしながら簡単な打ち合わせをするなど、所定労働時間内で時間を有効活用し仕事のペースを速めることで、日本の長時間労働を改善できる余地は十分にあるといえるのではないだろうか。今まで長い時間をかけていた仕事を短い時間で行おうとすると、ストレスが増加する可能性もある。しかし、ある程度のストレスは効率性を高める上で非常に効果的であると欧州のある社員は指摘した。適度なストレスは、成長を促すとして、ストレスマネジメント研修を行っている企業もある。

③デリゲーション

欧州では、先に指摘した担当役職ごとに個々人の役割が明確にされていることに加え、各自が不在の際に「誰が、誰の、どの仕事」をカバーするかを決めている。これをデリゲーションと呼ぶ。デリゲーションのために、定期的に情報共有や意見のすり合わせをしているため一人で仕事を抱え込むというような状況は発生しない。こうすることで、緊急時に休みやすく、任せやすい体制を作り出している。さらに、デリゲーションのための情報共有が、コミュニケーション機会を増し、良いチームワークを作り出している。お互いをデリゲーションすることで、新しいスキルを身につけることもでき、非効率な部分があれば助言し合い、より効率的な仕事の進め方を見出すこともできる。

日本のチームワークはどちらかというと、仕事をこなせる人がこなせなかった人の分の仕事を肩代わりするという意味で活用されている。メンバー間の業務量が不均等であるチームも多いのではないだろうか。仕事をこなせる人は、仕事の抱え込みをすることで、業務多忙となり自分の担当以外の仕事を知る余裕がなくなってしまう。抱え込みが起きている職場では、同僚と意見のすりあわせをする必要も少ないため、コミュニケーション機会も少ない。日本でも、各自の不在時に「誰が、誰の、どの仕事」をカバーするのかを決めることで、仕事の抱え込みをなくす努力が必要である。

（6）長期休暇取得を通じたＷＬＢの実現

欧州企業における有給休暇は、約四週間である。多くの国では少なくとも二週間の連続休暇の取得が保障されており、業種によっても異なるが、多くは、年末年始の時期に二週間、夏に二～三週間、春か秋に一週間の休暇を取得する。特に年末年始や夏には休業となる会社が多い。連続休暇の取得がほとんど実現されていない日本の労働者にとってはうらやましい限りである。以下では、スイスの労働者に休暇取得時における仕事管理についてインタビューをした結果を主として、日本での連続休暇取得への実現可能性について言及する。

①仕事管理

長期休暇中には多くの場合、急ぐ必要のない仕事は待ってもらい、緊急の仕事のみ代理人を立てて進めている。その代わり、代理人が休暇を取得している際は、その仕事を引き受けることになる。先に説明したデリゲーションを活用しているのである。どの業種にもある繁閑の波に合わせて、閑散期に休暇を取得している。長期休暇により、職場に誰もいないという状況ができては困るため、年度の初めに長期休暇の取得時期を調整する。まず、それぞれの職場で調整をし、調整がつかない場合には人事部に相談をし、解決をする。その際に優先されるのは、子どもを持つ親たちである。彼らは学校の長期休暇に合わせて休みを取得する。それに合わせて、そのほかの者たちが休暇の時期を決定する。ある会社では、休暇を希望した時期に選択できない者に対しては、少し多めに休暇を与えるということもしている。長期休暇を前提とした年間のスケジュール管理はメリハリのある働き方にも貢献する。休暇の前と後には、仕事を片付ける必要があるため、仕事の負荷が若干増えるのはどの職場でも同様である。ただし、閑散期であれば、休暇前後に片づけなければいけない仕事の量は少なくて済むことになる。休暇中にはほかのメンバーの協力も得て、静養し、リフレッシュをするのである。

②ビジネスへの影響

長期の休暇取得は、ビジネスにマイナスの影響はないのであろうか。常に顧客と接する仕事でない限りは、直接のマイナスの影響はないと多くは語る。実際一週間や二週間休暇を取得したとしても、顧客のほとんどは気がつくことはないという。また、メールシステムの「不在通知」機能を活用し、緊急時に備えて代理の連絡先を記載するという手法もある。こうすれば確実に顧客に不在であるという情報が伝わり、業務への影響は少ない。もちろんこれは、自分の仕事をデリゲーションしてくれる同僚がいない限りは実現できないものである。各人の担当以外にも、それぞれが少しずつお互いの仕事を知っている状況。これが、残業が少ないことだけでなく、休暇の実現をも可能にしている。

③休暇取得を推進する理由

欧州で休暇の取得を積極的に推進する理由には、法律や会計基準以外の理由もあることは先に指摘した。良い人材を採用し、勤続してもらうためには、良い労働条件は必須である。ワーク・ライフ・コンフリクトに直面している社員は仕事に集中することができない。その解決に会社が協力することで、コンフリクトは解消され、社員が仕事に集中できるようになる。そして、会社への忠誠心も生まれ、こういった社員の生産性は往々にして高い。まさに皆にとってメリットのある状況を作り出しているのである。多くの欧州の社員は仕事の成果に興味があるのであって、それにつぎ込んだ時間によって評価をすることは意味がないと考えている。たとえ二週間休暇をとっていても、勤務日にきちんと仕事をこなしているのであるから問題はないのである。

もちろん、欧州の社員は、皆が休暇中に一切仕事をしないというわけではない。特に、管理職の場合は、休暇中もブラックベリーやリモートアクセス等を通じてメールを確認し、必要とあれば電話連絡もする。職場に出勤しないと仕事ができないのは、一昔前の話であって、これら最近の通信システムの発展がＷＬＢ推進に一役をかっている。ある欧州の社員は、「職場に常に出勤することが重要ではない。必要な時に動けるか、対応できるかということが重要なのだ」と語る。休みなく年中、職場に出勤することは、社員が個々の能力を最大限に発揮するための必須条件ではないはずである。日本の企業は欧州を参考に働き方を再考する必要があるのではないだろうか。

4　欧州の働き方が示唆すること

本章では、日本と欧州の働き方の違いとして、日本企業における恒常的な長時間労働の存在と、有給休暇の取得率の低さに注目し、それを生みだす要因とその改善方法を欧州における企業ヒアリングと労働者ヒアリングをもとに紹介した。日本では、恒常的に残業することや、休暇を取得せずに働き続けることが、企業への忠誠心をあらわすとされる職場風土がまだ残っている。これが、オン・オフのメリハリのない仕事スタイルとそれに規定された日常生活をもたらしてしまっている。もちろん欧州には、労働時間の規制や休暇取得に関する法律等WLBをサポートする国内や欧州レベルの法律、協約があり、WLBの実現が比較的容易であるというのも事実である。日本は欧州に比べて法律や制度面でのサポートは弱い。しかし、日本でもWLB実現のニーズが高まり、ストレスやプレゼンティイズムの問題による生産性の低下が顕著になる状況下で、何らかの改善策を施さない限り、企業の業績が悪化してしまう恐れもある。

日本でWLBを実現するためにはまず、恒常的な長時間労働を解消すること、長期の連続した有給休暇の取得等により、メリハリをつけた働き方ができるようにすることが重要となろう。また、チームメンバー同士の情報共有がきちんと行われていないことが仕事の重複や無駄な資料作成を生み出し、情報共有のための大規模な会議の数が多すぎることが業務量を増やしてしまっていることから、「所定労働時間内」で、管理職が部下との一対一の会話を日々行うことや、同僚とのコミュニケーション機会を増やすこと、不要な会議と会議への参加者数を減らすことも効果的であると考えられる。各人の不在時には、「誰が、誰の、どの仕事」をカバーするのかを決め、いつでも対応できるようなデリゲーション化をし、ある職場成員が仕事が出来なくなった場合にも対応できる危機管理体制を整えることが、日本におけるWLB実現のための第一歩となるはずである。現状のような危機管理体制の不備は、日本企業に大きな不利益を生み出すことになる。欧州のように、長期間の有給休暇の取得を通じて、同僚の仕事をデリゲーションする訓練をすることは今後の日本企業にとって重要であろう。やや単純化した例をあげると消防の避難訓練があげられるが、日ごろ訓練をしないと、いざという時に大きな被害を生むことになる。日本の国際競争力は、一九九〇年には一位であったが、二〇〇九年には一七位に下落しているという[31]。日本の国際競争力を高めるためにも欧州の働き方から日本が学ぶべきことは多いのではないだろうか。

注

（1） 企業ヒアリングの訪問先は、日本企業の欧州法人もしくは日本にも法人のある米国企業欧州法人の合計四社であり、ヒアリング相手は、主に現地の人事担当者である。五ヵ国、合計三〇名にインタビューをした。
　労働者ヒアリングはスイスで行い、合計一八社に勤務する二〇名にインタビューをした。管理職を含めた事務系のホワイトカラー労働者だけでなく、販売職や専門職を含めた広義のホワイトカラーを対象とした。

（2） OECD database on Usual hours worked by weekly hour bands. 二五〜五四歳の労働者における週労働時間（http://stats.oecd.org/）。

（3） 総務省統計局（2009）「労働力調査」。

（4） NHK放送文化研究所（2006）。

（5） 厚生労働省（2009）「毎月勤労統計調査」。一般労働者の総実労働時間は月当たり約一六〇〜一七〇時間と一〇年前と比較してほとんど変化がない。

（6） 厚生労働省（2005）「平成一七年版　労働経済の分析」（労働政策研究・研修機構（2004）「人口減

少社会における人事戦略と職業意識に関する調査（従業員調査）」を厚生労働省労働政策担当参事官室が特別集計）。

（7）European Foundation for the Improvement of Living and Working Conditions（2007）.

（8）厚生労働省（2009）「就労条件総合調査」によると、一人当たりの年間休日総数は、労働者一人当たり平均一一二・六日。有給休暇に関しては、付与日数の平均が一八・〇日だったのに対し、取得日数は八・五日で、取得率は四七・四％。

（9）欧州の会社は会計基準上、有給休暇引当金を毎期の経営諸表に反映しなければならないことになっている（国際会計基準審議会（IASB）の定める国際財務報告基準（IFRS）のIAS19号を参照）。有給休暇の権利が生じた段階で、これを費用と認識するため、未取得や先送りした場合にも計上される。こういった基準も、社員の休暇取得を奨励するインセンティブとなっている。

（10）OECD（2009）

（11）日本では、近年、時効となった有給休暇を積み立てて、病気休暇や自己啓発休暇等として利用できる制度を導入する企業が増えつつある。

（12）OECD database on Productivity

（13）日本生産性本部（2010）

（14）European Foundation for the Improvement of Living and Working Conditions（2007）.

（15）European Agency for Safety and Health at Work（2005）p.15　上司が先に帰らないため、残業する状態もプレゼンティイズムといわれる。

（16）Chartered Institute of Personnel and Development（2009）pp.18-22　短期と長期の病気欠勤の理由として多いものを五つ挙げさせる設問になっている。

（17）European Agency for Safety and Health at Work（2005）p.112（参照：Cox, T., Griffiths, A.J., &

Rial-Gonzalez, E.（2000）Research on Work-related Stress. Report to the European Agency for Safety and Health at Work. Luxembourg. pp. 27-30でストレスによる欠勤等のコストに関する研究が紹介されている）。

（18）European Foundation for the Improvement of Living and Working Conditions（2007）p.62

（19）European Commission（2002）.

（20）European Foundation for the Improvement of Living and Working Conditions（2007）

（21）Rucci, Kirn, and Quinn.（1998）. 一〇の質問項目を開発し、社員の会社と仕事に対する意識や満足度指標としている。

（22）European Foundation for the Improvement of Living and Working Conditions（2007）

（23）事例研究の重要性は下記の論文等で多く指摘されている。例えば、Lewis, Brannen and Nilsen（2009）では、事例を一般化することは難しいが、ＷＬＢ実現の成功例として企業が参考にできるという意味で非常に重要であると指摘している。

（24）多くの欧州企業では職務明細書（job description）がある。

（25）社会経済生産性本部（現日本生産性本部）（2005）は、仕事の範囲・責任を明確化しないまま残業抑制政策を行うことの弊害を指摘している。仕事を時間内に終わらせることのできない社員に、過度に個人責任を追及することで、体の負担は減るが心の負担は増加し、結果として本人の意欲をそいでしまうなど、メンタルヘルスにとって好ましくない状況となってしまう可能性があるという。他方、仕事の範囲・責任が明確な職場ほどメンタルヘルス不調者や残業時間が少ない傾向にある。

（26）欧州特にイギリスでは、昇進における転勤要件を、「職業上の責任と家族的責任との間に抵触が生ずることなく職業に従事する権利を行使することができるようにする（ＩＬＯ一五六条約）」義務を怠っているとして、間接差別に当たると考えている。

(27) Hours of Work Act、Section 22&23, Germany に記載（詳細は International Labour Organization NATLEX database よりみることができる）。

(28) 日本でも労働基準法の改正により、一ヵ月六〇時間を超える時間外労働について、割増賃金率を五〇％に引き上げることとなった（二〇一〇年四月施行）。

(29) 欧州のある会社では、喫煙所に行く回数に制限を設け、喫煙者の時間の無駄使いを抑制する努力をしている。喫煙所に行く回数が多かったり、滞在時間が長かったりすると、上司が注意をするようにしている。上司が部下をよくみていなければ成せないことである。

(30) European Agency for Safety and Health at Work（2005）pp.30–31

(31) IMD World competitiveness center（2009）

文献

ＮＨＫ放送文化研究所（2006）「日本人の生活時間二〇〇五　ＮＨＫ国民生活時間調査」日本放送出版協会

OECD（2009）「国際比較――仕事と家族生活の両立ＯＥＣＤベイビー&ボス総合報告書」明石書店

厚生労働省（2009）「就労条件総合調査」

厚生労働省（2005）「平成一七年版　労働経済の分析」

厚生労働省（2009）「毎月勤労統計調査」

㈶社会経済生産性本部（現日本生産性本部）（2005）「産業人メンタルヘルス白書 2005」

㈶日本生産性本部（2010）「労働生産性の国際比較　二〇一〇年版」

総務省統計局（2009）「労働力調査」

東京大学社会科学研究所（2009）「働き方とＷＬＢの現状に関する調査報告書」
———（2010）「管理職の働き方とＷＬＢに関する調査」
労働政策研究・研修機構（2005）「日本の長時間労働・不払い労働時間の実態と実証分析」
Chartered Institute of Personnel and Development（2009）Annual survey report2009: Absence management, London.
European Foundation for the Improvement of Living and Working Conditions（2007）Fourth European Working Conditions Survey, Dublin.
European Foundation for the Improvement of Living and Working Conditions（2010） Working time developments – 2009, Dublin.
European Agency for Safety and Health at Work（2005）European Risk Observatory Report: OSH in figures: stress at work – facts and figures, Luxembourg.
European Commission（2002）Guidance on work-related stress: Spice of life or kiss of death?-Executive summary, Luxembourg.
IMD World competitiveness center（2009）IMD World competitiveness yearbook 2009, Lausanne.
Anthony J. Rucci, Steven P. Kirn, and Richard T. Quinn.（1998）“The Employee-Customer-Profit Chain at Sears.” Harvard Business Review 76, no. 1 : 83–97
Susan Lewis, Julia Branren and Ann Nilsen（2009）Work, Famities and Organizations in Transition European Perspectives, London.

第Ⅱ部　ワーク・ライフ・バランスを実現するための働き方改革

第四章　時間意識の向上のためのモデル事業と働き方改革

武石恵美子・佐藤博樹

1　働き方改革と時間意識

ワーク・ライフ・バランス（以下「ＷＬＢ」という）を実現できる職場とするためには、両立支援制度の導入や職場風土の改革が必要となるが、それだけでは十分ではない。それらに加えて、仕事管理・時間管理や働き方を改革する必要がある。それは仕事に投入できる時間に制約のある社員（ワーク・ライフ社員）(1)を前提とした仕事管理・時間管理や働き方への転換である。職場のなかに子育てや介護や自己啓発など仕事以外に取り組みたいことや取り組むことが必要な社員が出現しても、仕事が円滑に遂行できる仕事管理・時間管理の職場とすることである。言い換えれば、いつでも残業できる状態にある働き方が可能なワーク・ワーク社員を想定した仕事管理・時間管理を改革することがＷＬＢを実現するための必要条件となる。そのためには、職場のマネジメントを担う管理職だけでなく、すべての社員が、仕事に対する時間意識を高めるとともに、それぞれが自分のライフスタイルを見直すことが不可欠である。

時間意識が高い働き方とは、特別なものではない。具体的には、仕事に投入できる時間に上限（制約）があることを前提として、限られた時間のなかで最大の付加価値を達成することを意識した働き方である。処理すべき仕事の総量を所与としてそれが終わるまで働き続けるのではなく、仕事に投入できる時間の総量を所与としてその時間内で最大の付加価値を実現する働き方を意味する。(2)

時間意識が高い働き方は残業ゼロを目指すのではなく、仕事が終わらない時にはいつでも残業で対処できるとする安易な仕事管理・時間管理さらには仕事意識を改めることに主眼がある。また、どうしても残業をしなくてはならない場合でも、ある社員が残業することが、ほかの社員に残業を強いることがないようにすることが重要となる。

2　時間制約を意識化する

時間意識が高い働き方は、無駄な仕事を削減する、取り組むべき仕事に優先順位をつけその優先度に応じた時間配分を行う、仕事の質を考慮し過剰品質を避ける、時間生産性を高める、仕事の質を高めるために能力開発に取り組むなどによって実現できる。

しかしワーク・ワーク社員は、時間制約がないため、こうした当然の取り組みを意識化することが弱くなりがちなのである。言い換えれば、ワーク・ワーク社員は、仕事が終わらない時には時間を追加的に投入する働き方ができるため、無駄な仕事の削減や仕事の優先順位付け、さらには時間生産性を高めることを重視しないのである。時間意識が低いワーク・ワーク社員が主となる職場では、時間制約があるワーク・ライフ社員が職場に出現すると、そうした社員を戦力化することができず、補助的な仕事に配置したりすることで当該社員の仕事への意欲を低下させることにもなる。ワーク・ライフ社員がさらに増えると、職場の仕事が回らなくなるだけでなく、ワーク・ワーク社員に仕事がさらに集中して過重労働となり、仕事の質や職業能力の低下を引き起こすことにもなりかねないのである。

こうした事態を招かないために、ワーク・ワーク社員を含めて、時間意識の高い働き方を実現するための方法を確立するために、東京大学社会科学研究所に組織されたワーク・ライフ・バランス推進・研究プロジェクトの事業の一つとして、数社の企業の協力を得て、複数の職場において、働き方改革のためのモデル事業を実施した(3)。その取り組みの内容を本章で紹介することにしたい。

具体的なモデル事業の内容を紹介する前に、モデル事業の狙いと概要を説明しよう。

仕事に関する社員の時間意識を高める取り組みの基本は、社員に「時間制約」を意識化させる仕組みを設けることである。例えば、①月や週の残業時間に上限を設ける、②各人が自由に設定できる定時退社日を週に数日設ける、③一週間以上の連続休暇を年数回取得するなどで、いずれも仕事に投入できる時間に制約を設ける方法である。換言すれば、社員の働き方に時間制約を設けることで、仕事への時間意識を喚起する取り組みである。

今回実施したモデル事業の内容はシンプルなもので、管理単位である職場を単位として「管理職とその部下である職場成員それぞれが自由に設定できる定時退社日を週二日設ける」ことを数ヵ月間継続して実施するものである。社員に「時間制約」を意識化させる取り組みのなかで、この方式を選択したのは、モデル事業への参加を、単に働き方を見直して時間意識の高い仕事管理・時間管理とするだけにとどまらず、職場成員がそれぞれの生活のあり方を見直す機会とするためである。

週二日定時退社日を設けることで、仕事管理・時間管理に関してつぎのような変化を引き起こすことがモデル事業の目的であった。

①定時退社日の設定方法は一斉退社でないため、職場の会議や打ち合わせは所定労働時間内に設定することになる。会議も当然、所定労働時間内に終了することが意識化されることになる。
②職場成員は、上司や同僚との相談や打ち合わせに関しても、所定労働時間内に処理することが意識化される。つまり、職場の同僚の仕事の進め方を確認して自分の仕事を進めることになる。
③定時退社日とした日は、定時退社が原則となるため、仕事の優先順位を含めて少なくとも週の

初めには一週間の仕事の段取りを考えるようになる。

④残業が必要となる場合も計画的に行うことになり、残業として処理する仕事は一人で処理できるものに限定されるようになる。

モデル事業を実施することで、残業削減を目的としなくとも、結果として残業が削減されることを目指したのである。

同時に、このモデル事業を実施すると、週二日の定時退社を予定した業務計画としても、退社日を変更することが多い社員や変更することもできず定時退社日が予定よりも少なくなる社員が明確となる。こうした社員に関しては、管理職として、①業務配分に偏りがないか、②担当業務を遂行するために必要な業務遂行能力が不足していないか、③業務遂行能力は十分であっても時間管理・仕事管理が適切にできていないか、などを確認して、必要な能力開発支援などを行うことが求められることになる。つまり、今回のモデル事業は、管理職の部下育成の対象や内容を明確にできるものでもある。

また、週二日の定時退社日の設定には、つぎのような波及効果が期待できる。第一に、時間制約のある社員にとっては、定時退社することに抵抗がなくなる。第二に、時間制約のない社員にとっては、これまでの仕事管理・時間管理の仕方や生活のあり方などを見直す機会となる。つまり、自分のライフデザインを考える機会とすることができる。時間制約のないワーク・ワーク社員であっても今後、ライフステージが変化することで、様々なライフイベントがもたらす時間制約に直面することが少なくないことによる。その時に、戸惑うことがないように仕事と生活の関係をもう一度、考えてもらう機会とすることができるのである。

3　働き方改革のモデル事業の概要

(1)　モデル事業の枠組み

働き方改革のためのモデル事業の取り組み内容の概要は、下記のようになる。ただし、企業によってモデル事業の内容には多少の違いがあり、下記は、その基本的な枠組みの説明と理解してほしい。

①週末の金曜日に翌週の定時退社日を、管理職を含めた職場の全員が自分の都合に応じて設定する。残業が少ない職場でも、定時退社日を週二日設けることになる。設定した定時退社日を職場の全員が共有できるようにすることが重要である。ホワイトボードに予定を書き込むことなどが共有方法となる。一斉の定時退社日としないのは、一斉の定時退社日を設けると、その日に残業が不可欠な仕事がある者がでてきて、そこから定時退社のルールが守られなくなることによる。

②定時退社日には、退社後の予定を事前に入れておくことが望ましい。例えば、美術館に行く、劇をみる、大学時代の友人と会う、帰宅して子どもとスイミングに行く、買い物をする、などの予定を事前に入れておくことは定時退社が成功する鍵となる。

③週二日の定時退社日を設けるが、週の残業時間には上限を設けないことにする。つまり、これまでと同じ時間だけ働くことが可能となるが、週二日は定時退社することが職場成員に課せられたルールとなる。[4]

④週のなかに祝日や有給休暇を取得する日がある場合は、その日を定時退社日とすることができる。

⑤設定した定時退社日は、原則、変更できないルールとする。どうしても定時退社ができない場合には、その原因を分析し、同じ事態が再度生じないようにする。さらに、定時退社日に残業する場合は、同じ週の別の日に定時退社日を再設定する。それが難しい場合は、次の週の定時退社日をその分だけ増やすことにする。少なくとも一ヵ月で八日間の定時退社を目標とする。

(2) モデル事業の概要

モデル事業には三社が参加したが、本章では、このうち二〇〇九年度に複数の事業部門が参加した二社（以下「モデル企業」A社、B社）の取り組みの結果を紹介する。モデル事業においては、各社で事業に参加する部門を選定し、A社では二部門、B社では九部門が参加した。実施期間中に突発的な問題が生じたり、年間のなかでも忙しい時期に当たったりするなど、毎週二日の定時退社をコンスタントに続けることが難しい部署もあったが、原則として、可能な範囲で週二日の定時退社日を設定することを継続した。

モデル事業の前後で職場アンケート調査（管理職と従業員の二種類）を実施し、また、モデル事業を一定期間継続したところで実施職場へのインタビュー調査を実施した。ただし、アンケート調査では、事業の実施前後で顕著な変化はみられなかったので、ここではインタビュー結果の分析により取り組みの状況及び課題をまとめることとしたい。

インタビュー調査は、モデル事業に参加した部門の部・課レベルの単位で、原則としてマネージャーと職場のメンバーに一堂に集合していただき、①取り組みの内容、②取り組みの効果、③取り組んで明らかになった課題、について聞き取りを行った。インタビューは、取り組み開始後一、二ヵ月が経過した時点と、四、五ヵ月が経過した時点と二回実施した。

4　働き方改革はどのように進んだか

定時退社を継続的に実施した期間は、インタビューの時点において半年以内であるが、この短い期間でもいくつかの変化が起きている。各職場の業務内容や人員構成は多様であるが、以下では、モデル事業に取り組んだ結果としての職場の変化や個人の変化、及び取り組みの結果明らかになった課題等を具体的に紹介していきたい。

(1) 問題意識の共有化

近年、WLBを実現するための取り組みとして、時間外労働の削減を行う企業が増えている。その動機は様々であるが、一つには、このモデル事業と同様に、時間制約を設けることにより、効率的に働くことを推奨したいという人事管理面での理由が掲げられることが多い。しかし、こうした取り組みを全社的に展開しようとする時、真の目的が現場には十分伝わらずに、時間外手当削減のためのものではないかといった誤解を受け、業務が多忙な部門からの反発が起こることが少なくない。これについて、モデル事業を実施した企業ではどのような状況だったのか。

今回のモデル企業では、二社とも人事部門が積極的に事業への参加を主導している。取り組みの開始にあたっては、参加職場の成員に対してWLBに関するセミナーや研修を実施し、WLB施策の考え方、そのなかで今回の取り組みの位置づけ等についての講義等を組み込んでおり、各職場においてモデル事業の目的や意義についてはある程度共有されていたようである。

しかし、管理職がこの取り組みについて部下に説明した際に「残業代が減るということか?」という反発を受けたという職場もある。「メリハリのある働き方を目指すもの」「良い仕事をして仕事以外の時間も充実させるためのもの」ということを理解してもらうことが非常に難しかったということである。

取り組みの前提となる企業や職場の具体的な課題を明確化し、それを踏まえて取り組むことの意義を職場のなかで十分理解していないと、社員自らが仕事管理・時間管理を徹底するという動機づけが弱くなってしまうことがわかる。また、今回のモデル事業は、特定の職場に限定しての実施であり、企業全体からみると一部の部門に限られていたために、モデル事業に参加していないほかの多くの部門との調整等を行いながら、ある時は反発を受けながら事業に参加しているという難しさがあったようである。一部の部門で取り組むことの限界が明らかになったといいえる。

(2) 定時退社の実行状況

モデル企業の二社は、本事業に参加する前から、全社的な取り組みとして、「早帰りデー」等を実施してきていた。しかし、「早帰り」といってもA社においてはその時間を「二〇時」に設定するなど、社員の「定時退社」という意識は希薄であったようである。B社においても、多くの男性社員の「定時退社」は、接待などを理由とするものはこれまでもあったが、それ以外のプライベートな理由ではほとんど考えにくかったという。A社の終業時間は一七時、B社の終業時間は一七時一〇分であり、週に二日一七時台に定時退社をするという取り組みは、従来のワークスタイル・ライフスタイルに大きな変化を迫るものであり、働き方へのインパクトという点ではかなり大きなものがあったといえる。

このため、モデル企業二社では、週二日の定時退社を予定通りに実行し続けることは、現実には難しいとする、この取り組みへの消極的な意見が多く出されている。週二日は無理でも週一日なら何とかできる、という意見は多く、これまでの働き方からの大きな転換に戸惑いもあったようである。また、モデル事業開始直後は週二日の定時退社が実行できていても、その後業務処理が対応できなくなっていくと、週に一日程度、場合によっては定時退社の日が週に一日もなかったという状況になっていった職場もあった。

予定通りに定時退社ができなかった理由としては、以下の事情が指摘されている。

まず、日常的に、他部門との調整や他部門から依頼される急な業務が発生してしまうことである。全社的な取り組みではなかった本モデル事業において、モデル事業に参加した部門以外は、これまで通りの業務運営をしているために、そうした部門との会議の予定が入ったり、他部門からの急な資料準備等の要請に対応したりということが頻繁に起きてくる。特に、他部門等と連携・協力が強く求められる部門では、週二日の定時退社の難しさを指摘する声が多く聞かれた。

加えて、企業の外の顧客、あるいは官公庁等からの要請など、外部からのオーダーへの対応に迫られて残業が発生してしまうということも少なくない。近年、コンプライアンスの関係などから、業務を管轄する官公庁等からの資料作成等の要請が増えており、これが日常の業務遂行を大きく圧迫している現状がある。

また、そもそも忙しい時期には週二日の定時退社は無理であるとの意見が多く出された。モデル事業を実施した時期が八月に当たった企業では、八月という時期だったからできたが、ほかの時期ではとても無理であるという意見がある。これに関して、そもそも職場の業務量が職場の現員で対応できないほどの状況になっているとすれば、全体の業務量や要員を見直していくことも必要な場合が出てくると考えられる。しかし、現状で業務を減らす、あるいは人員を増やすということが簡単にできる職場はほとんどないため、部門横断的な仕事の分担の見直しなどを、こうした取り組みを契機に進めることも必要になってこよう。

(3) 職場における仕事管理・時間管理の変化

定時退社というのは、前述のように、社員に「時間制約」を意識化させる仕組みを設けることである。この取り組みによって、「時間制約」がなかった時と、職場における仕事管理・時間管理に関してどのような変化があったのか。

第一の変化として、会議や仕事の指示・発注の仕方などにおいて、職場の中で業務効率化のためのルール化が行われるケースが多いことがあげられる。

まず会議の開催ルールの変更である。今回のモデル事業では、部門内で一斉に定時退社をするのではなく、定時退社をする日を個人がそれぞれ自由に決めることを原則にしたため、毎日職場の誰かが定時退社をするという状況になる。このため、会議やミーティングについては、定時を過ぎた時間に設定することはできなくなる。会議の時間は定時内に終了するように設定することという部内ルールを設けた部門は多い。また、急な会議の招集はすでに予定されている仕事を遂行する上での障害となることから、会議はできるだけ早めに設定して参加メンバーに案内することが求められるようになる。

例えば、A社のｂ部門では、今回のモデル事業参加を契機に、会議時間の厳格化に関してユニークな対応を始めた。「一三時から一四時の会議」という開催時間の設定だけでなく、一三時から一四時の会議で議題が五つあるとすれば、一つ目の議題が五分、二つ目は一〇分などと決め、各議題に割り振る時間を会議の開催案内に明記することとしている。会議では、タイムキーパーを決めて時間管理を行い、予定時間から五分経過しても議事が終了しない場合にはそこで打ち切り、というルールで進めることとしたという。

また、別の事業所と合同の会議に関しては、移動時間の節約のために可能であればテレビ会議に切り替えたり、朝もしくは夕方に時間を設定したりして、直行もしくは直帰できるような時間設定を工夫する例もある。

次に、職場のなかでの業務の依頼や指示等に関しても変化がみられている。今日中に仕上げてほしい仕事を依頼する場合には可能な限りその日の午前中までに依頼する、上司の判断が必要な案件については余裕をもって説明をしておく、といった対応が自然と行われるようになっている。職場全体で定時退社を進めるために、自分の仕事管理・時間管理だけでなく、他のメンバーの仕事がどのような状況なのかについても配慮するようになったのである。Ｂ社のある一般職の女性は、上司からの業務の指示に対して、これまではすぐに対応しなければならないと考えて残業で対応することも多かったが、上司が「明日まででいいから」というように期限を示しながら業務指示をするように変化したとしている。

定時退社をする場合に、留守番電話機能を活用し、定時後も職場に残っている人が退社したメンバーの電話対応に時間が取られることがないように工夫をしたという事例も紹介されている。

また、B社c部門では、今回の取り組みを契機に、過剰な品質の要求をしない、といったルール化を行った。重要度が低い書類であれば、多少のミスには目をつぶっても効率的な業務運営を重視する、というメッセージの発信である。ただし、これに関しては、仕事の質が落ちているとの思いを持つ人もいる。これまで通りの品質を維持したいという思いから、「手を抜いている」という感覚になるようである。「WLB実現のために仕事の質を下げなくてはいけないのか」という意見もあった。また、時間がないので書類を丁寧に読まなくなるということを、問題提起する意見もあった。しかし、これまでは、一つ一つの仕事に時間をかけることによって品質向上につながっていたにせよ、それが結果として過剰品質になっているとすれば、効率的な時間管理の観点からは問題があるといえる。重要な資料を見落としたりミスをしたり、ということがあれば問題であるが、重要度に応じてどこまでの品質を求めていくかについて、職場のなかで管理職が適時判断していくことで、緩急をつけた仕事管理・時間管理が必要になる。

仕事管理・時間管理の変化の二点目として、以上のようなことを円滑に進めるためには、職場において互いの状況を把握することが重要になることから、職場における情報共有化等の取り組みが行われていることがあげられる。仕事のスケジュールや進捗に関して、職場のメンバー間で情報を共有することを意識的に行うようになっている。そのために、定期的な部内ミーティングや個別面談、あるいはWEB上の掲示板などが利用されている。全体スケジュールのなかで個々人の業務遂行がどのような状況にあるのかを報告し、それを上司が確認して必要な指示を出すとともに、ほかのメンバーも互いに業務の遂行状況やトラブルの状況などの問題を共有できるような仕組みの構築である。

これまでは、一人で抱え込んでいるような仕事は外からみえにくかったが、そうした情報をオープンにしていくことで、職場全体で業務の進捗を把握できるようになっている。また、ほかのメンバーも共有化すると有効と考えられるような文書のひな型などをパソコン上でメンバー共通のフォルダに保管し、業務遂行のノウハウや情報をシェアしていくという工夫も行われている。

仕事管理・時間管理の変化の三点目としては、メンバー間での仕事の配分を変更するという対応があげられる。仕事の配分を見直すことで、業務負荷の大きかった社員の負荷を軽減して職場全体で業務配分を平準化するとともに、それによって効率的な業務運営、あるいは新しい仕事を任された社員の育成を目指したのである。B社e部門では、これまで総合職が担当していた仕事の一部を一般職に配分することで、業務多忙だった総合職の負担軽減を図るとともに、一般職社員のスキルアップを進めている。全員の定時退社を定着させるためには、これまでと同様の仕事配分をしていては限界がある。この取り組みにより、負荷の大きい社員の存在が明らかになり、これを機会に職場全体での仕事を再配分することも必要といえる。

以上のような変化がみられた一方で、マイナスの変化も指摘されている。優先順位の高いものや緊急性の高い業務に集中しがちで、重要だが緊急性の低い仕事などが後回しになってしまうという意見があった。この場合は、管理職が業務の進捗管理を行い、全体のスケジューリングのなかで業務を調整するというマネジメントが必要になるわけだが、それが十分に対応できていないために問題が生じていると考えられる。

また、残業時間が減って職場の上司や同僚と雑談をする機会が減り、ネットワーク作りやコミュニケーションの円滑化が阻害されるのではないかとの懸念の声もあがった。しかし、ネットワーク作りを残業時間にしていたということ自体に問題があり、日常の業務のなかでコミュニケーションの円滑化を進めるとともに、オフの時間に職場の仲間と息抜きをするという形で、オンとオフのメリハリをつけながらこうした時間を別途確保するという意識付けが必要と考えられる。

さらに、前述のように、他部門と調整が必要な業務が多く、自分の所属する部門内で独立して業務ができる状況にないような職場では、定時退社の予定を立ててもその通りにならないことの方が多く、こうした取り組みは、全社をあげて、あるいは社会全体で進めることの必要性が指摘されている。特定の部門だけで予定通りに定時退社を実施するのは難しく、定時に帰ろうと思っていたら夕方から会議が設定されるということがある。また、定時退社をしていると「暇な部門」と誤解されているのではないかなど、他部門の目が気になるとの意見もあった。これについては、この取り組みを全社的に展開していくことが重要といえる。

（4）個人の時間意識の変化

モデル事業に参加したことにより、個人のレベルでは、時間管理の意識が明確になったことに関して、多くの人が肯定的にとらえている。これまでは、時間を意識して仕事をする習慣がなかったという意見が多いが、今回の取り組みによって、仕事の段取りや時間を意識した業務遂行が行われるようになったという。こうした意識の変化は、例えば「時間を創るという意識が芽生えた」との意見に象徴されている。

定時退社をしてみると、定時を過ぎての会議や電話応対が思いのほか多いこと、あるいは添付ファイルが多く読み手フレンドリーでないメールが多いことなど、これまで気がつかなかった問題にあらためて気づくということである。自分の時間管理だけでなく、ほかのメンバーの定時退社についても意識するようになり、個々人が職場全体の時間管理に目配りするようになっている。

定時退社によってメリハリをつけて仕事に取り組むようになり、それが習慣化され、定時退社以外の日の残業も減少しているケースも報告されている。電話なども手際よく済ませるようになったという。また、定時退社以外の日もなるべく早く帰りたいと思うようになり、時間効率が高まったという感覚を持つ人もいる。特に定時退社の日は、午前中の時間の使い方についての意識が変化したとするケースが多く、「仕事のスタートが効率的になった」との意見もある。仕事の段取りがうまくいっていると、突発的な事態にも円滑に対応できるようになる、という側面もある。

個人的な対応としては、週末に翌週の予定を書き出し、これまで頭のなかで整理していたものを書き出すことで、やるべきことが明確になったとしている。仕事の総量を把握したうえで、その段取りを行うような意識付けがなされている。

また、残業の時間に関して、モデル事業に取り組む以前は、二一時、二二時まで残って仕事をする社員が多かった職場も、モデル事業によりそのような社員が少なくなりつつあるようだ。残業時間が目にみえて減少するという状況には至っていないが、周囲の社員が少なくなり、「二一時位？」と思って時計をみると一九時前だったこともあったなど、職場全体として退社時間が早くなることを無理なく受け入れる雰囲気が醸成されてきている。以前は上司が残っていると帰りにくかったという職場でも、そういった雰囲気がなくなり、そのためにいわゆる「付き合い残業」が減少したという変化も指摘されている。

ある職場では、親の介護のためにモデル事業を始める前から定時退社をしていた社員がいた。この社員は、以前は定時で帰ることが申し訳ないという気持ちが強かったが、周囲のメンバーも定時退社するようになり、退社時の抵抗感がやわらいだとコメントしていた。別の職場でも家族の看護で定時退社をしており、周囲に迷惑をかけているのではないかと気にかけていたが、この負担感が軽減したとするケースがあった。今後、介護や看護などの事情を抱える社員が増えることは確実であるが、介護など生活でやらなければならないことがある社員にとっては、自分自身の定時退社により介護がしやすくなるということに加え、周囲のメンバーの定時退社が定着すれば、早く帰って職場に迷惑をかけているのでは、という葛藤を緩和することにつながるといえよう。

以前は、「残業をしている人が仕事をしている」という意識が残っていたが、この取り組みによって「仕事が遅い人が残業をしている」という意識が定着したという職場もある。強引に週二回の定時退社を進めたことでこうした意識の転換が起きたと、取り組みが肯定的に評価されている。全体に、短時間で効率的に仕事をすることが必要であるといった「時間生産性」の意識が明確になっており、生産性が向上しているという実感にもつながっている。

(5) 生活面での変化

インタビューを実施した時点は、取り組みを始めて数ヵ月であったため、プライベートな生活で大きな変化があった、新しいことを始めた、というケースは少なかった。手近なところから、退社後にプールやジムにいって運動をする、図書館に行く、という変化があった。また、週末にしていたことを平日の夜にやることとして、週末は家族と過ごす時間が増えたという変化の声もある。

日常的な生活の変化では、既婚者や子どものいる人は、帰宅時間が早くなり、家族とのコミュニケーションが増えたという変化がみられている。定時退社の予定を自分で決めるので、プライベートな生活もスケジューリングがしやすくなったという。また、社外の友人と食事をする機会が増えたため帰宅する時間は以前とあまり変化がないが、精神的に余裕がでてきたというケースもある。

以前は帰宅しても家族と会話をしたりテレビをみているだけで時間が過ぎていったが、定時に退社すると帰宅後の時間が長いため、読書をしたり新しい勉強を始めるといった時間がとれるようになっている。

その一方で、家庭に帰っても妻に「どうしてこんなに早く帰るの？」と嫌味をいわれる、といった深刻な意見もある。プライベートでやりたいことがあるわけではないので、定時退社するよりも仕事をきちんと仕上げた方がよい、との思いを吐露する人もいた。

モデル事業だというのでとりあえず帰るが、特に帰っても仕方ない、という意見もあり、「定時退社」の意義を理解して自身の生活を再構築する、あるいは仕事以外にも自分の居場所を作ることをしないと、取り組みの効果は少ないといえる。また、プライベートでやりたいことがある、というのは、定時退社を定着させるための要素であり、プライベート面での生活の充実を同時に進めることが重要である。

5　職場マネジメントの対応

(1)　管理職の役割

インタビュー調査を通して、職場の管理職の考え方や行動が、働き方の改革において重要な要素であることが明らかになった。

管理職が取り組みの意義を理解し、職場の働き方改革に積極的に取り組む姿勢を示している場合には、メンバーからも肯定的な意見が多いが、そうでないと、職場成員が「やらされ感」を抱くという問題が生じてしまう。

管理職自身が、モデル事業の取り組みが目指している効率的な仕事管理・時間管理やそのための人材育成の必要性を認識していると、職場のなかでそれに向けた体制を整え、結果として効率的な業務運営につながっていくという側面が大きい。「上司が定時退社の声をかけてくれるので帰りやすい」という意見が多く、管理職の意識・行動が部下の時間管理意識に影響を及ぼしている。

反対に、管理職がこうした取り組みに懐疑的な職場では、取り組みに対する批判的な意見が多く出され、職場構造や業務内容が似ている職場でも、管理職の認識の度合いによって、社員のモデル事業に関する評価やその成果が大きく異なる。

B社でモデル事業に取り組む前からダイバーシティ（多様な人材を活かす取り組み）推進に取り組んでいた部門では、職場全体として働き方改革を肯定的に受け止める雰囲気があり、管理職もこの事業への参加に意欲的であった。「定時を目指して仕事を終わらせるという意識を感じる」、「定時退社を契機に忙しくても時間をつくるという意識が生まれた」、「プライベートでも計画的に時間を過ごすようになった」といった変化の声があがっている。

一方で別の職場では、取り組みに対するネガティブな意見が多くみられた。「長時間労働が日本の高い競争力維持に貢献したのであり、これがなくなると競争力が落ちるのではないか」、「帰ってもダラダラ過ごしてしまうくらいなら仕事をしていた方がよい」、「ワークのなかにライフが含まれる人もいるのに、それを無視するのか」といった意見などである。この部門では、管理職が、定時退社ということには賛成だが自分の部門では無理である、との意見を持っており、業務効率化のための管理の工夫について消極的な姿勢がみられていた。

(2) 管理職のマネジメント面での工夫

前述のように、職場成員それぞれが予定した定時退社を計画通り円滑に進めるために、仕事管理・時間管理の工夫がそれぞれの職場で行われているが、管理職の部下マネジメントにも変化が起きている。

例えば、これまで部下が持ってきた書類は完璧になるまで修正させていたが、内容の軽重を判断して、あるレベルのところで受け取るようになったという管理職の意見があった。この管理職は、「部下育成の面で不安を感じることもある」と指摘するが、仕事の質を高めるために時間を無制限に投入するのではなく、時間を区切ってそのなかで質を高める意識付けを行うことも、重要な部下育成であるという考え方への切り替えも必要と考えられる。

また、管理者として、部下への仕事配分、その進捗に目配りをする意識が生まれたとする管理職もいる。そうなると職場のマネジメントにこれまで以上に時間が取られるため、部下に任せられることは部下に任せていく、というように、自分自身の業務を見直すということも同時に行われている。

6　働き方改革を進めた職場事例

今回のモデル事業を契機に職場の業務効率化に加え、若手のスキルアップも意識した取り組みを行ったＡ社のａ部門の事例を紹介したい。

ａ部門は、Ａ社が販売する商品の業務ツール（パンフレット等）を作成する部門で、企画部門と製作部門に分かれる。インタビュー時は、部門発足から半年ほどが経過した時期であった。

平均的な残業時間が極端に多いわけではなかったが、特定の社員に業務が偏在したり、そうした社員が急に休んだり抜けたりすると業務に支障をきたしかねない状況にあった。そこでモデル事業に取り組んで、効率的な働き方改革を目指したのである。

同社の商品は、法的な規制も多く、パンフレットの作成には専門の知識が必要である。また同じ商品でも、使途によってその内容を変えたものを複数種類作成する必要がある。商品の特徴や業務ツールの性格により、求められるスキルには違いがあり、すべてを担当できるという社員は少数であった。課長も自身が担当している作成業務があり、プレイング・マネージャー化している。課長が担当している業務を部下に割り振ることで管理職の負荷の軽減が図られるはずであるが、発足後半年程度の部門のため業務経験年数の浅い社員が比較的多く、現状ではそれが難しく、管理職の業務負荷が大きくなっていた。

そこで、同部門において効率的に働き時間生産性を高めるためには、第一にメンバーの能力向上を図ることが必要であるとの認識に立ち、メンバーの計画的な育成を進めることとした。ツールの作成作業は、商品ごとにチームを編成しているが、チームごとに進行管理の表を作成し、全体の業務配分に管理職が積極的に関わるようにした。仕事を「作業」と考えて、仕事を担当できるメンバーに配分しがちであったのを、育成を意識した仕事の割り当てにも留意するようにしている。

また、これまでは、平均して三ヵ月程度のツール作成期間のなかで、最終的な締め切りだけが意識されており、それさえ守ればよいというマネジメントが中心であったことへの反省が述べられている。スケジュール管理ということについては、これまで意識付けが不十分であったと認識されたのである。

このため、年間の計画をたて、そこから中期、短期の計画に落とし込んでスケジュール管理をきめ細かく実施することとした。それぞれの作成業務ごとにスケジュール管理を行うなかで、各自が担当している仕事の状況が他のメンバーからもわかるようにした。メンバー全員の一週間のスケジュールを共有のサーバーで公開し、メンバーへの作業依頼もここで依頼して時間を確保してもらう。また、メンバーは前日の夕方に翌日の業務内容を管理職（課長）にメールで連絡をし、それを受けた管理職は、翌朝までにそのスケジュールに対するフィードバックを行うこととした。

こうしたことにより、職場内でのコミュニケーションの量も増えてきた。互いの業務について情報共有を意識的に進め、経験の浅いメンバーが先輩に仕事について質問しやすい雰囲気を作り、スキルアップが図られるようになった。このため、以前に比べて、同じ仕事でもそのための時間短縮が図られたという評価がなされている。管理職の意識的な業務配分が着実に若手のスキルアップにつながっているといえる。

ただし、問題もある。まず、同部門は、商品開発部門や営業部門と連携をとりながら業務を進める必要がある。そのため業務遂行にあたっては、これら部門との交渉や調整が必要となるが、この調整等にかなりの時間がかかってしまい、予定通りに仕事が進捗しないことも多い。繁忙期に入ると非常に忙しくなり、疲労が蓄積するために管理職がそうした状況にも目配りをする必要がでてくる。こうした状況について、この部門では、さらに上の役職にある者が全体に目配りをしつつ統括し、現場の管理職を支援している。

また、年間計画という長期的な目標の下に短期的な仕事を位置づけるという意識付けを強化するなかで、どこまでに何をするというプロセスに落とし込んでいく必要があるが、これに関してはどのようにするのが効果的なのかを模索している段階である。うまく運用されるまでにはいくつかのやり方を試してみる必要があると感じている。

7　成果と課題

「原則週に二日の定時退社日を設定する」というきわめてシンプルな取り組みのモデル事業を実施した成果は、以下の三点に集約できる。

まず、個々人が予定する日に定時退社を実行するために、仕事管理・時間管理の効率化が進んだということである。会議のルール化や仕事の品質維持に関する合意、情報共有の仕組みの工夫など、仕事を効率的に進めるために仕事の仕方を見直すということが職場のレベルで行われている。また、職場のメンバーへの業務配分の見直しが行われ、その際メンバーの育成やスキルアップを意識した業務再配分などが行われている。ただし一方で、これまで時間をかけて質の高い仕事をしてきたとの思いから、時間で割りきっていく仕事の仕方に不安を感じるとの意見も出された。重要な仕事については品質を落とすことは許されないため、仕事の重要度に応じて期待する成果のレベルを設定するといった点に関しては、管理職のマネジメントが重要になっていくといえる。

第二に、個人のレベルにおける時間意識の明確化、厳格化ということである。定時に帰ることを前提に職場成員がそれぞれ自分の仕事を組み立て、優先順位をつけながら仕事に向かう意識や姿勢が強化されている。こうした意識が、定時退社をしない日にも波及し、全体として効率的な業務運営になったとする意見が多い。「仕事は放っておくと増えていくもの」という意見もあり、時間制約を設けることで、一定の時間のなかで効率的に仕事を片付けていくという意識が強まり、それが職場全体の「早帰り」の雰囲気の醸成につながっている。このことにより、もともと介護等で時間制約のあった社員が、肩身の狭い思いをせずに仕事以外にやらなくてはならないことの時間がとれるようになり、以前の葛藤が解消されていることも確認できた。

第三にプライベートな生活面での変化である。一七時台に定時退社をすると、残業を恒常的に行っていた時に比べて格段に早い時間に帰宅しているという意識になり、その後の時間が有効に活用されるライフスタイルに変化していく。それによって精神的なゆとりも生まれている。一方で、帰ってもすることがないといった意識も残ってはいるが、プライベートな生活の充実が、時間管理意識をさらに高めていくという循環が形成されそうである。この点を明らかにするためには、モデル事業を継続することが必要となろう。

一方で、モデル事業を実施する上での課題も明らかになった。

第一に、定時退社を「させられている」という意識から、この取り組みにネガティブな反応を示す社員が、一定割合存在していることである。仕事もライフの一部、定時に帰ることがＷＬＢなのか、残業代カットのための取り組みではないか、といった意識である。これらの意見は、この取り組みの真の目的が十分伝わっていないことから生じていると考えられ、モデル事業を行う場合には、社員が取り組みの趣旨、目的を十分理解したうえで実施することが必要である。

第二に、モデル事業に取り組み始めた時には、週二日の定時退社が実行できていても、次第にそれが難しくなっていく実態が多くの職場で報告されている。特定の職場における数ヵ月のみの働き方改革の取り組みだけで、時間意識の高い働き方を定着させ、時間制約のあるワーク・ライフ社員が増大しても仕事が円滑に遂行できる職場を構築できるわけではない。同様の取り組みをほかの職場へと展開し、働き方改革をそれぞれの職場に定着化させる持続的な取り組みを各職場で実施することが不可欠である。例えば、会議などを所定労働時間内に開催することは、単独の職場での実行では限界があり、全社的な取り組みとすることが求められる。特に、近年コンプライアンス重視の傾向のなかで、様々な手続きが複雑になりこれまでになかった業務が増えるなど、職場への負荷が大きくなっており、こうした業務処理のあり方について、職場の負担軽減の視点からの検討が必要になっている。

第三に、定時退社ができない理由として、社外からの様々な要請に対応しなければならないことが指摘されている。部門によって定時退社の実行状況が異なるが、特に顧客の接点となる、あるいは顧客に近い部門では、当該職場だけで仕事の量や進捗をコントロールしきれないため、計画した日の定時退社が難しくなっている。社会全体として働く人の「時間制約」を受け入れていく環境整備が必要となる。

モデル事業で実施した「週二日定時退社」は非常にシンプルな取り組みであるが、それだけでも働き方や生活のスタイルの改革に一定のインパクトを与えている。時間制約の意識化は、こうした具体的な取り組みによって推進することが効果的であるといえよう。また、制約のある時間のなかで高い成果をあげていくためには、仕事管理・時間管理について個々人が高い時間意識を持って自分の仕事に集中することが重要となるが、それだけで実現できるものではなく、職場全体のコミュニケーションの円滑化や情報の共有化、さらには職場のメンバー全体のスキルの向上といったことに総合的に取り組んでいく必要があることが、本モデル事業を通じて明らかになった。時間管理を厳格化すると、一人ひとりが忙しくなって職場がギスギスしてくる、という意見も聞かれたが、組織として短期的な効率化のみを求めるのではなく、中長期的に組織が活性化していくための取り組みを総合的に検討していくことが必要となろう。その際重要な役割を担うのが職場の管理職であり、その管理職が職場をうまくマネジメントすることができるような人事セクションなどによる職場支援も求められている。(5)

注

(1) 渡辺(2010)は、経営学的にWLBをとらえる時、「個人の自己実現欲求・成長欲求の範囲・場面を大きく拡張・拡大し職業生活+家庭生活+社会生活+自分生活という『四つの生活の並立・充実』に動機づけられる『社会化した自己実現人』」が人材マネジメントの対象とするモデルになると指摘しており、本章でいう「ワーク・ライフ社員」の積極的な側面に光を当てた見方といえよう。

(2) 佐藤・武石(2008)において、WLB施策の導入により業務運営上の無駄がなくなり業務効率が高まるという仮説(業務運営効率化仮説)を提示したが、これに関しての実証はデータの制約上できていなかった。本章はこの仮説を事例調査により定性的な分析により実証しようとするものといえる。

（3）モデル事業には、佐藤博樹、武石恵美子、朝井友紀子の三名が参加した。モデル事業のヒアリング記録の作成や、モデル事業の前後に実施したアンケート調査の実施・管理は朝井氏が担当した。朝井氏の貢献に対してお礼を申しあげる。
（4）週二日定時退社が定着したあとの取り組みとして、週や月の残業時間に上限を設けたり、有給休暇の取得日数や連続取得日数に目標を設定するなどがある。
（5）管理職の職場マネジメント、及びそれに対する職場支援のあり方については、佐藤・武石（2010）に詳しい。

文献

佐藤博樹・武石恵美子編（2008）『人を活かす企業が伸びる――人材戦略としてのワーク・ライフ・バランス』勁草書房
佐藤博樹・武石恵美子（2010）『職場のワーク・ライフ・バランス』日経文庫
渡辺峻（2010）「HRM研究の観点からみたワーク・ライフ・バランス」『日本労働研究雑誌』No.599, pp. 32–40

第五章　柔軟な働き方を可能とする短時間勤務制度の導入と運用

矢島洋子

1　柔軟な働き方の選択肢として期待される短時間勤務

改正育児・介護休業法(1)により、二〇一〇年六月末から、三歳未満の子を養育する労働者について、短時間勤務制度を設けることが事業主に義務付けられた。同じく、所定外労働の免除についても、三歳未満の子を養育する労働者からの請求に応じることが事業主に義務付けられている。

今回の改正以前は、三歳未満の子を養育する労働者に関して、図表5－1に示した措置のうちいずれかを講ずることが義務付けられており、三歳以上就学前までの子を養育する労働者についても、

図表5－1　育児のための勤務時間の短縮等の措置

1．短時間勤務制度
(1) 一日の所定労働時間を短縮する制度
(2) 週又は月の所定労働時間を短縮する制度
(3) 週又は月の所定労働日数を短縮する制度（隔日勤務、特定の曜日のみの勤務等）
(4) 労働者が個々に勤務しない日又は時間を請求することを認める制度
2．フレックスタイム制
3．始業・終業時刻の繰上げ・繰下げ
4．所定外労働をさせない制度
5．託児施設の設置運営その他これに準ずる便宜の供与

出所：厚生労働省資料より作成

図表5－2　改正育児・介護休業法による育児期の短時間勤務制度のポイント

1．短時間勤務制度の対象となる労働者 →三歳に満たない子を養育する労働者（就学前までは努力義務）
2．短時間勤務制度の内容 →一日の所定労働時間を原則として六時間（五時間四十五分～六時間）とする措置を含む制度を導入
3．短時間勤務制度の手続き →育児・介護休業法に定める他の制度に関する手続きも参考にしながら適切に定めることが必要
4．不利益取り扱いの禁止 →短時間勤務制度の申し出や適用を受けたことによる不利益な取り扱いの禁止

出所：厚生労働省資料より作成

努力義務が課せられていた。これらの措置のうち、「1．短時間勤務制度」と、「4．所定外労働をさせない制度」が、法改正により個別に義務化されたことになる。

特に、短時間勤務については、「(1) 一日の所定労働時間を短縮する制度」に限定し、さらに「一日六時間勤務（五時間四十五分～六時間）」という働き方を特定しての義務付けとなっている（図表5－2）。三歳以上就学前までついては、今般の改正以後も引き続き、図表5－1の育児のための勤務時間の短縮等の措置のうちいずれかを講ずることが努力義務となっている。

つまり、企業にはこれまでも、就学前までの子を持つ労働者について、仕事と子育ての両立を可能とする柔軟な働き方の選択肢を設けることが期待されていたが、法改正によって、特に子どもが小さな時期（三歳未満）については、短時間勤務と所定外労働の免除という選択肢を必ず用意しなければならなくなったということである。育児・介護休業法では、育児休業の取得が、子が一歳になるまで労働者の権利として認められていることから、育児休業を取得した場合は、短時間勤務と所定外労働の免除は、実質としては一歳～三歳未満までの約二年間の対応ということになる。

厚生労働省の調査では、二〇〇九年一〇月一日時点で、短時間勤務制度を導入している事業所の割合は四七・六％、所定外労働の免除を導入している事業所の割合は四〇・八％であり、育児のための勤務時間の短縮等措置のなかでは、これら二つの制度の導入割合が高かったことがわかる（図表5－3）。ただし、もっとも導入の進んでいた短時間勤務制度でも、その導入割合は五割に満たない状況であった。

事業所の従業員規模別に短時間勤務制度の導入割合をみると、規模「一〇〇〇人以上の四九九人未満」の事業所では七五・五％、「五〇〇人以上」の事業所では八三・六％と、規模の大きな事業所では導入割合が高い水準である（図表5－4）。一方、規模「三〇〇人未満」の事業所の導入割合は約四割であり、数としては多数を占める小規模事業所で導入が進んでいない状況である。

図表5-3　育児のための勤務時間の短縮等の措置の導入事業所割合
（2009年10月1日現在）

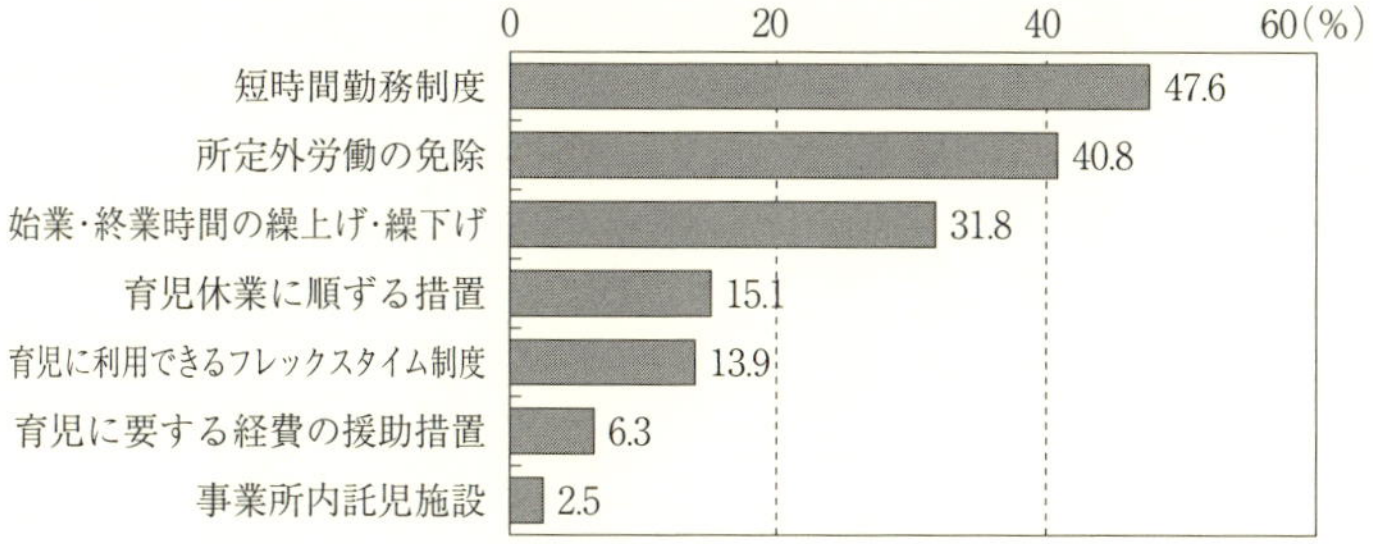

出所：厚生労働省「平成21年度雇用均等基本調査」2010年8月

図表5－4　従業員規模別短時間勤務制度の導入事業所割合（2009年10月1日現在）

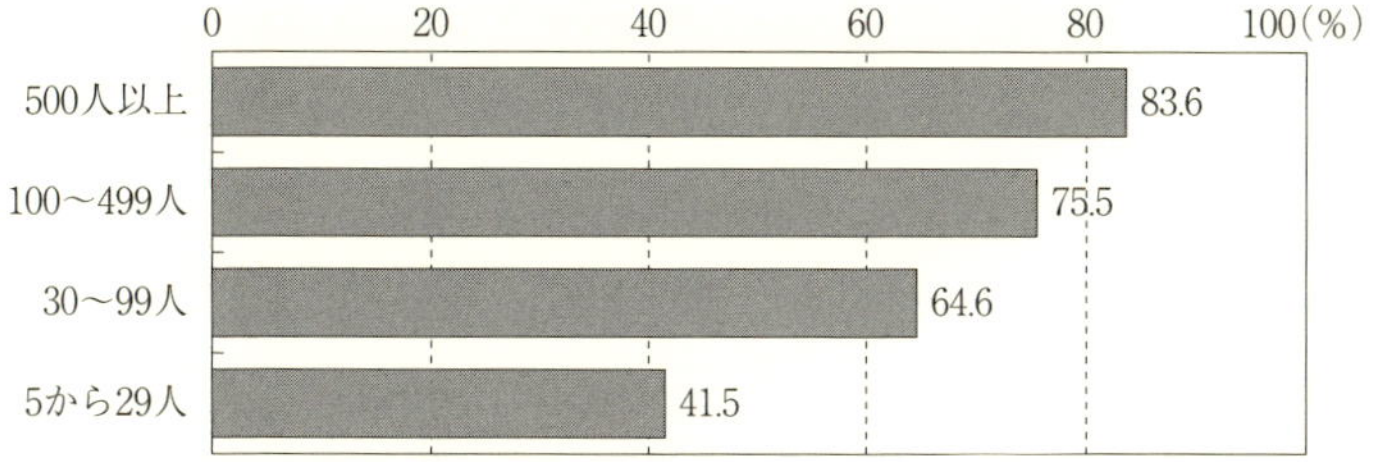

出所：厚生労働省「平成21年度雇用均等基本調査」2010年8月

今回の改正では、実効性を確保する策として、苦情処理・紛争解決の援助及び調停の仕組みが設けられ、法対応の勧告に従わない事業主や虚偽の報告をした事業主等に対しての公表や過料といった罰則規定が設けられている。このように、強い強制力を持った法律が、導入率の低い中小企業も含めて（二年の猶予はあるものの）施行されるに至ったことは、労働者と雇用主の双方にとって、これまでの働き方と人材マネジメントの前提を大きく変える契機になると考えられる。

本章では、柔軟な働き方の選択肢の一つとして、法施行を背景に今後利用者が増大すると考えられる短時間勤務制度に焦点をあて、①短時間勤務制度に対するニーズ（従業員と企業）、②短時間勤務制度の導入における課題、③短時間勤務制度の運用における課題のそれぞれを整理した上で、短時間勤務制度をその導入目的に照らして運用促進するための施策提言を行う。

2　短時間勤務制度に対するニーズ（従業員・企業）

企業に対して、短時間勤務の導入が法的に義務付けられた背景には、どのような社会的要請があったのであろうか。従業員、企業（雇用主）双方の立場から、制度に対するニーズをみる。

(1)　短時間勤務に対する従業員のニーズ

従来、日本の企業社会においては、いわゆる正社員とは、会社が定めた一律の所定労働時間で働き、残業を命ぜられれば対応することがほぼ必然とされてきた。このような一律の働き方を求められる正社員像がゆえに、結婚・出産に際し、家事・子育て等の家庭内役割により、時間的制約が生じた女性は、正社員として就業を継続することが困難な状況が続いてきた。

国立社会保障・人口問題研究所の調査で第一子を出産した女性の就業経歴をみると、育児休業を利用した就業継続者の割合は増加しているものの、育児休業を利用した就業継続者と利用していな

図表5－5　子どもの出生年別第一子出産前後の就業経歴

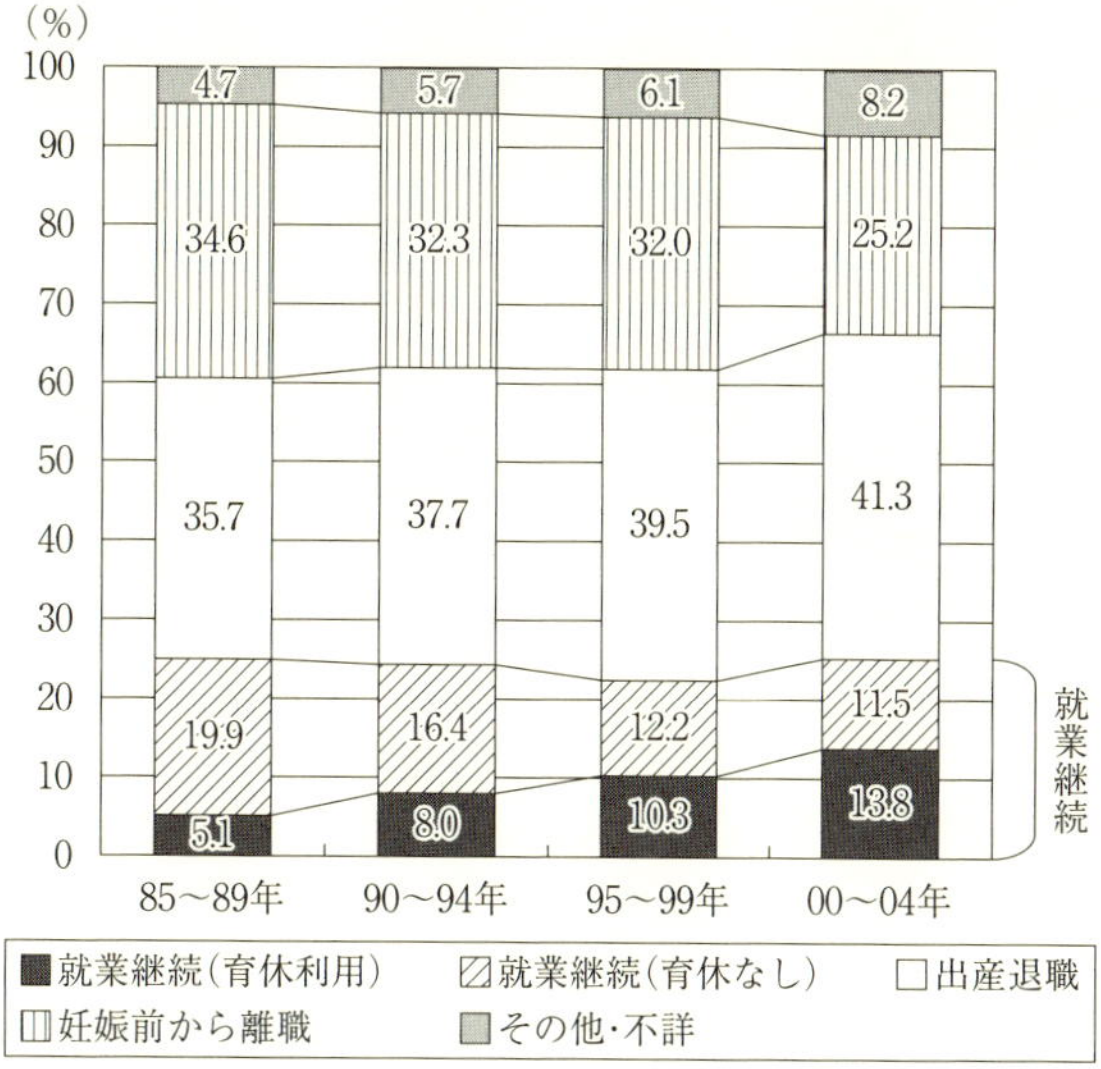

出所：国立社会保障・人口問題研究所「第13回出生動向基本調査」より作成

い就業継続者を合わせた就業継続者全体の割合は増加していない。二〇〇〇年～二〇〇四年に第一子を出産した女性でも、七割以上が、出産退職あるいは、妊娠前から離職している状況であった（図表5－5）。

なぜ、育児休業の利用者が増えても、これまで出産前後に就業継続しなかった層に対し、就業継続を促すことにつながっていないのだろうか。

ライフステージ別の女性の働き方の希望と現実をみると、「現実」は、結婚・出産を期に「正社員」割合が低下していき、子どもを持った後に働く割合は増えるものの、「正社員」の割合は増加しない。一方、「希望」をみると、子どもを持った後の働き方としては、「短時間勤

図表5－6　ライフステージの変化に応じた女性の働き方の希望と現実

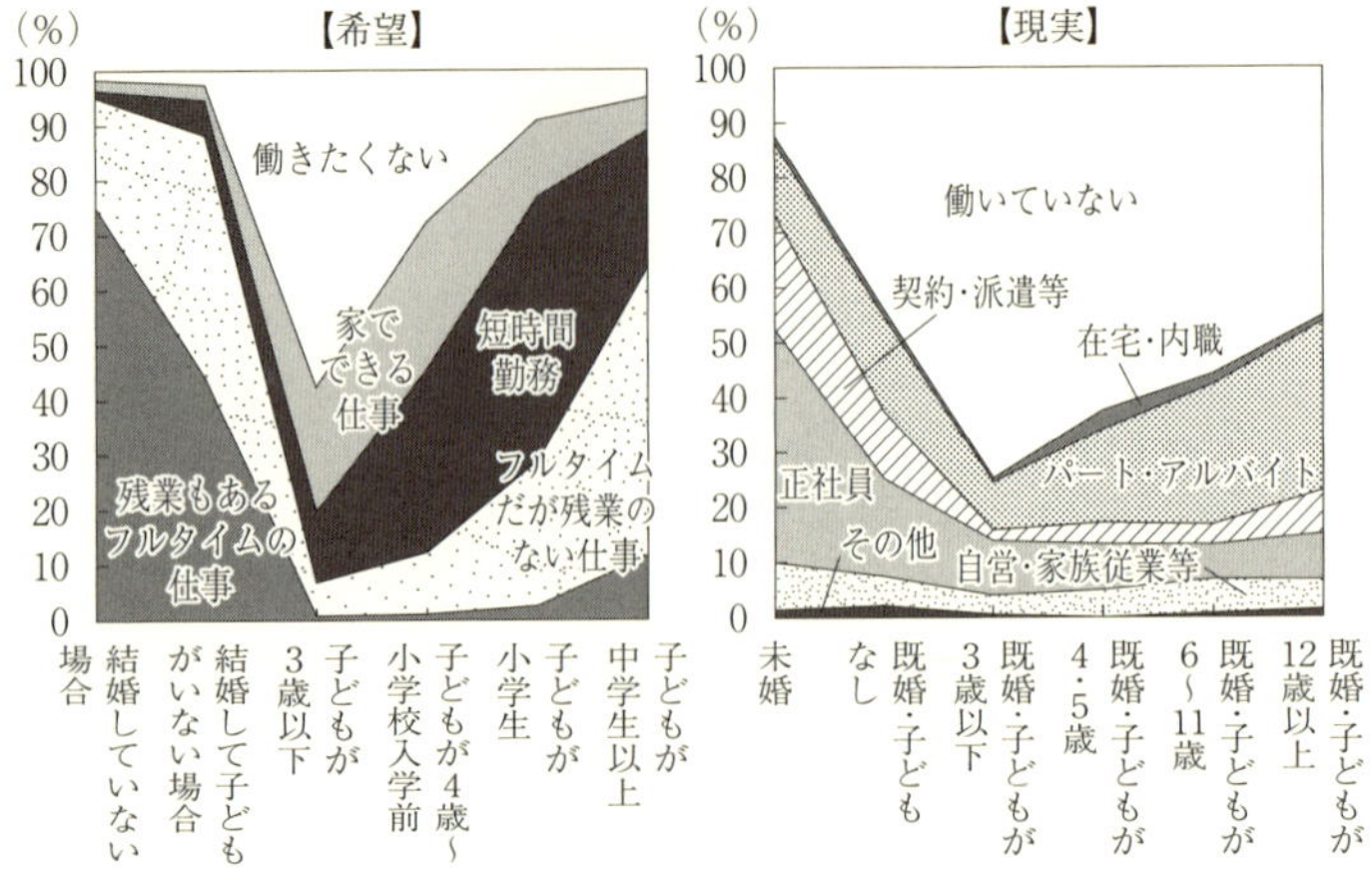

注：調査対象は、30歳代・40歳代の女性。
出所：内閣府男女共同参画局「女性のライフプランニング支援に関する調査」 2007年３月

務」や「フルタイムだが残業のない仕事」を希望する割合が高い。つまり、改正育児・介護休業法で、企業に導入が義務付けられた「短時間勤務」と「所定外労働の免除」に対するニーズが高いことがわかる。希望と現実を比較すると、図表5－6の白い部分、すなわち「働きたくない・働いていない」の占める割合に大きな差がある。「希望」としては、小学校時点では九割の女性が何らかの形で働くことを希望しているにもかかわらず、現実には四割～五割程度の就業率にとどまっているのである。これまでの日本では「正社員」という選択をすると、「短時間勤務」、「残業のないフルタイム」、「在宅勤務」などの柔軟な働き方が実質的に無かったことが、このようなギャップを生じさせる一因となっているとみられる。現在、進められているワーク・ライフ・バランス（以下「ＷＬＢ」）施

図表5－7　最初の子を持った時の働き方の希望と現実

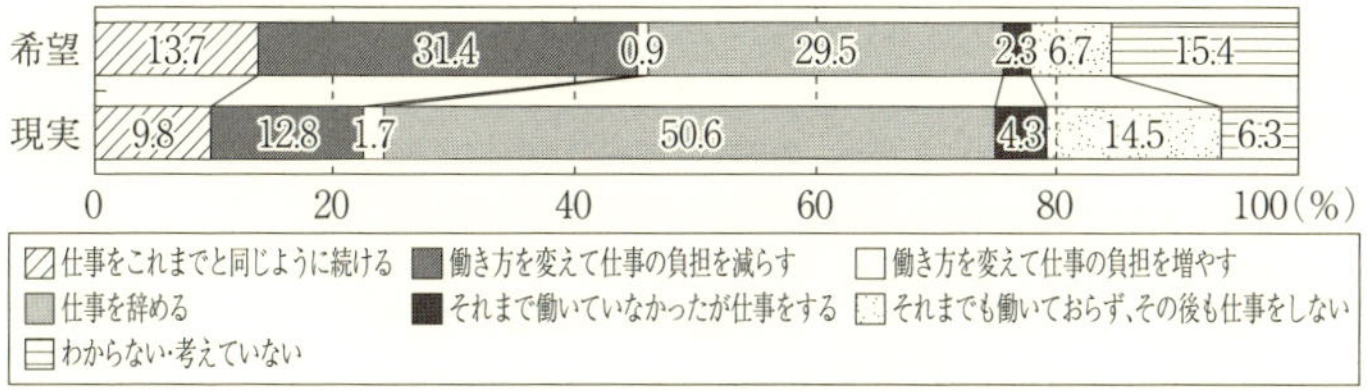

出所：文部科学省「女性のライフプランニングに資する学習支援調査」2008年３月

策は、硬直的な働き方を解消して柔軟な働き方の選択肢をつくることである、ということもできよう。

これまで育児休業を取得して就業を継続していた層は、親等からのインフォーマルな支援を受けることができる環境にある人が多かった。従って、三世代同居率の高い地域で女性の就業率が高いという傾向がみられた。育児休業を取得しても、復帰後に出産前のような長時間労働が待っている状況では、インフォーマルな支援が受けられない層は、仕事と子育ての両立は困難であると考え、育児休業を取得せずに妊娠がわかった時点で辞めてしまう。あるいは、結婚を機に、これまでの硬直的な働き方から脱する目的で離職したり、正社員から派遣・契約社員等のいわゆる非正規の社員として転職したりする割合も高かった。

文部科学省の調査で、最初の子を持ったときの働き方の希望と現実を比較すると、働き方の「希望」としては、「働き方を変えて仕事の負担を減らす」が三一・四%と割合が高いが、一二・八%しか「現実」となっておらず、その分、「仕事を辞める」という「現実」が「希望」よりも増えている（図表5－7）。

育児休業を取得した後に短時間勤務を利用するという選択肢は、仕事

図表5－8　職場の支援策に対するニーズ：複数回答

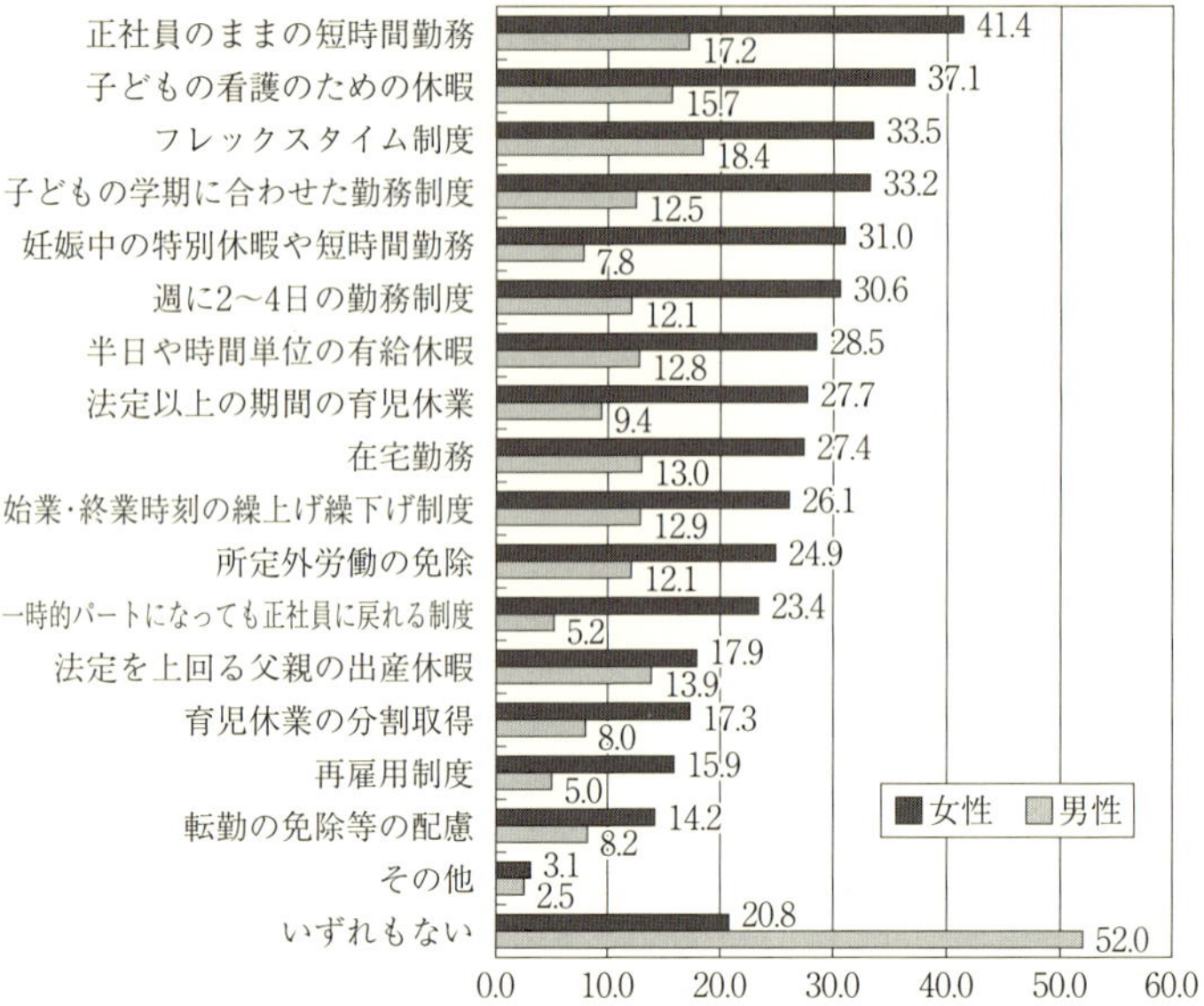

出所：こども未来財団「企業における仕事と子育ての両立支援に関する調査研究」2008年2月

と子育ての両立に関する不安を軽減させる効果が期待される。職場の支援策に対するニーズを男女別にみても、女性でもっともニーズの高いのが「正社員のままでの短時間勤務」である（図表5－8）。

実際に、短時間勤務制度の導入割合が高まってきた近年、企業の人事担当者や女性従業員に対するヒアリング調査を行うなかで、「出産で辞める女性が減ってきた」、「育児休業を取って、復帰するのが当たり前になってきた」という声が多くあげられるようになってきている。

育児との両立を中心に短時間勤務に対するニーズを紹介したが、今後、高齢化がさらに進展するなかで、介

図表5－9　短時間正社員に対するニーズ：複数回答

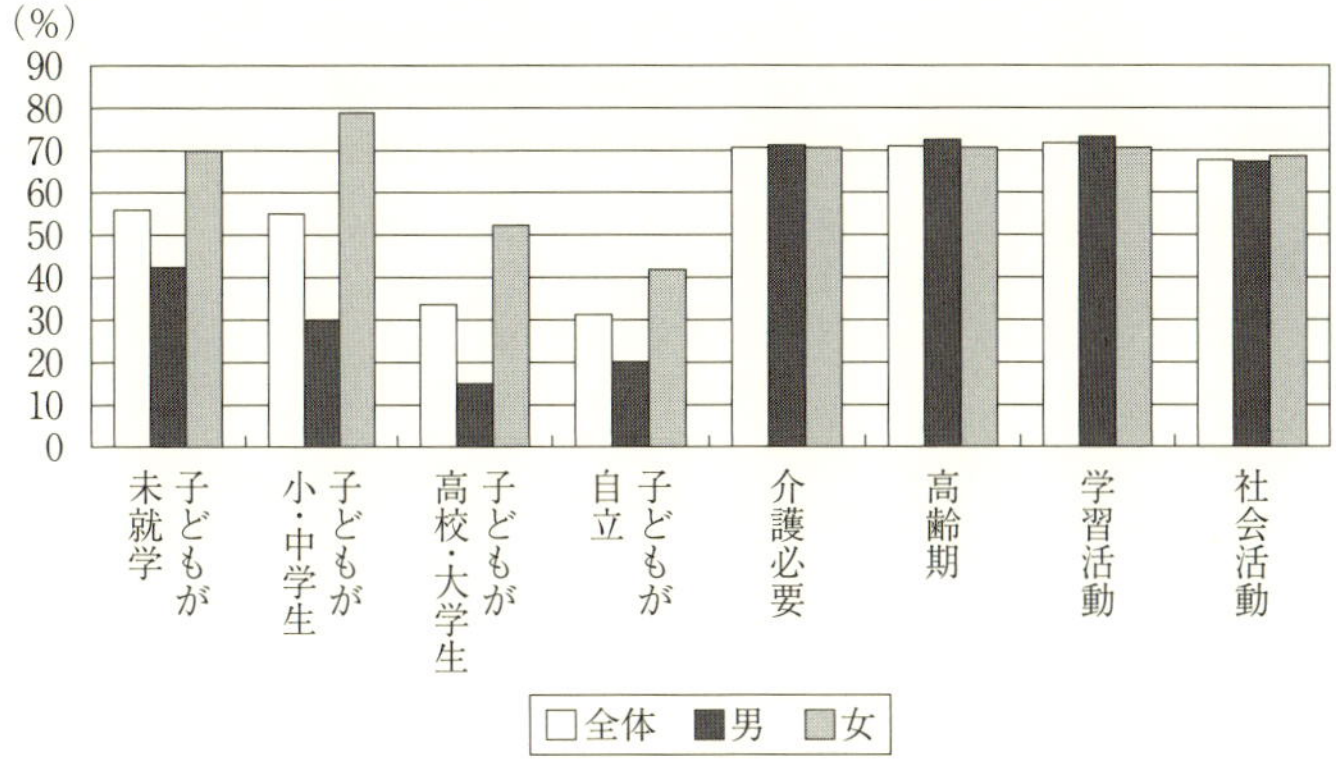

出所：厚生労働省「多様就業型ワークシェアリング制度導入意識調査・制度導入実態調査」（2004年）より作成

護と仕事の両立を目的とした短時間勤務へのニーズが高まることが予想される。また、自己啓発を目的とした短時間勤務のニーズもある。厚生労働省の調査でも、短時間正社員制度があった場合、ライフステージのどの段階で利用したいと思うか、との問いに対し、子育て関係では、女性のニーズが高く男性ではニーズが低いものの、「介護」や「高齢期」、「学習活動」、「社会活動」に関するニーズは男女ともに高い割合となっている（図表5－9）。

育児・介護休業法上は、子育てとの両立目的で導入が義務付けられた短時間勤務制度であるが、今後は、子育て層の女性のみならず、多様な層で短時間勤務へのニーズが顕在化してくるであろう。

(2) 短時間勤務に対する企業のニーズ

では、企業サイドからは、どのようなニーズがあるだろうか。いうまでもなく、日本は人口減少社会に入り、中長期的に労働力人口も減少していく見込みである。若年労働力の減少が懸念されているなかで、女性、高齢者、外国人等の多様な人材の活用が必要とされている。

特に、女性については、ほかの先進諸国に比べてわが国の女性労働力率は低く、今後の環境整備によって労働力率の向上の余地が大きいと考えられることから、企業の人事施策として、子育て期の女性の就業継続を目的とした両立支援策が推進されてきた。正社員の短時間勤務を可能とする制度の導入による企業のメリットについて、厚生労働省作成の「短時間正社員制度導入マニュアル」では、左記の点があげられている。女性を中心とした人材確保や定着のみならず、従業員のモチベーション向上や社会に対する企業イメージの向上などの効果も期待されている。

○優秀な人材の獲得につながる。
○従業員（特に女性従業員）の定着率が向上する。
○採用コストや教育訓練コストが削減できる。
○従業員のモチベーション向上につながる。
○外部（顧客や社会）に対するイメージアップにつながる。

(http://tanjikan.mhlw.go.jp/manual/doc/sogo_manual.pdf)

企業を対象として、短時間勤務を含む「柔軟な働き方」を進めることによる効果を聞いた調査で

図表5－10　柔軟な働き方を進めることによる効果：複数回答

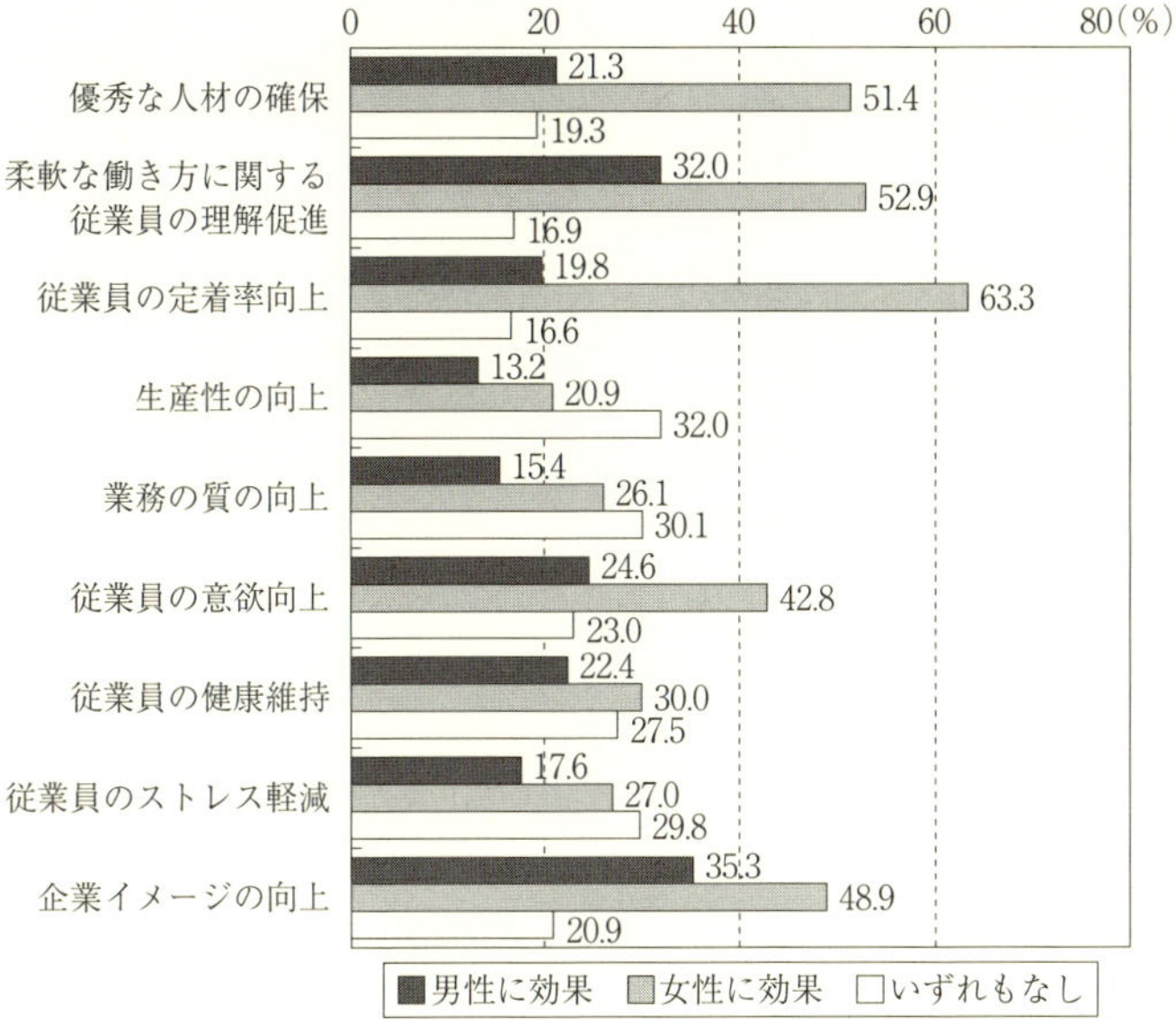

出所：21世紀職業財団「両立支援のための柔軟な働き方研究会報告書」2009年3月

は、やはり「定着率向上」や「人材確保」、「企業イメージの向上」、「意欲向上」などについて、特に「女性」に対して効果があると認識している企業が多い（図表5－10）。

　このように、これまでは子育てとの両立支援を目的に、女性の就業支援効果を期待して取り組みを進めてきた企業が多かったが、柔軟な働き方を進める取り組みの「当初の目的」と「現在の目的」を聞いた調査では、「当初」も「現在」も「仕事と子育ての両立支援」が多い一方で、「広く従業員のワーク・ライフ・バランスとして」、「仕事と介護の両立支援」、「従業員の心身の健康管理」などへ、目的が拡大していることが

図表5－11　柔軟な働き方を進める取り組みの目的：複数回答

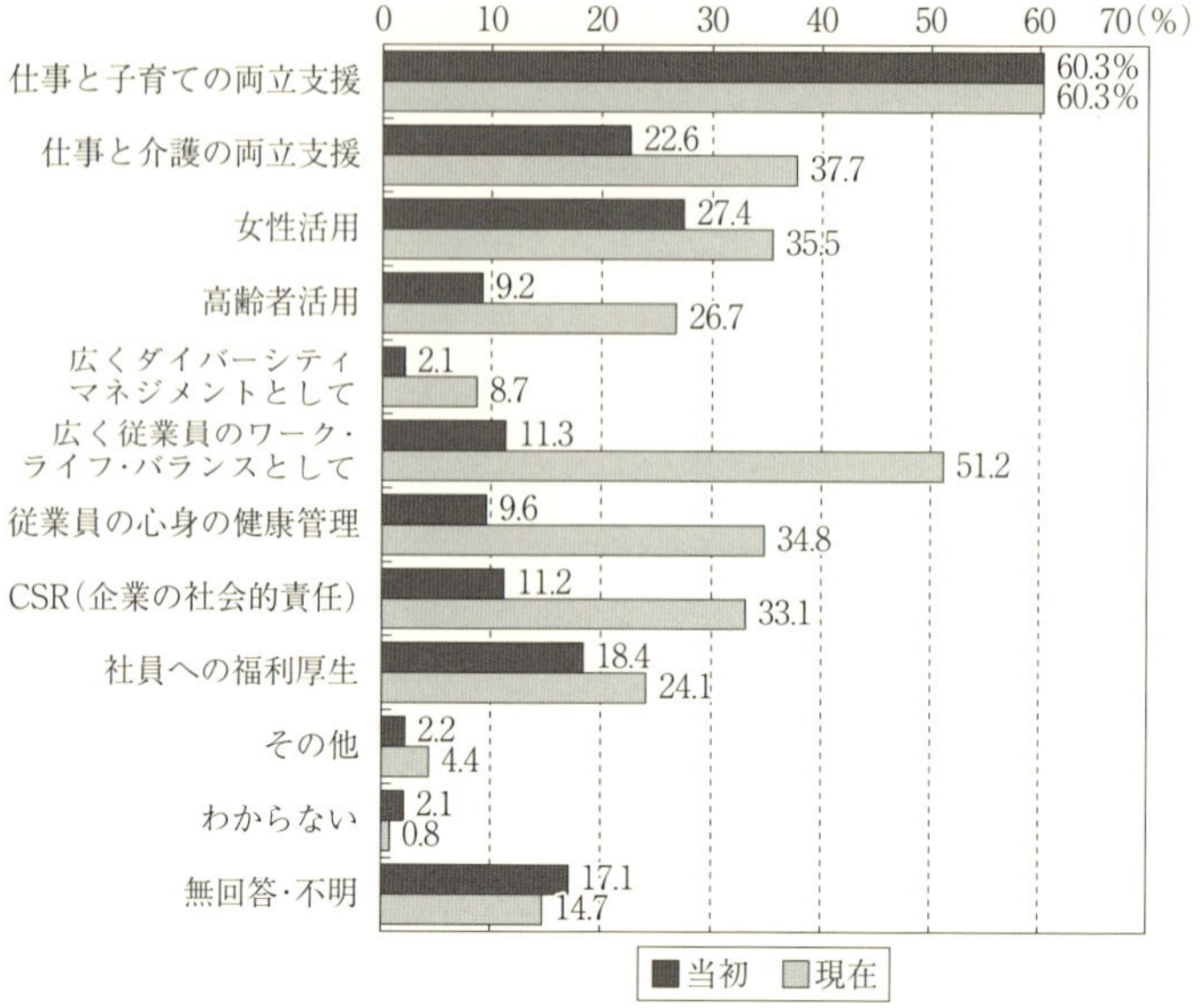

出所：21世紀職業財団「両立支援のための柔軟な働き方研究会報告書」2009年3月

わかる（図表5－11）。

今後、さらに、女性従業員の確保・定着のみならず、広く従業員全体を対象としたWLB支援の効果が期待されるであろう。

3　短時間勤務制度の導入における課題

(1)　短時間勤務制度の導入のための手順

制度導入における基本的な手順を示したものが図表5－12である。

制度導入においては、法定を超える充実した制度を取り入れることがよいと考えがちであるが、必ずしも制度を手厚くすることが良いとばかりはいえ

図表5－12　制度導入の手順

ステップ	制度設計の概要（人事部門）
【Step1】 現状・ニーズ把握	■データ分析やインタビュー、アンケート等に基づき、現在の各人事制度の利用実績や要望、短時間正社員制度に対するニーズや課題を把握する
【Step2】 制度・施策案の検討	■ニーズを踏まえつつ、自社の人事方針にも合致する制度案や、制度周知や理解促進のための施策案を検討する
【Step3】 意見収集と 制度・施策案の見直し	■制度・施策案に対する意見をグループ単位（階層別、職種別等）で収集し、制度・施策案を見直す
【Step4】 制度の導入と 施策の実施	■制度導入について社内に周知をはかる。就業規則を作成または変更した場合は、労働基準監督署へ届け出る。 ■導入する制度の円滑な運用に向け、制度利用者・上司へのサポートを行う。

出所：三菱UFJリサーチ&コンサルティング「短時間正社員制度導入の手引き」（2009年度厚生労働省委託事業）より作成

ない。企業の従業員構成によって、当然ながら従業員のニーズは異なってくる。法的に対応が求められる育児事由の対象層が従業員全体に占める割合によって、導入当初から育児目的に限って取り組みをスタートさせるのか、ほかの事由も含めて制度を導入するのかといった判断も異なってくる。育児休業や短時間勤務の取得可能な期間も、長く設定することが望ましいという訳ではない。例えば、育児休業も育児期の短時間勤務も、子が三歳になるまで利用できるという設定であれば、育児休業は法定を超えた取り組みといえ、短時間勤務は法定通りの対象となる。しかし、従業員のニーズとしては、育児休業は法定通りの「子が一歳に達するまで（保育園に入れないなどの理由がある場合一歳半まで）」とし、短時間勤務を努力義務の就学前までを希望している可能性がある。後者は、法定通りの取り組みということになるため、企業としては、社外へのアピールが弱いとみられるかもしれないが、従業員のニーズにあった制度を導入した方が、利用者が増え、制度導入の本来の目的が果たせることになる。制度利用の対象者や利用期間が広くとってあれば、従業員の選択肢が増えることになり、個々の事情に応じた制度利用ができるという面もあるため、一概に「制度が充実しすぎると良くない」とはいえないが、導入の手順にある通り、まず従業員のニーズを把握することが重要である。

ヒアリング等により従業員ニーズを把握する場合、制度利用の潜在的な対象層のみに限って実施するのではなく、できるだけ幅広い層の意見を聴くことが重要となる。広い従業員層から意見を聴くと、多様なニーズが顕在化してしまい、収集がつかなくなるのではないかと懸念するむきもある。しかし、制度利用を想定していない層についても、制度利用者の職場の同僚（サポーター）としての立場からの意見と、本人のＷＬＢに関するニーズを聴取することが重要である。仮に、短時間勤務制度など、企業が当面取り組もうとしている制度の利用対象にならないとしても、長期的には、自らも企業におけるＷＬＢの取り組みの対象になり得ると理解できれば、取り組みに対する肯定的な姿勢を持つことができる。その上で、職場の一員として、制度利用者が発生した際に円滑な職場運営を支援する立場から現実的な提案を出してもらう。このように、すべての従業員が制度を利用する立場にもなり、サポートする立場にもなるが、どちらの立場であっても、共通の目標として、効率的な職場運営をするために協力し合う必要があるという認識を持って、ニーズや意見を出してもらうことが重要である。

そのために、制度導入を行う際には、必要となる短期的な取り組みと中長期的な取り組み課題をそれぞれ設定し、当面は「子育て支援を中心とした短時間勤務制度の導入をはかる」という取り組みに限定せざるを得ない状況でも、中長期的には、「従業員全体のWLBの取り組みを順次進めていく」という方針を示すことが、制度利用層以外の従業員から理解と協力を得る上で必要ということになる。

(2) 短時間勤務制度の設計のポイント

短時間勤務制度の設計に際して、検討すべき最低限の項目は、図表5-13の通りである。適用者や適用事由は、可能であれば、できるだけ広範囲に設定されることが望ましい。

長期的なWLBの取り組みに限らず、短時間勤務制度に限っても、可能な限り制度の利用対象層が広く設定されることで、制度利用の可能性を持つ従業員が増え、現実に制度利用にいたらなくても、「お互い様」という意識を持ちやすくなる。また、育児目的に限定すると、利用者の希望する就労時間帯は、一定の時間帯に集中することになる。その結果、朝や夕方以降の時間帯の要員が不足しがちとなる。筆者が厚生労働省委託のモデル事業でコンサルティングを実施した病院では、看護師の短時間勤務制度導入にあたり、要員を確保するために、夕方の短時間勤務に限って「事由を問わない」こととしている。[(2)] WLB施策を、日本に先んじて実施しているイギリスでは、大企業の多くが、法律で「柔軟な働き方」の申請権が認められている育児や介護事由に限らず、すべての従

図表5－13　制度導入の流れ

項目	検討事項
適用者	◇措置を講ずることが「困難」として適用除外とする業務を設けるか（注） ◇労働時間管理の対象外の管理職を制度利用の対象とするか
適用事由・適用期間	◇育児以外（介護、傷病復帰、自己啓発、地域活動等）の目的を含めるか ◇育児事由の場合：子の対象年齢の法定期間を超える拡大ニーズはあるか ◇介護事由の場合：期間を法定以上に定めるか。定めず事由のある限りとするか
就業時間	◇六時間以外に、５時間や７時間等の複数のパターンを用意するか ◇一日○時間まで短縮可能とし、30分単位等で利用者が設定できるようにするか ◇短日数勤務や短時間勤務のフレックス制等を導入するか
就業時間帯	◇短縮時間の範囲で利用者が設定できるようにするか、時間帯を決めてしまうか
処遇	＜基本的な考え方＞ ◇基本給・手当は短縮時間分を減額するか ◇賞与は減額された基本給をベースに通常勤務者と同様の評価をするか ＜その他＞ ◇経済的支援を行うか ◇労働時間管理の対象外の管理職が利用する場合、基本給・手当を減額するか
その他	◇残業を認めるか ◇在宅勤務との併用を可能とするか　等

注：「業務の性質又は業務の実施体制に照らして、短時間勤務制度を講ずることが困難と認められる業務に従事する労働者」について、労使協定によって制度の対象外とすることができることが、指針（厚生労働省告示第509号）で定められている。ただし、既に、１日６時間の短時間勤務制度が導入されている場合など、客観的にみて制度を講ずることが「困難」と認められない業務については制度の対象外とすることはできない。

業員の申請権を認めている。その理由は、「多様なニーズを集めた方が、マネジメントがしやすい」というものである。短時間勤務という働き方が職場に定着するまでは、いきなり利用者が多数でてくることが不安である、という考え方もあることから、導入当初は、法律と同様に育児目的から導入し、段階的に対象者や適用事由を拡大していくことも考えられる。

就業時間についても、職場の管理面の不安から、勤務する時間の長さのみならず、「時間帯」まで設定するケースがある。業務内容によって、短時間勤務を選択できる時間帯を限定することが合理的な場合もあるが、あえて時間帯を限定しないことで、短時間勤務利用者の増加に伴って人員が不足する時間帯を集中させないようにする、という案もある。重要なのは、制度利用者が選択した勤務時間帯を、一定期間維持し、周囲に、制度利用者の勤務時間帯が周知されるようにすることである。制度利用者個人の判断で日によって勤務時間を変えるといった運用は、周囲からの理解や協力を得られにくくなるためである。

育児目的の短時間勤務制度の導入にあたっては、子の年齢をどこまで対象と認めるかが大きな課題となる。法定では「三歳未満」が義務化されており、今回の法改正前と同様の選択的措置（ほかの制度を導入すれば短時間勤務の導入が不要となる）での努力義務が「小学校就学前」である。子育て期の従業員を対象とした短時間勤務の対象期間への希望に関する調査では、「希望」としては「三歳〜就学前」までやそれ以上のニーズもかなりの割合を占めるが、「実際」は「一歳になるまで」の利用が多い。ただし、この調査は育児・介護休業法の改正前の調査であるため、今後は、「三歳まで」の利用割合が高くなることが予想される（図表5-14）。これまでも、従業員のニーズを把握して、制度導入を進めた企業では、対象期間を長くとる傾向がみられる。短時間勤務の利用ニーズは、制度利用者の仕事と生活の優先度といった志向の問題ばかりではなく、配偶者や親族の支援や保育サービス等の保育環境、通勤時間、子の人数や健康状態等にも影響されることから、長く設定することで、より多くの従業員のニーズをカバーできることは間違いない。ただし、利用が長期間にわたれば、本人のキャリア形成への影響も大きくなることを考慮した上での期間設定が必要である。また、運用面の課題となるが、制度の利用の仕方（子どもや家庭の状況に応じて短時間とフルタイムを行き来する等）や短時間勤務中の仕事の配分、研修等への参加等の面も合わせて検討する必要がある。

介護に関しては、法定では休業と勤務時間短縮等の措置を合わせて九三日までと設定されているが、育児と異なり、介護を要する期間については、期限を設けることが困難である。そのため、法定通りに設定している企業が多い一方で、制度利用者の申請に応じて、介護事由ごとに一年程度を設定し、実質的には事由がある限り制度利用を可能とする企業もある。期間を延長する際、休業期間を延長する対応もあり得るが、介護の場合は、休業して自ら主介護者として介護に携わってしまうと職場復帰が困難となりかねない。法定の九三日間の休業で、介護保険制度の利用手続きやサービス・施設の利用申し込み、親族間での役割分担等、介護体制を整えてもらい、勤務時間短縮等の制度を利用して職場復帰できるようにすることが望ましい。従って、延長するのであれば、勤務時間短縮等の措置の期間となろう。また、短時間勤務に関しては、育児の場合、一日の就労時間を短縮する短時間勤務の利用ニーズが高いが、介護の場合は、サービス利用や親族間での介護担当の分担との兼ね合いにより、一週間の就労日数を短縮する短日数勤務のニーズも高い。介護については、短日数勤務の導入が検討されることが望ましい。

図表５－14　短時間勤務・短日勤務制度の利用期間の実際と希望

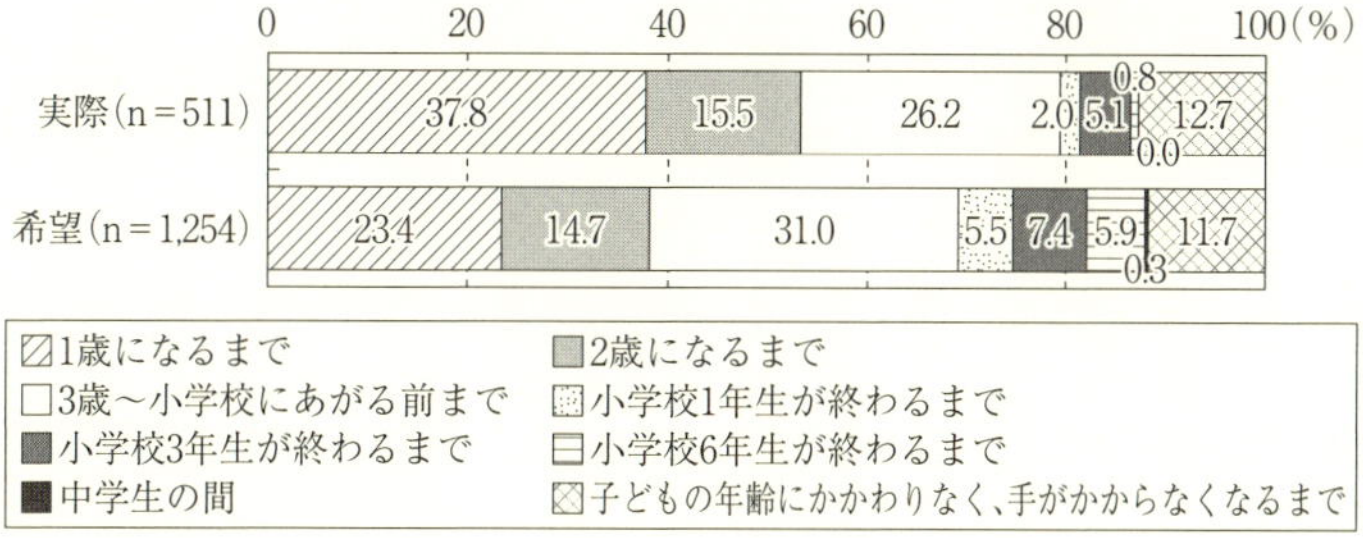

注：制度利用者には男性も含まれるが、回答者511人の内訳は、男性68人、女性443人となっており、女性が約87%を占める。
出所：三菱ＵＦＪリサーチ＆コンサルティング「子育て期の男女への仕事と子育ての両立に関するアンケート調査」（厚生労働省委託調査）2009年9月

図表５－15　育児のための短時間勤務制度の短縮時間分賃金の取り扱い別事業所割合

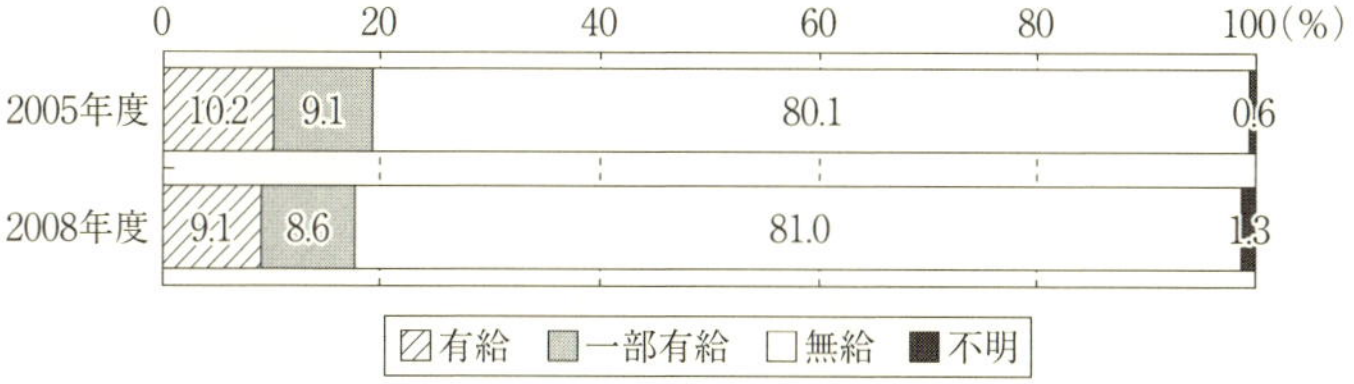

出所：厚生労働省「平成20年度雇用均等基本調査」2009年８月

また、育児・介護等の事由を問わず、フルタイム勤務の働き方を改革し、フルタイム勤務でもＷＬＢが実現できる職場とすることで、短時間勤務の利用ニーズが減少する可能性も高い。残業の回避を目的として短時間勤務を長期にわたって利用するケースもある。

短時間勤務制度の利用に伴う賃金設定の取り扱いについては、育児休業と同様に「ノーワークノーペイ」が原則で、短縮した時間分を減額することが基本となる。厚生労働省の調査でも、短縮した時間分については「無給」とする事業所が八割を占めている（図表5－15）。

給与設定については、導入当初、減額を行わなかった企業でも、制度利用者からの要望で、減額を行ったケースもある。減額を行わないことを両立支援と捉えている企業もあるが、必ずしもこうした措置が利用者の支援になるとは限らず、減額されないことが利用者に利用を躊躇させたり、負担感を抱かせたりすることが少なくない。また、賞与については、賞与の設定方法により、様々なケースがあるが、基本給をベースとして設定される場合には、基本給を短縮時間分減額することが一般的である。賞与については、評価の方法が大きな課題であるため、運用で詳しく述べるが、賞与のベースとなる基本給を減額しただけでなく、管理職が時間当たりの貢献を考慮せずに、短時間であることで評価を低くつける場合がある。そうした場合、制度利用者が不満を抱きやすいため、注意が必要である。あるいは、賞与について、勤務時間は考慮せず成果のみで評価するという考え方から、ベースとなる基本給を減額しない仕組みとしている企業もあるが、管理職は、短時間勤務者をどのように評価してよいか、さらに悩んでしまう場合がある。成果や目標の基準に照らして、仮に通常勤務者と同等の結果を出していたとして、どこかに短時間勤務であることの影響をいれなければいけないのではないかと考えてしまうことによる。制度上は、時間は考慮しないといいながら、管理職個々の判断で勤務時間の影響が入ることで、評価の基準がばらついてしまう可能性が高くなることに注意が必要である。

短時間勤務の適用範囲は、改正育児・介護休業法では、管理職を対象としないことや、一部の職種や業務を適用外とし別の支援措置をとることも可能であるが、対象外の職場が多ければ、今後、制度利用者が増えた場合に、ほかの職場での受け入れが困難になる可能性がある。すでに、営業職や製造工程等のシフト勤務で導入が困難としていた企業でも、ほかの職場での受入余地が少なくなったことから、導入が困難とみられた職場の仕事を見直し、導入をはかっているケースがある。管理職層についても、晩婚・晩産化傾向があるなかで、管理職層の女性が増えることが予想されるため、あえて制度対象としている企業もある。また、今後、介護事由による利用が増える可能性があることから、管理職層やすべての職場での受入を可能とすることの必要性が増加しよう。

4　短時間勤務制度の運用上の課題

短時間勤務制度は導入しているが、「利用者がいない・少ない」、あるいは「利用しにくい」といった声がある場合は、制度運用に課題がある。制度の運用においては、大きく分けて、①周知、②仕事の配分、③目標設定と評価、④キャリア形成という四つの課題がある。

(1) 周知

短時間勤務について就業規定に定めても、従業員が知らない場合もある。これまで、制度利用のための職場での運用策が検討されていなかったために、あえて積極的にアピールしてこなかった企業もある。こうした企業では、突然、従業員の求めがあった場合、対応に苦慮することになる。

今後は、改正育児・介護休業法により、不利益取り扱いの禁止や、罰則規定等も設けられていることから、現場の管理職が知らないことで、対象者の不利益につながるような対応をしてしまうリスクがある。制度の周知というと、制度利用対象層を中心に行われる場合も少なくないが、実は管理職への周知が重要となる。当然ながら全従業員に周知することがもっとも望ましいが、本人が知らずに管理職が知っている場合と、本人が知っていて管理職が知らない場合のどちらに問題が生じやすいかといえば、後者である。制度利用者やその管理職層へのヒアリング調査を実施するなかで、育児や介護を理由に就業継続が困難だと感じた従業員が上司へ相談したところ、制度利用を薦められて助かったというケースがある一方で、制度利用の希望を上司に伝えたところ、「そんな制度は知らない」、「本当に使っていいのか」などといわれたというケースがある。

最近は、インターネット上で、両立支援やＷＬＢ施策に関する情報を一元的に発信している企業も増えており、いつでも誰でもアクセス可能という意味ではよい取り組みだが、加えて、管理職層については、研修等を通じ、認知度のみならず、理解度を高めることも必要であろう。また、制度利用者の同僚でもあり、制度利用予備軍でもある若年層にとっては、制度を知ることで、中長期的な働き方の見通しを立てることも可能となる。

周知すべき内容については、制度の概略として、「適用者」、「適用事由・期間」、「勤務時間・時間帯」を知らせるに留まっているケースがみられる。しかし、短時間勤務については、時間短縮に

図表5－16　正社員の短時間勤務導入による仕事面のデメリット：複数回答（%）

特にデメリットはない	その他	職場内のコミュニケーションに問題が生じる	役割分担　または　仕事の分担が難しくなる	仕事の都合に応じた人の配分が難しくなる	仕事の繁閑の対応が難しくなる	仕事の引き継ぎに支障が生じる	職場の同僚に仕事の負担がかかる	打ち合わせや会議に支障が生じる	顧客や取引先との対応で支障が生じる	
16.1	1.3	13.3	29.3	39.1	30.9	18.6	48.5	21.2	20.9	

出所：株式会社アイデム「短時間正社員と人事管理などに関する調査」2009年3月（厚生労働省委託調査）

伴う給与の変更や評価の考え方について、制度利用者・周囲の同僚双方の関心が高いことから、こうした処遇面についてもできるだけ周知することが必要である。給与が減額されることを周囲が知らなかったことで、制度利用者と利用者の周囲の同僚の間に軋轢が生まれる場合がある。

(2) 仕事の配分

制度導入・周知をした後、実際に制度利用者が出た際、まず問題となるのが、職場内の仕事の配分である。

制度を導入している企業の人事担当者を対象とした調査でも、短時間勤務導入による仕事面のデメリットとして、「職場の同僚に仕事の負担がかかる」、「仕事の都合に応じた人の配分が難しくなる」、「仕事の繁閑の対応が難しくなる」といった点が、多くあげられている（図表5－16）。

仕事の配分における課題は、大きく分けて、①制度利用者本人の役割・仕事の分担をどのように設定するか、②制度利用者以外の職場メンバーの役割・仕事の分担や制度利用者のサポート体制をどうするか、の二点がある。

まず、一つ目の本人の役割・仕事の分担についての基本的な考え方は、「通常勤務時の業務内容および責任等はそのままで勤務時間を短縮する」ということである。仕事を部下に配分する管理職が持つべき二つの視点は、①本人の現在の期待役割および中長期的なキャリアを考慮した仕事を設定すること、②決められた就業時間内で対応可能な仕事を設定すること、である。まずは、制度利用者のこれまでの職責や等級に応じた期待役割や能力に応じた仕事を与えることが、重要な点である。その上で、①勤務時間が短くなること、②通常の勤務時間帯のなかに就業できない時間帯が生じること、③急な予定変更等により発生した残業の対応ができないこと等を考慮して、対応できない業務についての対策を検討する。

短時間勤務を含めた柔軟な働き方を導入した企業において、制度運用で苦労していることとして「部署によって運用方法が異なる」という点が多くあげられている（図表5－17）。こうした問題については、部署の特性によって有効な対応策が異なるため、人事担当者として一般的な対応策を設定するのではなく、基本的な考え方だけを示して、社内の好事例などを集めて各職場に提供し、具体的な取り組みは各職場で話し合い、利用者・上司・同僚で考えてもらうことが望ましい。

人事から各職場へ示すべき基本方針は、短時間勤務者の担当業務について「質は変えずに量を勘案する」ことである。「質」と「量」といっても、単純に切り分けられる訳ではなく、単に仕事のボリュームを減らすことで対応可能な仕事、不在の時間帯の業務のみを切り出して担当から外すこ

図表5－17　制度運用で苦労していること：複数回答

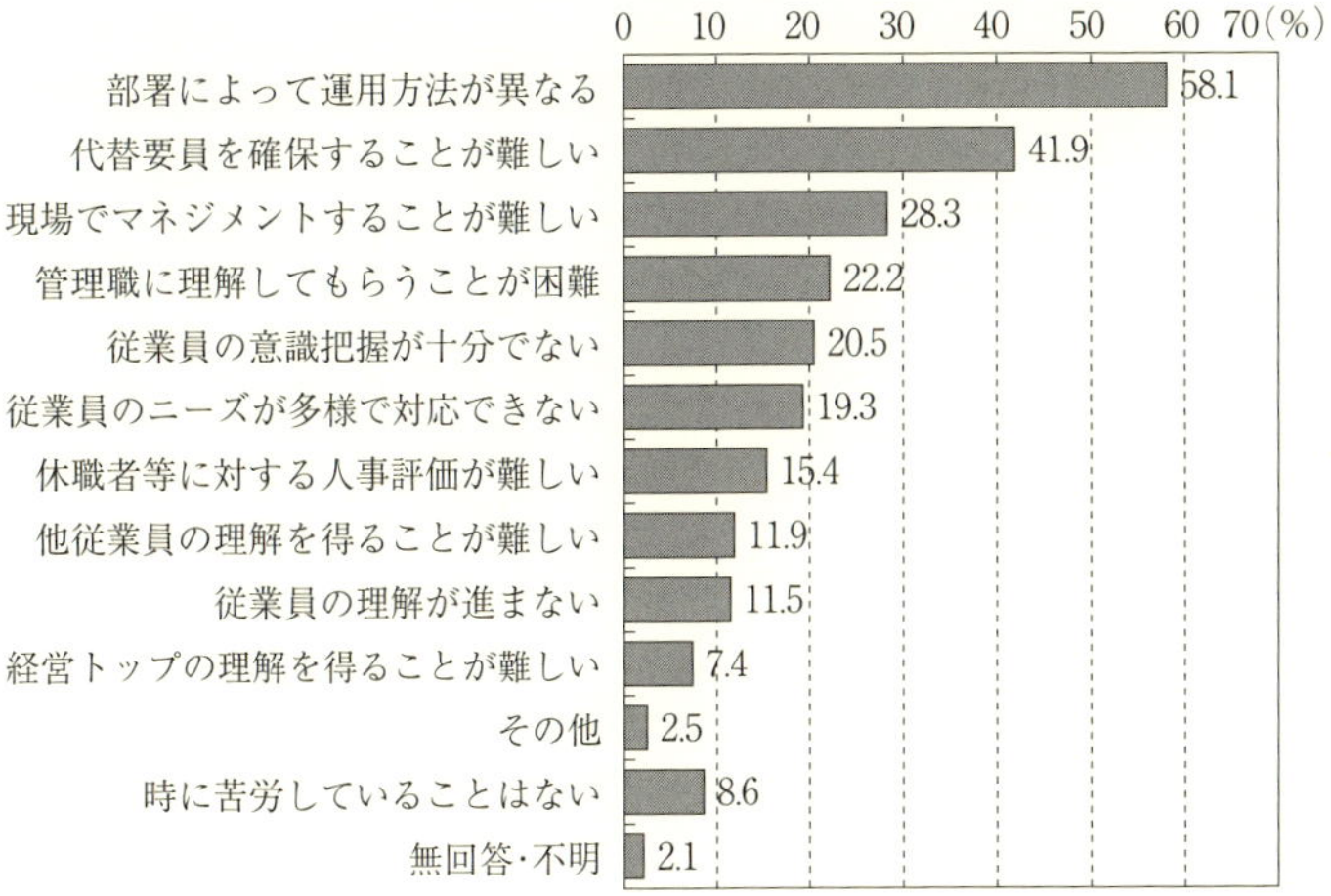

出所：21世紀職業財団「両立支援のための柔軟な働き方研究会報告書」2009年3月

とができる仕事、連絡調整の必要な顧客先等の特性に配慮し制度利用者の勤務時間帯で対応可能な顧客を担当とする、個人単位で持っていた仕事をチーム対応とする、職場内で仕事内容を共有化するなど、対応は様々である。ただし、各職場で検討してもらう際の共通認識として、先にあげた「管理職が持つべき二つの視点」と、「質は変えずに量を勘案する」という方針を提示することが大切になる。

重要なことは、必ず管理職が責任を持って、短時間勤務者だけでなく職場全体の仕事の見直しを行うことである。制度利用者や管理職へのヒアリング調査を実施すると、管理職による仕事の見直しが行われていないケースが少なくない。その結果、図表5－18のように、制度利用者が「時間は減らしても仕事内容・量が変わらないこと」に対して、不満を抱くことになる。

図表5－18　短時間・短日勤務をしていて不満なこと

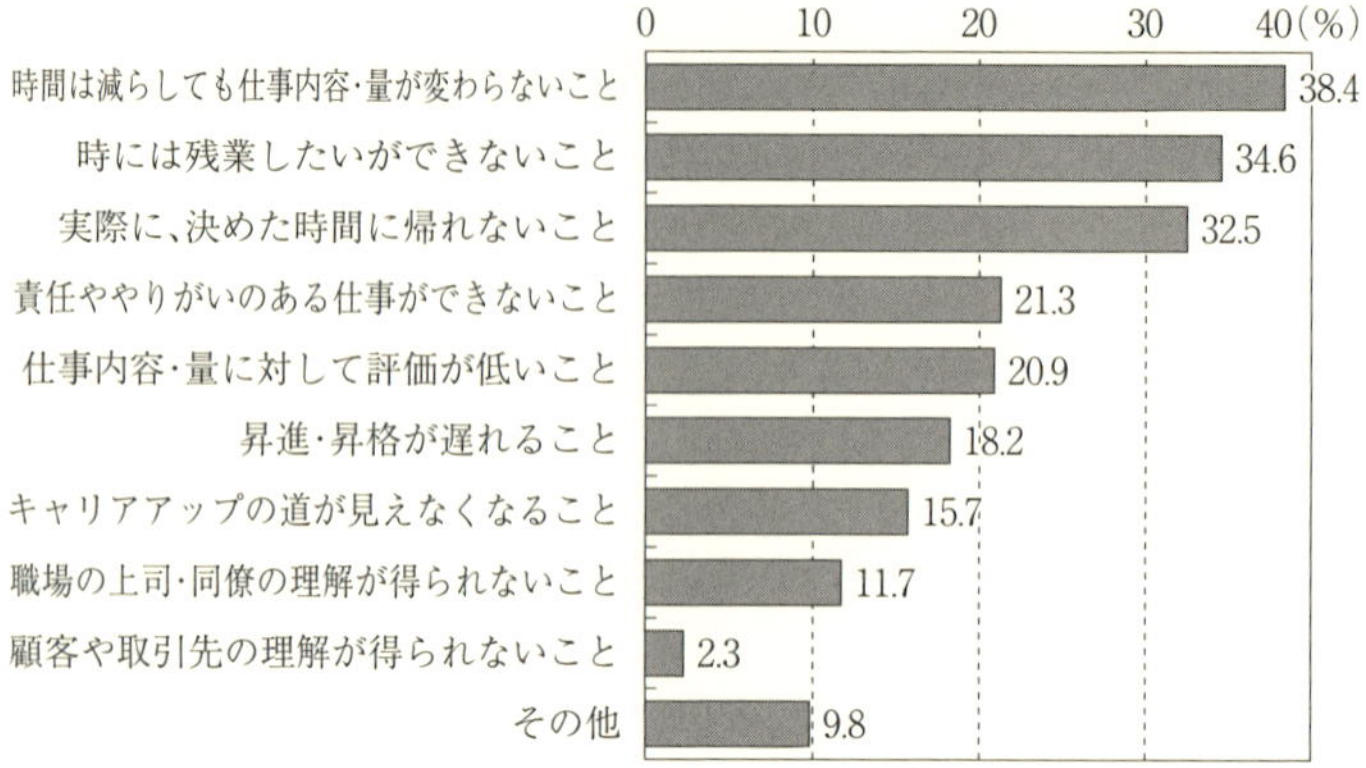

出所：三菱UFJリサーチ＆コンサルティング「両立支援に係る諸問題に関する総合的調査研究」2009年10月（厚生労働省委託調査）

短時間勤務の利用者が増えるにしたがって、企業の人事担当者からは、「権利意識ばかり強く仕事の責任を果たさない制度利用者が増えた」、「周囲への配慮をせずに時間になったら仕事を残して帰ってしまう」といった声が聞かれる。確かに、制度利用者が増えれば、モチベーションの低い制度利用者があらわれる可能性も高まるが、そうした利用者が増える背景には、管理職による適切な仕事の配分の見直しがなされていないことが少なくない。到底時間内に終わらない仕事を担わされたままでいれば、保育所の迎えに間に合う時間帯に会社を出るために、周囲の目を気にせず割り切るしかないと開き直らざるをえない制度利用者も増える。短時間であることを理由に、これまでの職責・役割や能力を無視して簡単な仕事しか与えられなければ、仕事に対する意欲が持てなくなり、より子育てや家庭生活の充実を優先させるようになる制度利用者も増える。結果として、できるだけ長く短時間勤務で働くことを希望し、通常勤務に戻りたがらない、戻っても仕事に対する意欲やキャリア・アップに対する意欲が低い従業員が増えることになる。さらに、このように制度利用者のモチベーションが低下することにより、周囲の同僚のモチベーションの低下を引き起こしかねない。そのため、管理職による仕事配分の見直しが重要であり、上記のような問題が生じた場合には、人事担当者としてはまずは「管理職の問題」と捉えることが必要である。

ただし、このような考え方で調整をはかっても、仕事の性質や本人の働き方の希望により、短時間勤務では復職前と同様の仕事や部署で働くことが困難なケースも考えうる。その場合は、本人との話し合いにより、他の部署や業務へ転換するか、短時間勤務以外の柔軟な働き方（在宅勤務、フレックス等）での両立可能性を検討することもありうる。

制度利用者以外の職場メンバーの仕事については、まずは、職場全体の業務を見直し、無駄な仕事を減らすことや、効率化することを検討する。職場全体の時間投入が減ったことを前提に、仕事を可能な限りスリム化することからスタートする。

短時間勤務の運用上の課題として、「利用者のサポートについて周囲の負担感・不満が強い」といった点があげられる。しかし、一口に「サポート」といっても、異なる性質のものが混在している。一つには、短時間勤務者が通常勤務であった時に担当していた業務についてのサポートであり、これらの業務を職場のメンバーに担当させる場合には、当該メンバーの正式の担当業務として割り当て、その業務を評価対象とすることである。その際、職場全体の業務量がスリム化されていれば、短時間勤務を利用する者が職場にでても、職場の他のメンバーの一人当たりの業務量が、目にみえて多くなることは避けられる。もちろん、短時間勤務者が一人、二人でなく、四人、五人と増えると、業務のスリム化での対応には限界があるため、育児休業時の対応同様、代替要員の配置等の問題になってくる。二つめには、制度利用者の担当業務として割り当てられているものでも、不在の時間帯があることや残業対応ができないことに対する職場のメンバーによる「サポート」である。この問題を解消するためには、先に述べた短時間勤務者への仕事配分において、できるだけこうした問題が起こりにくい業務を担当させる、ということがある。しかし、そうした対応をしても、職場のメンバーによる「サポート」の必要性がある程度発生することは避けがたい。こうした種類の「サポート」については、ほかの「組織貢献」と同様に評価に組み込むことが考えられる。制度利用者に対するサポート自体を単独で評価できなくとも、評価に際して考慮されていると職場メンバーが理解することが重要である。

ただし、制度利用者以外の職場メンバーの間に生じる「サポート」の負荷に関する不満は、長時間労働により、職場メンバーに余裕のないことが原因であることが少なくない。恒常的に残業があることで、例えば八時間勤務の通常勤務者と六時間勤務の短時間の実労働時間の差が、所定労働時間を比較した八対六ではなく、一二対六というように大きく開いてしまうと、短時間勤務者が短縮時間分だけ給与が減額されていても、そのことによる納得感は薄れてしまう。長時間の残業を前提としている限り、短時間勤務をめぐる仕事の配分について「良い解」は得られないと考えて間違いはない。この場合、まずは、残業削減策に取り組むことが必要であろう。

仕事の配分については、管理職の役割が大きく、短時間勤務者の仕事管理や時間管理に負担感を強く持つ管理職も少なくない。ただし、様々な企業の管理職へのヒアリングを実施するなかで、こうしたマネジメントを通常の自分の役割の範囲内と認識して、負担感無く行っている管理職もいることがわかった。管理する部署に与えられた業務（ミッション）と人員（リソース）をコーディネートすることが管理職としての自分の役割であると認識し、異動等によって要員構成が変化すれば、職場全体の業務の配分の見直しを行うといった仕事管理・時間管理を日常的に行っている管理職は、短時間勤務や育児休業取得者が出ても、そのことによって自分の負担感が増すことはないと答えている。一方、通常の異動でも、抜けたA氏と新たに配置されたB氏のスキルや適性の違い、ほかの職場メンバーに対する教育的配慮等を考慮せず、単に、A氏の役割をB氏にあてることしかしてこなかった管理職には、短時間勤務制度は大きな負担と感じられる。こうした管理職のマネジメント・スキルの向上をはかることが必要である。

（3）目標設定と評価

短時間勤務制度の利用者の目標設定と評価についても、基本的な考え方を管理職に対して示していない企業が少なくない。管理職は、とまどいながら自己流の解釈で評価を行っており、こうした管理職ごとに異なる評価の方法が、制度利用者の不安や不満を招くことになる。人事担当者の役割としては、仕事の配分と同様に、管理職に対して、評価に関しても基本的な考え方を示し、社内の好事例を収集して提供することが期待される。

目標設定についての基本的考え方は、仕事の配分と同じである。制度利用者は、原則、短縮時間分の給与を減額されており、給与が減額されても通常勤務者と同じ水準の目標を持たされることは妥当とはいえない。もちろん、図表5－19のように短時間・短日勤務をする上で「仕事を効率的にすすめること」を心がけた結果、短時間勤務でも、通常勤務者と同レベルの成果を出すことのできる制度利用者もいる可能性はある。しかし、そうした人は、目標を超過達成したという評価をすべきで、このように超過達成できる人を基準に考えるべきではない。

目標は「短時間勤務であることを考慮した設定」とした上で、評価については、同じ社員格付けの通常勤務者と同一の評価基準・評価要素で評価することが、基本的な考え方となる。設定した目標に対するいわば絶対評価においては、短時間勤務であることが不利とならない評価の仕組みが必要である。ただし、こうした評価に基づき、賞与や昇進・昇格が検討される場合、元々の目標自体が低いことにより、同レベルの評価を得た通常勤務者と比較して、組織貢献の度合いが低いという評価を受けてしまうのはやむをえない面がある。賞与の算定方式として、短縮時間に応じて減額した基本給をベースとして評価をかけ合わせるという考え方は、このことと同じ意味を持つ。しかし、この考え方で評価を行えば、仮に短時間勤務としての目標を超過達成し、通常勤務者と同レベルの結果を出した制度利用者には、組織貢献度合いも通常勤務者と同レベルと評価することも可能であ

図表5－19　短時間・短日勤務をする上で心がけていること

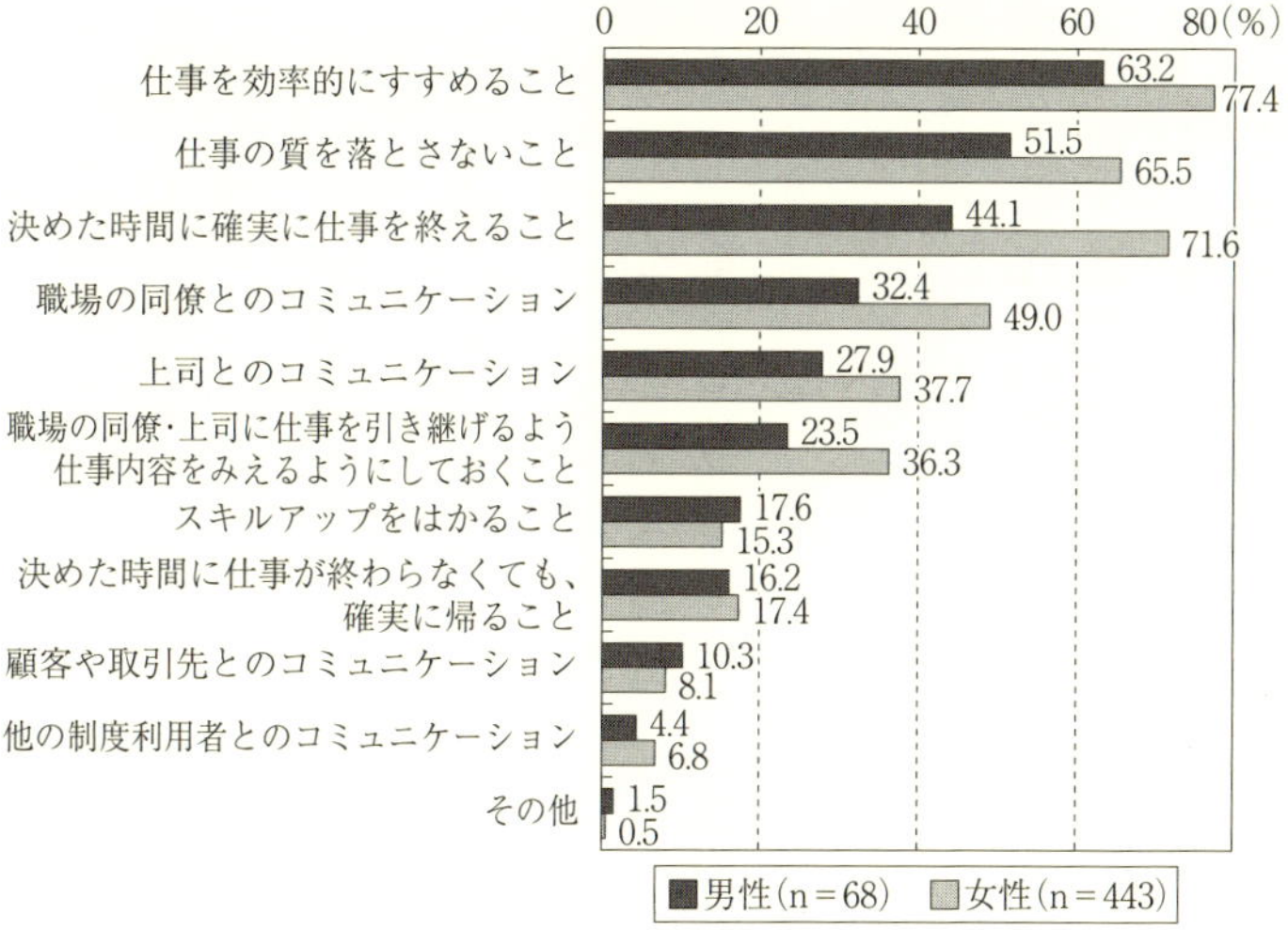

出所：三菱UFJリサーチ＆コンサルティング「両立支援に係る諸問題に関する総合的調査研究」2009年10月（厚生労働省委託調査）

る。賞与について、短時間勤務の場合は一律に何パーセント減といった運用を行っている企業もあるが、このようにしてしまうと、短時間勤務を選択すると、「どんなにがんばっても評価が低い」という印象を与えることになり、やる気のある制度利用者のモチベーションを下げてしまう。また、先に給与について述べたように、賞与の算定基礎となる基本給を減額しないと、管理職の心理として、評価にその減額分を織り込んでしまうことにもなる。企業としては、賞与について減額をしないのは、短時間勤務であっても通常勤務者と同様のパフォーマンスをあげた人を評価したいとの思いからであることが多いが、実際には、そうした水準で働ける人は少数派であり、結果、低い評価をつけられた多くの「短時間勤務なりに」成果を出した制度利用者のモチベーションを下げることになる。

さらに、評価については、このような評価方針を明確にすると同時に、評価の結果を短時間勤務者にフィードバックすることが重要である。賞与額という結果しかみておらず、どういう算定が行われるかを知らずに、不満を抱いている制度利用者も少なくない。評価の方針等運用ルールを明確にすることで、管理職が自信を持って、制度利用者に説明できるようにすることが望ましい。

(4) キャリア形成

育児休業取得と育児休業から復帰した後の短時間勤務の利用が普及してきたことにより、女性の仕事と子育ての両立可能性が広がってきた。これまで結婚や妊娠を機に離職していた層が、就業を継続することが可能となり始めている。企業からみれば、人材確保・定着を目的とした取り組みの効果が出てきたということになる。一方、企業は、両立支援制度の利用によって就業継続できた女性について、単に仕事を続けることだけでなく、仕事の内容や長期的なキャリアのあり方にも問題意識を持つようになってきている。

企業が、女性従業員の長期的なキャリアのあり方を人材活用上の課題とすること自体は、両立支援の効果の延長線上にあるもので、喜ばしいことではある。ただし、企業が、短時間勤務で就業継続している女性すべてに対し、従来の男性正社員や短時間勤務がなかった時代に両立を実現してきた女性と同じようなキャリア・パターンを期待するとなると、話は別である。短時間勤務制度利用者のなかには、短時間勤務制度がなくても就業継続できていたであろう「従来型の就業継続層」と、「短時間勤務によってはじめて就業継続できている層」が混在している。企業の人事担当者は、しばしば、前者を短時間勤務利用の好事例と捉えてしまう。「従来型の就業継続層」は、短時間勤務を選択しても、必要に応じて残業も可能であり、通常勤務者に近いパフォーマンスをあげる傾向があるためだ。短時間勤務制度を導入した本来の目的は、「短時間勤務によってはじめて就業継続できている層」が就業継続できるようにすることにあったことが見失われがちである。短時間勤務制度の利用者を一律の層とみないことと、「従来型の就業継続層」を基準とせず、「短時間勤務によってはじめて就業継続できている層」が希望する多様なキャリアモデルを許容することが必要である。多様なキャリアモデルとは管理職へのキャリア・アップという道にしても、従来のペースよりもスローペースでキャリア・アップすることを可能とすることであり、管理職という目標以外にも専門性を高めることや教育的役割を果たすというキャリアの道筋を示すことなどが考えられる。

キャリア形成支援には、ＯＪＴと研修等のＯｆｆ－ＪＴを通じた施策がある。ＯＪＴについては、先に示した仕事の配分と目標設定・評価が重要であり、管理職が大きな役割を担うことはすでに述べた通りである。制度利用者とその上司とを対象としたヒアリング調査を実施するなかで、キャリアに対する考え方に食い違いのみられるケースが多数を占めていた。短時間勤務制度の利用にあたって、上司と制度利用者が、勤務時間についての話し合いや仕事の配分についての話し合いをしているケースでも、中長期的なキャリア・ビジョンについて話し合っているケースは非常に少ない。

制度利用者の立場からは、当面は両立することで精一杯で、先のキャリアまで考えられないという意見もある。しかし、評価のフィードバックの機会等を捉えて、①制度利用中の働き方について、②制度をどれくらいの期間利用する見込みなのか、③制度利用後の働き方やキャリア形成についてはどう考えているのか、といった点について、コミュニケーションを図ることで、制度利用者が中長期的なキャリア・ビジョンを持つよう働きかけることが必要となる。

Ｏｆｆ－ＪＴについても、短時間勤務の時間内に参加することが難しいために、機会が減ってしまう可能性が高く、制度利用者の参加機会を高めるための工夫が必要である。

短時間勤務の必要性は、先に述べたように本人の志向・意欲・能力にかかわらず、配偶者や親等のインフォーマルな支援体制や子どもの人数・健康状態等によっても異なってくることから、短時間勤務を必要とする従業員を強制的に通常勤務に引き戻すことは避けるべきであり、そうした方針をとれば、短時間勤務制度を導入した意義が失われる。短時間勤務者ができるだけ早く通常の勤務に戻ることができるようにするためには、制度利用中にできるだけ仕事に対するモチベーションをあげるような仕事配分を行い、将来のキャリア・ビジョンを上司との間で共有することと同時に、通常勤務の働き方を見直すことである。長時間残業の削減や有給休暇の取得促進など、職場全体の働き方を見直すと同時に、フルタイムでも在宅勤務やフレックスタイム等、柔軟に働ける仕組みを活用しやすくすることで、短時間勤務から通常勤務への移行が円滑なものとなる。残業削減など男性を含めた働き方を見直すことは、社会全体でみた場合も重要である。夫が長時間働いている女性

図表５－20　配偶者・パートナーの現在の就労時間別希望する勤務形態【女性】

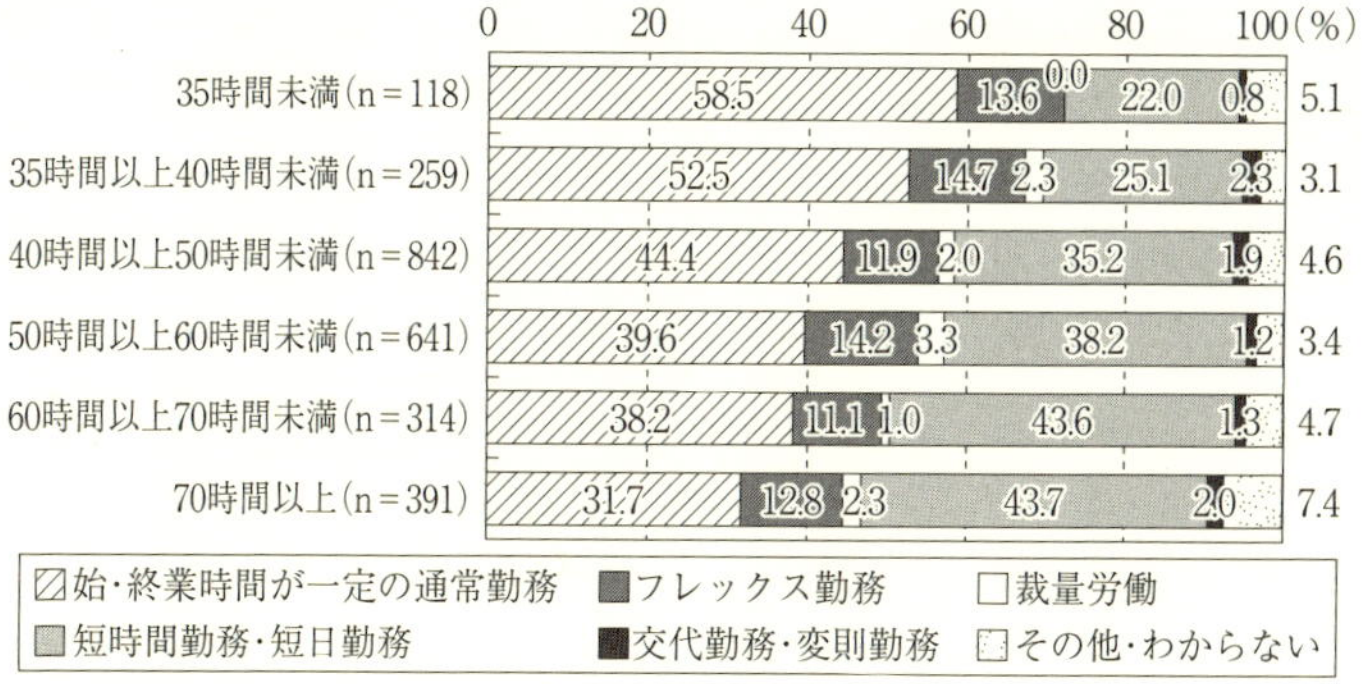

出所：三菱UFJリサーチ＆コンサルティング「両立支援に係る諸問題に関する総合的調査研究」
2009年10月（厚生労働省委託調査）

ほど、短時間勤務に対するニーズが高い傾向がみられる（図表５－20）。社会全体で、男性の長時間労働が減少すれば、自社の女性従業員の短時間勤務ニーズも減少する可能性がある。

企業の立場から、短時間勤務の利用が長期にわたることや、制度利用者がキャリア・アップや組織運営へのコミットメントに関心を持たなくなることが問題となるのは、企業内で正社員と同様の業務を行っているパート・契約社員・派遣社員等、いわゆる非正規社員との関係に、説明のつきがたい問題が生じるためでもある。また、いわゆるコース別人事を採用している企業では、総合職女性が制度利用によって一般職女性と同じようなキャリア志向となってしまうといった問題もある。これらは短時間勤務そのものの問題ではないが、長時間残業の問題と同様に、短時間勤務の導入により浮き彫りになる問題であり、こうした問題を抱える企業においては、結果として、すべてが短時間勤務制度の問題として認識され、制度利用者や両立支援施策そのものが否定的にみられる懸念がある。

5　短時間勤務制度の運用からみえてくるもの

短時間勤務制度は、出産後の女性の就業継続が困難であったわが国において、画期的な取り組みであり、普及が進められてきた近年、その女性の就業継続に対するプラスの効果が企業において認識されてきている。しかし、これまで一律の働き方をしてきたいわゆる「正社員」のなかで、異なる働き方を認める短時間勤務制度は、その運用において、育児休業制度よりも難しい面が多い。両立支援やWLBの取り組みが進んでいるといわれる先進企業でも、本章で取り上げた「仕事の配分」、「目標設定・評価」、「キャリア形成」など短時間勤務の運用面での問題をなにかしら抱えている。

人事評価制度や人材育成方針等は、短時間勤務に限った問題ではなく、すでに構築された制度に短時間勤務制度を組み込むため、本章で示したような「基本的な考え方」や「方針」のような理屈通りにはいかない、という意見もある。本章で紹介した考え方は、短時間勤務制度の設計（時間と給与設定の関係等）と運用面での「仕事の配分」、「目標設定・評価」、「キャリア形成」について、一貫した筋を通すことを重視したものである。確かに、抽象的な概念としての設定にすぎないという見方もあるかもしれないが、実際に、制度利用者や管理職の声を積み重ねていくと、やはり、導入した制度と運用面のルールに筋の通らない、あるいは説明のつきにくい面がある場合、現場では、想定されるような不満やモチベーションの低下が実際に引き起こされている。短時間勤務制度の導入は、正社員の働き方に柔軟な選択肢をもたらす足がかりであり、労働力人口が減少するなかで、多様な人材を活かすダイバーシティ・マネジメントを定着化させる上での試金石ともいえる。短時間勤務制度を導入し、制度利用者が増えてきた企業には、次のステップとして、短時間勤務制度の導入を機とした社員全体の働き方や評価制度、キャリア形成のあり方を見直すことが期待される。先に述べたように、短時間勤務以前の問題として、長時間労働の存在、正規・非正規社員の不均衡な処遇、コース別人事制度の導入などが、短時間勤務制度の運用や制度利用者に対する評価を難しくしてしまっている面があり、こうした問題への取り組みが必要である。その上で、運用面のキーマンとなる管理職のスキルアップも課題となる。

国全体でみた場合、短時間勤務や所定外労働の免除といった制度について、実質的に「利用を可能とする」ことを企業に義務付け、罰則規定も設けられた改正育児・介護休業法と、労働時間規制や均衡処遇等についての日本の法制度の強さのバランスが問題である。先に述べたように企業が短時間勤務以前の問題を残したまま、改正育児・介護休業法の遵守のみに躍起になることにより、制度利用者と他の従業員との間に軋轢が生じ、マネジメントの負担も増え、短時間勤務を含む両立支援施策に対する批判的な反応を引き起こすことにつながる。日本において、近年、ＷＬＢという概念が強調されてきた背景には、男性を中心とした長時間労働等の基本的は働き方を見直さなければ、従来進めてきた両立支援策の効果が発揮できないという問題意識があった。ふたたび、育児との両立支援策のみが強調されることのないよう、社会全体でのＷＬＢの推進を図ることが重要である。

注

（1）正式には、「育児休業、介護休業等育児又は家族介護を行う労働者の福祉に関する法律」（一九九一年法律第七六号）。二〇〇九年六月に改正され、一部を除き、二〇一〇年六月三〇日から施行。一部の規定は、常時一〇〇人以下の労働者を雇用する中小企業については、二〇一二年七月一日から施行。

（2）「短時間正社員制度導入支援モデル事業」。詳細については、「短時間正社員制度導入の手引き――平成二一年度短時間正社員制度導入支援事業報告書」二〇一〇年三月（三菱ＵＦＪリサーチ＆コンサルティング株式会社）参照。
(http://tanjikan.mhlw.go.jp/manual/doc/tebiki.pdf)

第六章　実務の現場から提案する残業削減の必要性と課題

大塚万紀子

近年、人事部が主導となって「残業削減」を進める企業が増加しつつある。しかし、企業コンサルティングという実務の現場にいると、残業を削減することについて、「残業を削減すると業績も下がるのではないか、という不安があり、残業削減に踏み切れない」、「社員が『残業を減らす』ことを望んでおらず、社内で大きな反発があるのではないか」といった迷いも耳にする。

本章ではこうした迷いや悩みを解消し、限られた時間で高い成果を上げることができる組織へ変革するための第一歩としての残業の削減の方法に関して、筆者らが企業に提案してきた実例を交えながら紹介する。

図表6－1　企業が残業削減に取り組むメリット

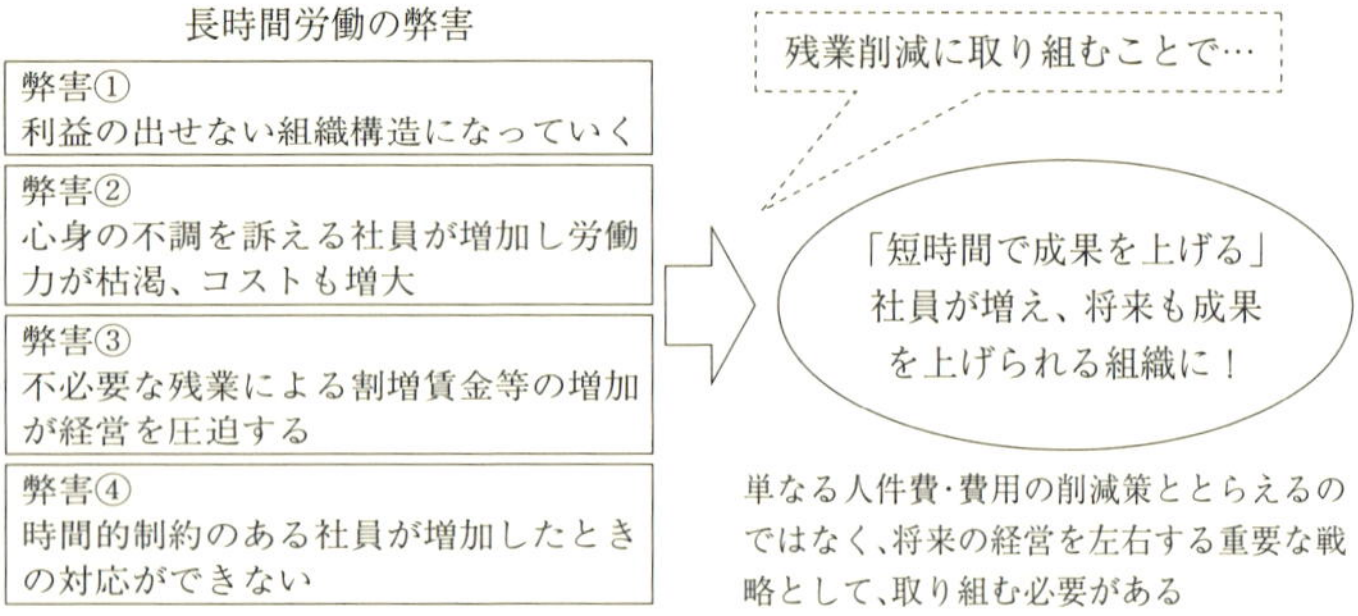
長時間労働の弊害
弊害①
利益の出せない組織構造になっていく
弊害②
心身の不調を訴える社員が増加し労働力が枯渇、コストも増大
弊害③
不必要な残業による割増賃金等の増加が経営を圧迫する
弊害④
時間的制約のある社員が増加したときの対応ができない
残業削減に取り組むことで…
「短時間で成果を上げる」社員が増え、将来も成果を上げられる組織に！
単なる人件費・費用の削減策ととらえるのではなく、将来の経営を左右する重要な戦略として、取り組む必要がある

1　残業の弊害と残業削減のメリット

まず、残業がもたらす弊害と残業を削減することによって得られるメリットを整理してみたい（図表6－1参照）。

（1）勝てる組織構造への転換

戦後間もないころの日本は、高度成長期で平均賃金も低く、時間を惜しまず働くことで、物やサービスを渇望する顧客に対して「早く・安く・大量に」を合言葉にそれらを提供することで多くの利益をあげていた。しかし時代が進み市場は物やサービスにあふれ、すでに存在するものであればより安価なものを、高い金額を支払うのであれば自分のニーズに合ったものを望む顧客が増えている。

いまや先進国トップクラスの日本人の平均賃金で長時間かけて働くことは、顧客のニーズを拾い上げる時間がとれず、アイデアや情報・人脈が枯渇するばかりかコストも跳ね上が

るため、利益を効率的に生み出すという観点からみると、長時間労働はむしろ問題とさえいえる。アイデアを無理にひねり出すためにより多くの時間を投入し、さらに残業の長時間化が進む、それによって新しい情報収集や人脈作りができなくなる……というように、「勝てる組織」を目指すつもりが知らないうちに「勝てない組織」となりつつある企業も多い。

他方で、「残業を減らす」ということは「仕事以外の時間」が増えるということでもある。一般消費者すなわち顧客と同じ生活をし、身の回りから様々な情報を入手し、多くの人脈を作る時間ができる。このことは長期的には社員の仕事の糧となっていくであろう。

また、残業を減らすプロセスのなかで社内外の業務の効率化が進み、業務の無駄を省く活動が生まれやすくなり、コミュニケーションが活性化することもある。その結果、快適かつアイデアがあふれる職場環境を創造することへもつながる。このことは次に述べるメンタルヘルスの悪化を減少させる効果もある。

（2）心身の健康

長時間の残業は、睡眠時間を減らし、疲労を蓄積させるなどして就労者のメンタルヘルスを悪化させることになる（社会経済生産性本部メンタルヘルス研究所 2005）。また、長時間労働で職場でのコミュニケーションが希薄になることが症状を悪化させるケースもある。さらに、メンタルヘルス疾患による休業者が一名発生するだけで四〇〇万円以上の費用を企業が負担することにもつながる

（内閣府男女共同参画会議、仕事と生活の調和（ワーク・ライフ・バランス）に関する専門調査会2008）。

残業の恒常化をそのままにしておくことは、現時点での利益を圧迫するばかりか、将来の優秀な働き手を失うことにもつながり、少子高齢化が進む日本において労働力の確保が難しくなると、大きな痛手となる。メンタルヘルス不全による休業者の発生を予防するためにも、適切な労働時間管理を行うことが重要である。

（3）割増賃金等によるコスト問題

労働基準法の改正により割増賃金率が増したことで、さらなる人件費増に危機感を覚えている経営者も多いのではないだろうか。

残業には「見えるコスト」として社員に支払う割増賃金、「見えないコスト」として光熱費や健康保険費、前述したメンタルヘルス疾患による休業者にかかる費用といったものがあげられる。これらのコストを顕在化させるために、具体的な金額として計算することも有益となる。

ある企業では、毎日全社員が一～二時間ずつ残業を減らしたところ人件費・光熱費などを合計して数億円ものコスト削減につながった。

（4）時間的制約のある社員への対応

今後、団塊世代が七五歳前後になると、「要介護世代」に突入し、介護を必要とする人が急増することになる。このことは、現在三〇歳代の団塊ジュニア世代の多くがおよそ一〇年後には、自分の両親を介護しなければならなくなるということにつながる。

この世代の特徴として、きょうだいの数が少なくかつ未婚の男性も多いことがあげられる。また、結婚していても共働きが多い、という点も上の世代と異なる特徴である。つまり、これまで育児・介護といった個人的事情や時間的制約を持つ社員は女性が中心であったが、今後はまちがいなく時間的制約のある男性が増えていくことになろう。

時間的制約を持つ社員でも意欲高く働ける労働環境を提供しなければ、社員は仕事と生活との乖離に疲弊し、企業は満足度と生産性の低い社員のために思うような業績を上げることができなくなるだろう。こうしたリスクを回避するには、「限られた時間できちんと成果を上げることのできる組織」を構築する必要がある。

以上のように、残業削減のためのプロジェクトは、単なる人件費・費用の削減ととられがちであるが、実際はそうではなく、「短時間で成果を上げる」社員の育成・増加につながり、将来労働力人口が減るなかでも一定の成果を上げられる組織に変わるための活動——将来の経営を左右する重要な戦略なのである。

図表6－2　5つのポイント

【ポイント①】
「短時間でより高い成果を上げるための活動」として位置付け、成果を出して定時で帰る
【ポイント②】
マネジメント層への残業削減の必要性に対する意識を高める
【ポイント③】
長期間にわたる取り組みであることを認識し、焦らず一歩ずつ進めていく
【ポイント④】
実際に残業整理が実現した場合には、関わった人を評価する
【ポイント⑤】
100社あれば100通りの実現方法がある。自社に合ったやり方・方法を取り入れる

2　残業削減に取り組む際の基本的な考え方

「残業削減」に対してどのような考え方で取り組むと、効果的なのだろうか。長年多くの企業がこのテーマに対して果敢に挑んでいるが、短期的な取り組みでは成功するが、長期的視点でみると長時間労働化が復活してしまうことや、現場の社員の「残業を減らしたくない」という反発により取り組みが止まってしまうことなどの課題がある。これに関して、残業削減の取り組みとして、以下にあげる五つのポイントを指摘することができる（図表6－2）。

(1)「短時間でより高い成果を上げるための活動」と位置付ける

単に「時間を減らす」だけの活動にとどまらないようにすることである。あくまでも「短時間でより高い成果を上げるための活動」であるように位置付けることが重要となる。

ある一定のところまでは単純な業務の進め方の見直しや配置換えを行うことで時間の削減ができるが、どうしても限界がきてしまう。より大幅な効率化を実施するためには、自分の引き出しに仕事以外の時間で得た情報やアイデアを入れ、創造的な仕事を短時間で行うことが求められる。そのためには「業務時間後の時間」の使い方に大きなポイントがある。

(2) マネジメント層の意識を高める

経営者・管理職など評価者の残業削減の必要性に関する意識を高め、職場で取り組みを進めることに対する理解を一致させておくことが前提となる。現場でどれだけ社員が残業削減に取り組んでいても、経営者や管理職が無関心であったり、単なるコスト削減ととらえていると、現場の取り組みは進展しない。評価者である管理職に対して、残業削減の重要性を意識化させ、削減の取り組みにリーダーシップを発揮してもらうためには、その取り組みを経営戦略として必要な取り組みであることを発信し続けることが大切である。

(3) 焦らず一歩ずつ進めていく

一気にあるいは短期間で削減できる場合もあるが、長期間にわたる取り組みが必要となることが多い。そのことを理解して、焦らず一歩ずつ進めていくことが肝要である。

残業削減の方法に王道があるわけではなく、それぞれの組織・チームが抱える課題によって解決策は異なるものとなる。一見簡単そうにみえる方法から着手したくなるが、実際には予想外のところに課題がみつかることもある。目の前の課題を一つずつ確認し、解決していくことで、限られた時間で高い生産性を生み出す組織へと変革していくことができる。

(4) 活動に関わった人を評価する

実際に残業削減が実現した場合には、関わった人を具体的に評価することが大事である。残業削減に取り組んだ組織やメンバーだけでなく、彼らをサポートした周辺の組織やメンバーが評価されるような仕組みを作ることが望ましい。

(5) 自社に合ったやり方で取り組む

取り組み方法は一〇〇社あれば一〇〇通りである。競合他社が取り組んでいるからという理由だけで、それを導入する企業もあるが、風土や体制がまったく違う組織で成功した事例をそのまま自社に導入してもうまくいかない。重要なのは「自社の風土」「現状」をよく理解して、適切な方法を選択することである。

図表6-3 「チーム術」を実践する6ステップ

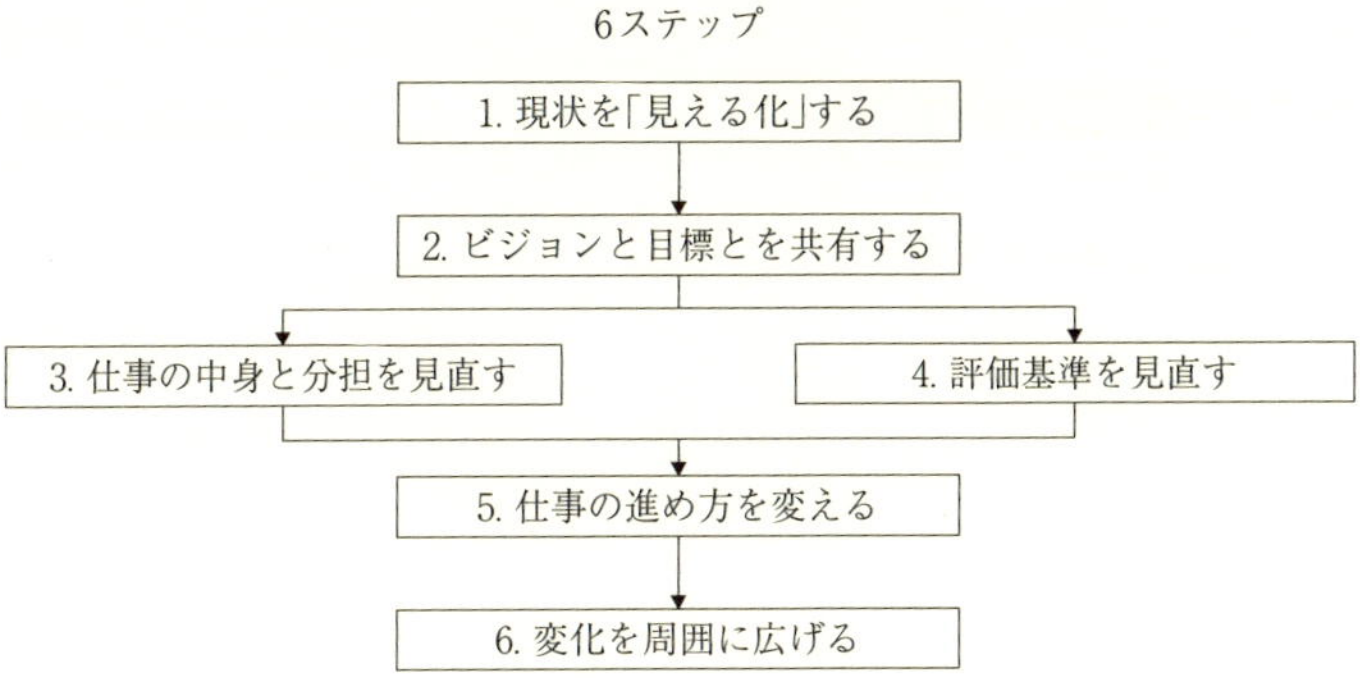
6ステップ
1. 現状を「見える化」する
2. ビジョンと目標とを共有する
3. 仕事の中身と分担を見直す
4. 評価基準を見直す
5. 仕事の進め方を変える
6. 変化を周囲に広げる

3 残業削減策の具体的なステップ

これらのポイントを加味して、ワーク・ライフバランス（「WLB」）の視点を取り入れた残業削減のためのチームマネジメントの進め方は、六つのステップに分けることができる（図表6-3）。それぞれのステップと、それを実行に移すための六つのツールについて次に説明しよう。

(1) 現状を「見える化」する

うまくいっていないチームは例外なく、だれが何をしているのかが見えていない。そこで第一に、業務日報やEメールなどを使って、「何をする予定なのか」「実際に何をしたのか」を管理職やリーダーと一般社員とが、お互いの仕事を見えるようにすることである。業務が「見える化」されることによって、改善すべき問題点も見えてくることになる。

このために利用できるツールの一つが「朝メール・報告メ

図表6－4　朝メール・報告メール

「朝メール」でスケジュールと優先度を上司に確認してから業務を始め、「報告メール」で検証

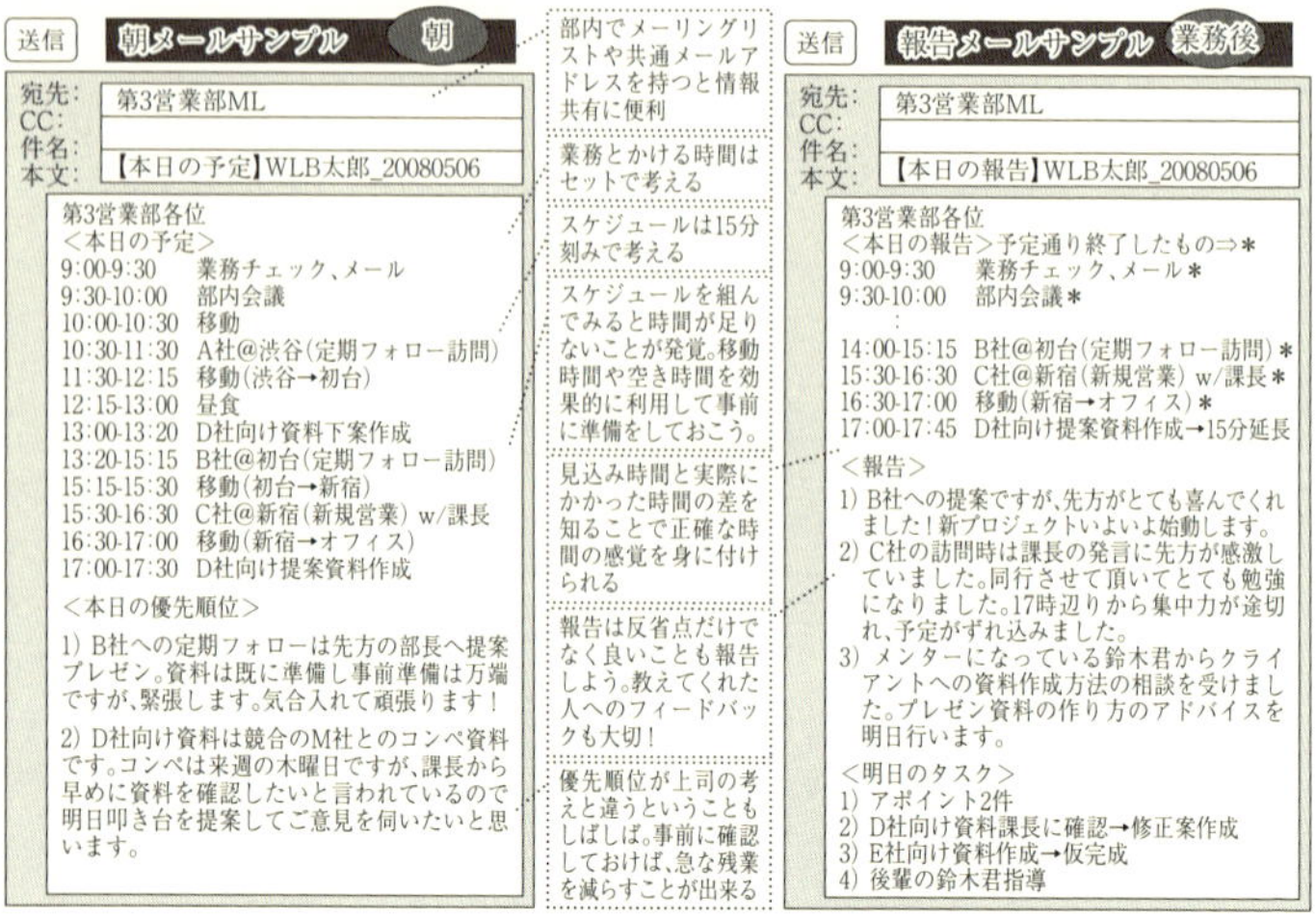
送信
朝メールサンプル
朝
宛先：
CC：
件名：
本文：
第3営業部ML
【本日の予定】WLB太郎_20080506
第3営業部各位
＜本日の予定＞
9:00-9:30　業務チェック、メール
9:30-10:00　部内会議
10:00-10:30　移動
10:30-11:30　A社@渋谷（定期フォロー訪問）
11:30-12:15　移動（渋谷→初台）
12:15-13:00　昼食
13:00-13:20　D社向け資料下案作成
13:20-15:15　B社@初台（定期フォロー訪問）
15:15-15:30　移動（初台→新宿）
15:30-16:30　C社@新宿（新規営業）w/課長
16:30-17:00　移動（新宿→オフィス）
17:00-17:30　D社向け提案資料作成
＜本日の優先順位＞
1）B社への定期フォローは先方の部長へ提案プレゼン。資料は既に準備し事前準備は万端ですが、緊張します。気合入れて頑張ります！
2）D社向け資料は競合のM社とのコンペ資料です。コンペは来週の木曜日ですが、課長から早めに資料を確認したいと言われているので明日叩き台を提案してご意見を伺いたいと思います。
部内でメーリングリストや共通メールアドレスを持つと情報共有に便利
業務とかける時間はセットで考える
スケジュールは15分刻みで考える
スケジュールを組んでみると時間が足りないことが発覚。移動時間や空き時間を効果的に利用して事前に準備をしておこう。
見込み時間と実際にかかった時間の差を知ることで正確な時間の感覚を身に付けられる
報告は反省点だけでなく良いことも報告しよう。教えてくれた人へのフィードバックも大切！
優先順位が上司の考えと違うということもしばしば。事前に確認しておけば、急な残業を減らすことが出来る
送信
報告メールサンプル
業務後
宛先：
CC：
件名：
本文：
第3営業部ML
【本日の報告】WLB太郎_20080506
第3営業部各位
＜本日の報告＞予定通り終了したもの⇒＊
9:00-9:30　業務チェック、メール＊
9:30-10:00　部内会議＊
：
14:00-15:15　B社@初台（定期フォロー訪問）＊
15:30-16:30　C社@新宿（新規営業）w/課長＊
16:30-17:00　移動（新宿→オフィス）＊
17:00-17:45　D社向け提案資料作成→15分延長
＜報告＞
1）B社への提案ですが、先方がとても喜んでくれました！新プロジェクトいよいよ始動します。
2）C社の訪問時は課長の発言に先方が感激していました。同行させて頂いてとても勉強になりました。17時辺りから集中力が途切れ、予定がずれ込みました。
3）メンターになっている鈴木君からクライアントへの資料作成方法の相談を受けました。プレゼン資料の作り方のアドバイスを明日行います。
＜明日のタスク＞
1）アポイント2件
2）D社向け資料課長に確認→修正案作成
3）E社向け資料作成→仮完成
4）後輩の鈴木君指導

ール」である（図表６－４）。

管理職やリーダーも含め、毎朝、各自がその日の予定をEメールでチーム全員に送ることは、「見える化」に有益なものである。それによって、それぞれの行動を「見える化」し、全員で共有することができるようになる。

メールの内容としては、その日やるべき仕事の項目と、それぞれの仕事に要する時間を見積もって書くだけのシンプルなものである。ただし、以下の三つのルールを実行することが大事である。

①時間は一五分単位で考える
②残業は見込まずに、就業時間内に終わらせる前提でスケジュールを立てる
③各業務に優先順位を付ける

部下や後輩から「朝メール」が送られてきたら、管理職やリーダーは、時間見積もりと優先順位を確認することになる。時間見積もりを見れば、部下や後輩が業務の内容を正しく理解しているかどうか判断することができる。この「朝メール」に対して「報告メール」は、予定通りに仕事を進めることができたかどうかを報告するものである。「報告メール」では、「朝メール」の内容に次の三点を追記して各社員に送る。

①見積もりと実際にかかった時間との差異
②反省点とよかった点
③翌日の予定

管理職やリーダーは、「報告メール」に対しては、良い点をほめてあげたうえで、悪い点に関してアドバイスしてメールを返信することにすると、部下や後輩のモチベーションを喚起することができる。

パソコンを開いてメールを送ることが難しい場合は、携帯サイトから朝メールを送ることができるサイトの利用も有益である。

二つめのツールとして「一週間業務分析」がある。

前述の「報告メール」を一週間分まとめて整理し、出社してから退社するまでの間どのように行動しているかを書き出すのである。これは、自分の仕事のやり方を「見える化」し、問題点を明らかにする手法である。

管理職やリーダーはこれとは別に、業務内容ごとの所要時間をまとめることが大事である。所要時間には、直接的な業務だけでなく、準備に要した時間も含める。これによって、どの業務にどれくらい時間をかけているかが、客観的に把握できるようになる。

(2) ビジョンと目標とをチームで共有する

ステップ1で明らかになった問題点をもとに、課題と取り組み施策を決定し、それをチームで共有することにする。その際重要なことは、トップダウンではなく、ボトムアップで課題とビジョンとを策定することである。課題や取り組み施策の共有化を図るためには、管理職やリーダーが、職場成員に一方的に押し付けるのではなく、部下や後輩自身による気付きが大切だからである。

具体的には、個別面談などの機会を活かして、仕事と生活それぞれにおける目標や課題、悩みなどを話してもらい、管理職やリーダーと個々の社員とが共有するようにする。そうして得たボトムアップの情報と、企業の経営方針、経営計画などトップダウンの情報との両方を踏まえて、管理職やリーダーはチームとしての課題と取り組み施策を作り込むわけである。

取り組み施策と目標とができたら、部・課などのチーム全員で会議を実施し、その詳細を管理職やリーダーから直接説明することになる。この全体会議は定期的に行うようにし、目標への進み具合を確認するとともに、社員からの提案をすくい上げる場とするとよい。なお、この全体会議とは別に、社員各自の目標とチーム全体のそれとを擦りあわせるための会議を、半年に一回ほどのペースで持つようにすると、課題とビジョンを共有するのに一層効果的である。

こうした共有化の会議として「カエル会議」を提案したい。「カエル会議」とは、仕事のやり方を「変え」、チームを「変え」、管理職を含めて社員全員の生活を「変え」るための会議のことをいう。この会議には社員全員が参加することが必要である。一回目はキックオフの会議として一時間程度を目処に実施する。会議は以下のような流れにするのが理想的である。

①管理職やリーダーが、仕事のやり方を変える必要性を訴える。その時、「一週間業務分析」の結果を利用すると効果的である。

②次に、社員各自が現状をいかにとらえているか、どう変えたいと思っているかについて、一人ひとりに二～三分ほどスピーチしてもらう。

③前もって作成しておいた取り組み施策と目標について、管理職やリーダーが説明する。あくまでこれは試案であり、今後チーム内で検討を加えていく、というアプローチが肝要である。

このようにして、「変えなければならない」という意識を職場成員全員で共有することができたら、初回の「カエル会議」は成功である。最後に、具体的な残業削減のための取り組み施策を各自

図表6－5　複数担当制

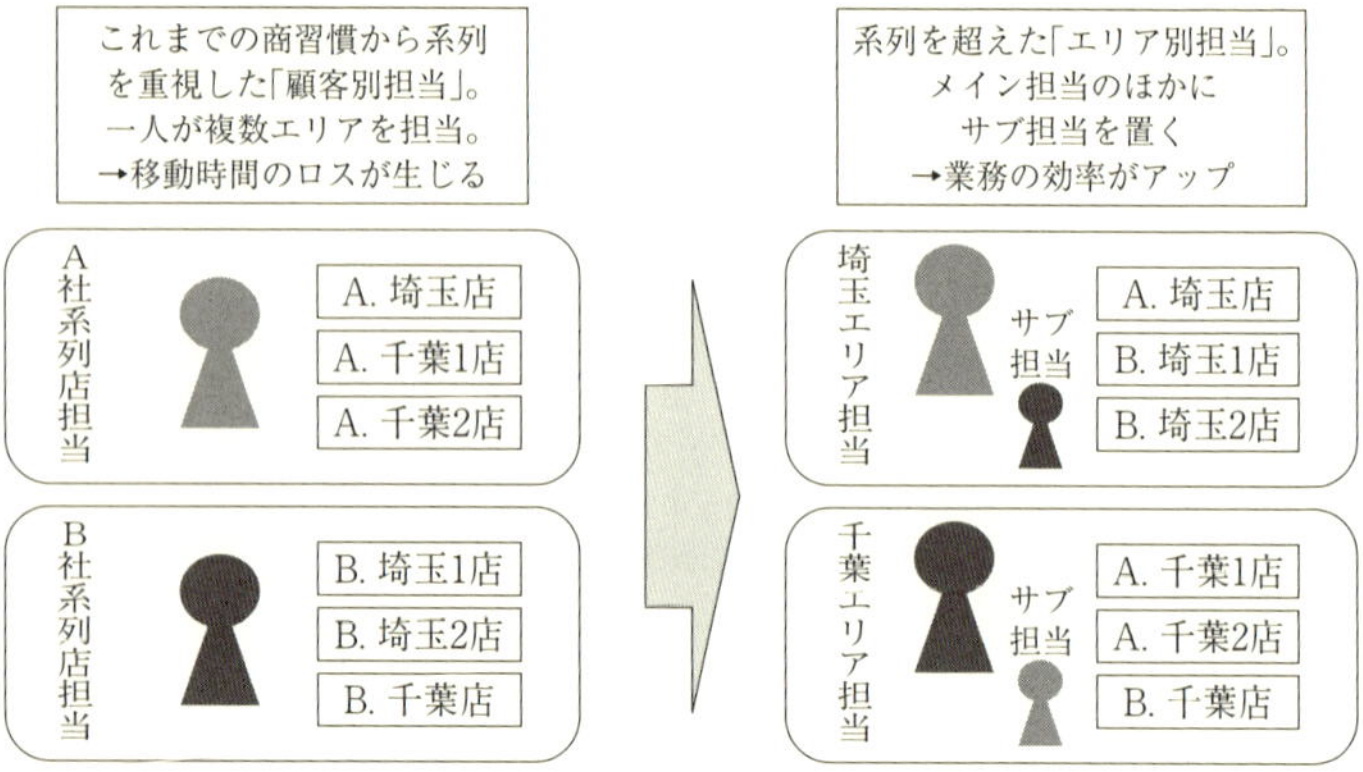

が考えて、次回持ち寄ることを確認する。二回目以降は、月に二回程度、一回あたり三〇～四〇分程度の時間で、定期的に開催することが望ましい。

（3）仕事の中身と分担を見直す

チームのビジョンと課題とが全員で共有できたら、次に業務の中身と分担とを見直すことになる。大事な点は、誰かが休んだり早く退社したりしても仕事が滞りなく進むよう、どの仕事にも複数の担当者を割り当てる＝「複数担当制（マルチ担当制と呼ぶこともある）」（図表6－5）を検討することである。

　これは、一人が複数の業務を担当し、一つの仕事を複数人で担当する、という仕組みである。具体的な例をあげると、Aさんはメインの担当が広報であるとともに、サブ担当として経理の仕事もする。Bさんは逆に、経理の仕事をメインで担当しながら、広報の仕事もサブで担当する、というようなものである。もちろん企業の規模によって、自ずと分担できる業務の幅は異なってくるため、同じ部門内における性質の異なる複数の仕事を複数の社員で担当する形でも構わない。

この仕組みの利点は、担当者の不在により業務が滞ることがなくなるため、社員は有給休暇や長期休暇を取得しやすくなる、つまりＷＬＢを考えて仕事ができるようになるということにつながる。

この複数担当制は、仕事が属人化されていてはうまく機能しないので、同時にマニュアルを整備して、仕事内容の「見える化」を図ることが不可欠となる。

（4）評価基準を見直す

これは、ステップ3と並行して進めたい取り組みである（図表6－3）。企業の人事セクションが決めた評価基準を各職場の管理職が変えることはできないが、それとは別に現場レベルの評価基準をつくり、浸透させることは可能である。

例えば、次の三点に焦点を当てた新たな評価基準を作成することなどが有益である。

①人を育て合う
②時間を意識する
③結果に至るプロセスを重視する

その際、「ほめるマネジメント」が重要となる。人は批判されるよりもほめられるほうが、仕事への意欲の喚起に有効である。まずは相手の良い点を評価し、ほめることが、管理職が部下を育てるうえで大事なポイントになる。叱ることが必要な場合でも、最初に九割ほめて、残りの一割で注意することを心がけると、部下は反発したり、逆に極端に萎縮したりすることなく、前向きにその叱責を受け取るようになるものである。ほめる際のポイントは以下の五点である。

①人を介してほめる

例えば、「A課長が、あなたのきのうのプレゼン資料はとても行き届いていたってほめていたよ」というように、間に人が入ると、オーバーにほめてもわざとらしくならずに相手に届く。

②プロセスをほめる

結果だけでなく、プロセスをほめることで、「自分の仕事をちゃんと見てくれている」という満足感を相手にあたえることができる。

③人を育てたことをほめる

例えば、「新人の○○さんがあの契約を取れたのは、あなたのアドバイスのおかげだよ」というように、他の一般社員に及ぼした影響についてもほめる。

④皆の前で／皆でほめる

皆の前でほめると、自然と他の一般社員も一緒になって賞賛するかたちになり、ほめる効果が倍増する。

⑤存在そのものをほめる

ほめるポイントがなかなかみつからないような場合でも、「あなたはチームの大事な一員だ」というように、存在そのものを評価するようにする。

（5）仕事の進め方を変える

ステップ4までを踏まえ、実際の仕事の進め方を変えていく。より密度の高いコミュニケーションと情報の共有がポイントになる。

例えば、ランチや移動時間といった「スキマ時間」を使って面談することも効果的である。面談であるからには、社員自身の抱いている悩みや課題をヒアリングすることが目的で、気持ちの上でもたんなる日常的な雑談とは一線を画し、管理職やリーダーは聞き役に徹するようにしたい。スキマ面談の利点は、①オフィスで向かい合うよりもカジュアルな雰囲気で話し合えるので相手の本心を引き出しやすいこと、②状況に合せて随時、適切なタイミングで行えること――この二点である。これにより、コミュニケーションの質と量とを増やし、情報を共有することにつながる。

（6）変化を周囲に広げる

最後に、取り組みの成果をほかのチームや経営層、人事部などにアピールする機会を作ることである。大がかりなものでなくても、経営陣や他部署との会議・社内の立ち話でも十分効果的である。成果のあがっていることがわかると、自分たちも取り入れようというチームが増え、その影響はさらに波及して、全社的に残業削減に取り組もうという気運につながっていくことになる。

以上の六つのステップは、一度きりではなく、ＰＤＣＡ（Plan-Do-Check-Act（Action））サイクルとして繰り返し実行していきたい。より大きな成果を生むためには「継続」がポイントである。ただし、実際に取り組む際には、ここで紹介したすべてのステップとツールとを実施しなければならないということではない。企業ごとに様々な制約や条件があるはずで、それにあわせたアレンジをすることが大切である。各組織の風土や業務特性に鑑み、創意工夫して、よりよいチームマネジメントを構築し残業を削減していっていただきたい。

4　社会全体でワーク・ライフ・バランスの実現を

残業削減やワーク・ライフ・バランスの実現は、もはや一企業の問題ではない。

自社でいかに残業削減やワーク・ライフ・バランスの実現に取り組んでも、社員の配偶者の企業にまったく理解がなければ、結局のところ家庭における協力が得られず、ＷＬＢの実現が進まなくなってしまうからである。つまり、自社だけでなく、社会全体を、ライフで得たインプットをワークで最大限に活かして短時間で成果を出せる「ワーク・ライフ・バランス型」にしていくことが重要になる。多くの企業がこの問題を解決し多様な価値観を活かせる組織になった時が、日本社会が真に活力を取り戻す時といえるだろう。

以下で本章のポイントをまとめたい。

まず、長時間労働には、①利益の出せない組織構造になる、②不調者が増えて労働力の枯渇・コストの増大につながる、③割増賃金等が経営を圧迫する、④介護・育児などで時間的制約のある社員が増加したとき対応できない——といった弊害がある。こうした弊害を防ぎ、将来にわたって成果をあげられる組織にするため、企業は残業削減に取り組まなければならない。

その際に基本となる考え方としては、①「限られた時間でより高い成果を上げるための活動」と位置付ける、②マネジメント層の意識を高める、③焦らず一歩ずつ進めていく、④活動に関わった人を評価する、⑤自社に合ったやり方で取り組むことである。

具体的に残業を削減するためには、①現状を「見える化」する、②ビジョンと目標を共有する、③仕事の中身と分担を見直す、④評価基準を見直す、⑤仕事の進め方を変える、⑥変化を周囲に広げる——という六つのステップを基本に、（a）朝メール・報告メール、（b）一週間業務分析、（c）カエル会議、（d）複数担当制、（e）ほめるマネジメント、（f）スキマ面談といったツールを用いて、自社に適した方法で実施していくことが重要となる。

文献

小室淑恵（2008）『6時に帰るチーム術』日本能率協会マネジメントセンター
社会経済生産性本部メンタルヘルス研究所（2005）『二〇〇五年版　産業人メンタルヘルス』
内閣府男女共同参画会議仕事と生活の調和（ワーク・ライフ・バランス）に関する専門調査会（2008）『企業が仕事と生活の調和に取り組むメリット』

終　章　働き方改革を進めるために

武石恵美子

二〇〇七年一二月に政労使による「仕事と生活の調和（ワーク・ライフ・バランス）憲章」が策定され（二〇一〇年六月に新たな合意が行われている）、同時に「仕事と生活の調和推進のための行動指針」による数値目標が定められ、これを契機にして、一般に「ワーク・ライフ・バランス（ＷＬＢ）」社会の実現の必要性が認識されるようになった。日本においてＷＬＢ社会を実現するためには、実に多くの課題があり、その一つひとつが重要な取り組みと考えられている。

本書では、個人のＷＬＢを実現する一つの道筋として、「働き方改革」が重要であるとの認識に立ち、現状において「働き方」にどのような問題があるのか、それを解決するためにはどのような対応策を検討する必要があるのか、をテーマに議論をしてきた。

終章では、本書の議論を総括し、働き方の現状およびその改革に向けた課題を整理することとしたい。

1　ワーク・ライフ・バランス実現における「働き方改革」の意味

働く人のWLBを実現するためには、個々人の仕事と仕事以外の生活の調和につながるような特別な制度を導入し、その制度を活用できるようにすることが重要であると考えられがちである。もちろん、例えば育児や介護のための休業制度や短時間勤務制度など、「フルタイムで働き続けること」以外の選択肢があることが重要な場面は多く、こうした制度がWLB実現のために重要であることはいうまでもない。ただし、こうした制度充実に注力する企業のなかには、WLB施策というと、育児や介護という特別な状況にある人への支援策という限定的なとらえ方をして、それ以外の社員のWLBが視野に入らないケースもあり、ここに一つの大きな問題がある。

日本においてWLB社会への道のりが遠いと考えられるのは、ワーク・ワーク社員をモデルとする制度や職場マネジメントの精巧な仕組みが構築されており、ワーク・ライフ社員は職場のなかでは例外的な存在として位置づけられてしまう点にある。ワーク・ワーク社員なら可能な働き方であっても、ワーク・ライフ社員にその働き方をそのまま適用することはできない。そこで、休業や短時間勤務という特別な制度を準備してワーク・ライフ社員に提供することになるが、特別扱いされることによって職業キャリアに何らかの影響が生じる場合が多く、また、ワーク・ライフ社員が増えていくと、もはやこうした特別扱いでは対応できなくなってくる。多くの社員が仕事に傾斜した働き方となっている組織ほど、ワーク・ライフ社員のために手厚い制度を準備しなければ働き続けることは難しくなり、そのためにワーク・ワーク社員とワーク・ライフ社員の間に、処遇やキャリア形成などの面でさらに大きな格差が生じてしまうという問題を発生させてしまう。

WLBを実現するための支援制度の整備は重要であるが、それ以上に仕事管理や時間管理など人材マネジメントと働き方の改革、すなわち序章でいう「一階部分」の問題に切り込むことが重要とされるのは、ワーク・ワーク社員が多数を占めるということを前提にした職場マネジメントが、もはや職場の実態と乖離するという現状になってきているからである。さらに、企業競争が厳しくなるなかで、働く人の「時間資源」を有効に活用しなければ、結果として職場のパフォーマンスの低下につながり、経営的な視点からも問題が生じかねないということも指摘しておきたい。

2　現状の働き方の課題はどこにあるのか

こうした問題意識に立ち、「働き方」の現状と課題について、アンケート調査や欧州企業の職場インタビュー調査といった実証的なデータ分析を用いて明らかにしたのが、第Ⅰ部である。

まず第一章では、二〇〇八年度にワーク・ライフ・バランス推進・研究プロジェクトで実施したアンケート調査を利用して、首都圏で働く人々のWLBの現状にアプローチした。

仕事と生活の調和が図れないことによる困難（ワーク・ライフ・コンフリクト）は、性別や配偶関係にかかわらず、六割超の人が経験している。働く人の立場からいえば、自分のやりたいことを抑制していたり、健康に不安を感じていたり、あるいは自己啓発や子育てとの両立などに困難を感じている状況といえる。他方、企業の人材活用の立場からみれば、従業員の健康問題や自己啓発によ る能力開発が制約されるなどの問題、さらには育児との両立ができないことで離職問題につながるなど、様々な短期的・中長期的なリスクを抱えた状況であるといえる。多くの社員がワーク・ライフ・コンフリクトを経験している現状において、WLB推進に取り組むことは、企業の人材活用におけるリスク回避のためにも重要となっている。

さらに重要な点が、個人のWLB満足度が高いことは、組織に対するコミットメント（組織と目的を共有したり組織のために努力したりしようとする意識）や時間当たりの生産性に良い影響を及ぼすことが明らかになった点である。すなわち、WLB支援が、個人のWLB満足を高めると同時に組織パフォーマンスも高め、個人・組織双方に効果がある「win-win」の取り組みになっているということである。

注目すべき点は、この「win-win」をもたらす「WLB支援」の中身である。分析では、「業務裁量性」、「効率的な業務管理」、「女性活躍の風土」さらに「上司と部下との良好なコミュニケーション」に関する取り組みが、ＷＬＢ満足の向上に寄与するとともに、時間当たりの生産性を高めることにも結びつく可能性が示唆されている。ＷＬＢを可能にする制度だけでは生産性への効果がみられておらず、制度導入よりも職場マネジメントや働き方に関わる取り組みが重要な要素であるといえる。

次に、職場マネジメントのあり方においてきわめて重要な役割を担う管理職の状況を分析したのが第二章である。使用するデータは、二〇〇九年度のプロジェクトにおいて管理職を対象に実施したアンケート調査である。

第一章と同様に、個人（この章では部下）のＷＬＢ満足度と職場生産性の向上に注目して、個人と職場が「win-win」となる条件を、管理職の視点から明らかにしている。

その結果、部下のＷＬＢ満足度が高くかつ仕事の効率性が高いなど職場のパフォーマンスも良好である職場では、職場で助け合い連携しあう風土があり、管理職が仕事管理を適切に行っているだけでなく、管理職自身もＷＬＢに対する意識が高く、自身もメリハリをつけた業務遂行を心がけていることが明らかになった。管理職が適切な部下マネジメントを行うことに加え、自分のＷＬＢに対する意識が高いというように、管理職自身のライフスタイルも重要であるといえる。

こうした管理職のマネジメントは、管理職の個人的な資質に依存しているわけではない、というのが第二章の分析のもう一つのポイントである。すなわち、管理職のマネジメントは、「会社としての労働時間管理改善への取り組み」や「会社としてのＷＬＢ支援への取り組み」が関連している。このことは、ＷＬＢの取り組みへの姿勢を組織として明確にすることが、管理職の職場マネジメントにプラスの影響を及ぼすことを示唆している。

しかし、職場の管理職は労働時間も長く、非常に多忙な状況のなかで役割発揮が求められている現状にある。管理職のマネジメントのあり方が職場のＷＬＢ施策の成否に大きな影響力を持っていることを踏まえ、管理職のマネジメント力の向上を組織として支援していくことが重要であるといえる。

以上から、ＷＬＢを実現するためには、制度整備以上に人材マネジメントや働き方改革が必要であることが確認できたが、日本に比べて労働時間が短く休暇取得も多い欧州（イギリス、フランス、ベルギー、ドイツ、オランダ）の職場では、どのような働き方の実態にあるのだろうか。欧州企業で働く人の聞き取り調査を通じて、日本の職場の課題への示唆を検討したのが第三章である。

日本の働き方の問題として、一人ひとりの仕事の範囲が不明確で仕事ができる人に仕事が集中するなど仕事配分に不均等が生じていること、資料作成などに過剰品質が求められること、恒常的な残業によりストレスが溜まり集中力がなくなるなどの問題が放置されている傾向にあること、意思決定に際してコンセンサスを重視することと関連して会議にかかる時間が多いこと、組織変更や人事異動が頻繁にあることが非効率につながる可能性があること、の五点が指摘されている。

こうした問題は、第一章、第二章で課題として提起している職場マネジメントの問題と深く関連している。欧州の管理職は、部下のＷＬＢに配慮したマネジメントが評価され、また、時間当たりの生産性を強く意識して部下を評価することが意識付けられている。したがって、部下に効率的に働いてもらうために、職場のなかでそれぞれの状況に応じた取り組みが行われている。具体的には、時間管理の効率化や、職場のコミュニケーションの円滑化、効率的な仕事配分などにおいて、工夫がみられている。一ヵ月程度の長期休暇の利用の際にも、長期休暇取得に対応できる職場体制を整え、計画的な休暇取得によりビジネスへの影響を小さくしており、休暇取得による従業員のリフレッシュ効果の大きさを評価する風土がある。

欧州の職場の実態に照らして日本の課題を検討すると、まずは恒常的な長時間労働の解消、メリハリをつけた働き方の推進をいかに進めるかが重要となる。事例からは、チームメンバー間での情報共有、効率的な会議運営、職場内でのコミュニケーションの円滑化などの重要性が指摘されている。特に、従業員の不在時には、「誰が、誰の、どの仕事」をカバーするのかを決めておくといった対応が重要といえる。

3　働き方の改革をどう進めるか

以上の三つの章の現状分析から、従業員のＷＬＢ実現には、職場マネジメントのあり方がキーフアクターであり、欧州と比べると、日本では基本的な「働き方」を見直すことが重要であることが明らかになった。

そこで、第Ⅱ部においては、働き方改革を進めるための具体的な取り組みを提案している。

第四章は、このプロジェクトで実施したモデル事業の成果をまとめている。モデル事業に参加した二社、計一一部門において、「週二日の定時退社を個人が設定して働く」ということを数ヵ月継続した時点でのインタビュー調査をベースにした分析結果である。週二日の定時退社日を設けることで、時間制約を意識した働き方に転換することを期待したのである。取り組みの結果、職場のなかで、あるいは個人の仕事の仕方やプライベートな生活で、いくつかの変化が生じている。

まず、職場レベルで仕事管理・時間管理が変化し、効率的な仕事管理の仕方が工夫されたということである。第三章の欧州の職場の事例と同様に、会議開催の効率化や過剰品質を排除するためのルール化、情報共有の仕組みの工夫などが行われる職場が多い。職場成員への業務配分も、成員間での業務の平準化あるいはメンバーの育成・スキルアップを意識した検討が行われている。

個人のレベルでは、「時間制約」が意識化され、定時退社を前提にした仕事の遂行が行われるようになっていた。仕事の優先順位を考え、いかに効率的に働き定時に帰るか、を各自が意識することで、職場全体の労働時間に対する考え方が変化して、職場の雰囲気も早帰りを自然と受け入れる方向に変化している。それにより、介護等の責任を担っていた典型的な「ワーク・ライフ社員」が働きやすい職場に転換してきたという。一方のプライベートな生活においても、家族との時間が増えたり、自分のやりたいことに時間を使えるようになったりすることで、精神的なゆとりにもつながっている。

取り組みの結果、いくつかの課題も抽出できた。特に、こうした取り組みは、特定の部門だけでは限界があり、企業全体としてＷＬＢの重要性を認識して取り組みの意義を共有化したうえで進めることで、効果を高めることにつながるといえる。さらに、企業外からの要請で発生する業務も部署によってはかなりの負荷となっており、社会全体として働く人の「時間制約」を受け入れていく環境整備の必要性も明らかとなった。

第五章では、「ワーク・ライフ社員」が通常勤務ではない働き方に切り替わるケースの例として「短時間勤務制度」をとりあげ、制度が効果的に運用される職場マネジメントのあり方を検討した。特に制度を設計した後の運用に関しては、「仕事の配分」、「目標設定・評価」、「キャリア形成」の観点から課題と運用の考え方を整理している。

仕事の配分に関して、短時間勤務者は通常勤務者と同じ仕事はできないと考えて、補助的な仕事や外部との折衝がないような仕事に変更するケースが散見されるが、ここでは「質は変えずに量を勘案する」を基本とすることが提案されている。制度利用者の職責や等級にふさわしい期待役割や能力に応じた仕事を与えることにより、本人のキャリア形成も円滑に行うことができ、職場の観点からみても人材の能力を最大限生かす効果があると考えられるからである。同時に、短時間では対応できない業務や急な予定変更等で発生する業務を処理する体制を、職場のなかで整備することが必要となる。こうした体制を整備する上で、制度利用者の周囲の社員の働き方が恒常的に長時間労働になってしまっていると、もはや業務分担が不可能となることから、職場全体の仕事管理の効率化が日常的に求められることとなる。

目標設定・評価に関しては、「短時間勤務であることを考慮した」目標設定を行い、同じ社員格付けの通常勤務者と同一の評価基準・評価要素で評価することが基本的な考え方となる。短時間勤務ということが理由で評価が低くなると利用者が感じてしまうと、利用者のモチベーションに問題が生じるだけでなく、制度利用に後ろ向きな職場の雰囲気が醸成されるため、評価のフィードバックなども丁寧に行うことなどが必要となる。

三点目のキャリア形成に関しては、短時間勤務制度導入の目的が、「ワーク・ライフ社員」の就業継続にあることから、制度を利用した場合でも長期的なキャリア形成のビジョンを描けるようにすることが重要となる。制度利用者のなかにはキャリアに対して多様なニーズがあることを前提に、特に職場レベルで上司と制度利用者が、中長期的なキャリアビジョンについて話し合うことが必要である。Ｏｆｆ－ＪＴの実施についても、制度利用者の事情に配慮して参加機会を確保するための工夫が求められる。また、短時間勤務者が早く通常の勤務に戻ることができるようにするためには、制度利用中の仕事に対するモチベーションを向上させるような仕事配分を行うこと、周囲の通常勤務の働き方が仕事に傾斜しすぎているとすればそれを見直すこと、が重要なポイントとなる。

第六章は、企業に対してＷＬＢ推進のコンサルティングを行う実務家の観点から、特に残業削減の必要性とそのための具体的な方策についての提案を行っている。従業員の残業によってトータルとしての生産性が上がると考える経営者はまだまだ多い。しかし、恒常的な残業が従業員の健康問題の原因となったり時間外手当などによりコストになりうること、さらには組織としての創造性発揮といった側面からも問題が多く、恒常的な残業があるとすればそれを是正するための取り組みが要であることを指摘している。

残業を削減するためには、マネジメント層の意識を高めて、それぞれの組織・チームが抱える課題に応じた対応が必要となる、という点で、やはり職場レベルでの取り組みの重要性が強調されている。具体的には、①業務の分担や進捗状況を「見える化」しながら管理職は現状を把握して適宜必要な指示を出す、②問題点をもとに、課題と取り組み施策を決定してそれをチームで共有する、③その上で業務の中身と分担を見直して、誰かが休んだり早く退社したりしても、仕事が滞りなく進むような仕組みを検討する、④取り組みに合わせて職場のなかで評価基準を見直す、⑤密度の高いコミュニケーションと情報の共有を念頭に置いて仕事の進め方を変える、⑥変化を周囲に広げ全社的な残業削減への取り組みにつなげる、といったことが提案されている。

4　働き方改革のための課題

以上が各章のポイントとなるが、全体を通して働き方改革を進めるための課題が浮かび上がってきた。以下の三点を指摘して、本書のまとめとしたい。

まず、いずれの章においても、働き方改革につながる職場マネジメントの重要性が指摘されており、その意味で、マネジメントを行う管理職の責任が大きいことをあらためて認識すべきである。しかし一方で、管理職自身が多忙になっていることは第二章の分析でも明らかであり、管理職が職場マネジメントにある程度注力できるような職場支援のあり方を、企業組織として検討していくことが重要になっているといえる。同時に、管理職には、働き方改革に前向きに取り組む意識や行動が求められるようになるということを、組織として明確に認識する必要があるだろう。第三章で欧州の事例を紹介しているが、欧州では、部下のＷＬＢに配慮しないで無駄な仕事をさせるような管理職は管理職としての責任を果たしていないとみなされるというように、管理職の職場マネジメント能力の評価において、ＷＬＢへの理解が重視されている。日本でＷＬＢの推進にあたって管理職の役割が重視されているが、一般に、管理職に対する支援策として行われているのは管理職に対する研修等の意識啓発にとどまり、そこから一歩踏み込んだ対応を行うケースはまだまだ少ない。部下が長時間働くことで職場のパフォーマンスが高まると考える管理職は現状でも多く存在するが、時間制約のある「ワーク・ライフ社員」が増えていくと「ワーク・ワーク社員」の存在を前提とするマネジメントは行き詰まることとなり、そのリスクを管理職自身が認識しなくてはならない。そして、そこからの意識転換を組織として評価する仕組みや、「ワーク・ライフ社員」を前提に職場を運営する具体的なマネジメントのあり方についての管理職支援が求められる局面にあるといえるだろう。

第二に、働き方改革は、個々人の仕事管理、時間管理の意識・行動を変える必要があるということである。第四章のモデル事業はそれを意識化させるための取り組みであり、「週二日定時退社」というルールによって「時間制約」の枠を設定し、それによって個人の時間に対する意識や職場の仕事管理が変化しうることを明らかにしている。職場成員の一人ひとりがこうした意識を持つようにするためには、具体的な取り組みのなかに落とし込んで進めていくこと、しかもそれを一定期間継続していくことで習慣化させることが必要となる。意識や行動の変化は継続的に進めないとすぐに後戻りしてしまうことを、多くの人事担当者が痛感している。仕事管理や時間管理が変化すると、プライベートな生活スタイルも変化し、プライベートを充実させるために「時間制約」が明確に意識化されるという循環が形成される可能性がある。

第二の課題をミクロレベルでの取り組み課題とするなら、第三の課題は、マクロレベルでの課題である。つまり、職場における働き方改革は、職場のなかだけで完結するものではなく、企業組織全体、あるいは社会全体で取り組まないと不都合が生じやすいということである。第六章で、「変化を周囲に広げる」という表現を使っているが、周囲を巻き込んで働き方改革を進めないと、例えば時間外の会議や突然の業務のオーダーなどを排除できずに、そこから働き方改革がなし崩し的になってしまう。第四章のモデル事業でも、一部の部門で実施することの限界を指摘する声は非常に多い。ＷＬＢの実現、そのための働き方改革は、少子高齢化社会を迎える日本が直面する重要な課題である。同時に序章はじめ本書で繰り返し指摘されているように、働き方改革を進めることの企業経営的な視点からのメリットは大きく、またこうした改革を遅らせることで経営リスクが発生しコストにもつながっていくことを経営者も理解し、企業さらには社会全体としてこの課題を共有化していくことが必要となろう。

最後になるが、本書の課題認識や対応策の検討などは、ワーク・ライフ・バランス推進・研究プロジェクトに参加してくださった企業の皆さんとのディスカッションから具体化、明確化されたものがほとんどである。本書は研究者が中心に執筆しているが、データの解釈やそれを踏まえた提言において、実務の立場にある企業の方々のご意見をいただいていること申しあげるとともにお礼を述べたい。

編著者紹介

佐藤博樹（さとう　ひろき・東京大学社会科学研究所教授）

1953年生まれ。一橋大学大学院社会学研究科博士課程単位取得退学。法政大学経営学部教授等を経て1996年より現職。

専門：人的資源管理。

主著：『職場のワーク・ライフ・バランス』（共著，日本経済新聞出版社，2010），『結婚の壁——非婚・晩婚の構造』（共編著，勁草書房，2010）

武石恵美子（たけいし　えみこ・法政大学キャリアデザイン学部教授）

1960年生まれ。お茶の水女子大学大学院人間文化研究科博士課程修了。博士（社会科学）。労働省，ニッセイ基礎研究所，東京大学社会科学研究所助教授等を経て，2007年より現職。

専門：人的資源管理論，女性労働論。

主著：『雇用システムと女性のキャリア』（勁草書房，2006），『人を活かす企業が伸びる——人事戦略としてのワーク・ライフ・バランス』（共編著，勁草書房，2008）

執筆者紹介（執筆順）

高村静（たかむら　しずか・内閣府男女共同参画局調査課）

1966年生まれ。筑波大学大学院ビジネス科学研究科（博士前期課程）修了。修士（経営学）。日興フィナンシャル・インテリジェンス株式会社，東京大学社会科学研究所特任研究員等を経て2009年より現職。

専門：経営学（人的資源管理，組織行動）。

主著：「両立支援制度と企業の人材活用」（佐藤博樹編集代表『ワーク・ライフ・バランス——仕事と子育ての両立支援』ぎょうせい，2008所収）

松原光代（まつばら　みつよ・東京大学社会科学研究所特任研究員。学習院大学経済経営研究所客員所員）

1968年生まれ。学習院大学大学院経済学研究科

東京ガス株式会社を経て，2010年，博士後期課程修了。博士（経済学）。

2003年より，学習院大学経済経営研究所客員所員。2010年より東京大学社会科学研究所特任研究員。

専門：労働経済学。

主著：「制度導入企業の要因分析」（佐藤博樹・武石恵美子編『人を活かす企業が伸びる——人事戦略としてのワーク・ライフ・バランス』勁草書房，2008所

収)

「男性の子育て参画の現代と企業の取組み」(佐藤博樹編集代表『ワーク・ライフ・バランス――仕事と子育ての両立支援』ぎょうせい，2008 所収)

朝井友紀子(あさい　ゆきこ・東京大学社会科学研究所特任研究員)

1982 年生まれ。慶応義塾大学大学院経済学研究科前期博士課程修了。2007 年より同後期課程。日本学術振興会特別研究員を経て，2010 年より現職。

専門：人口統計学，労働経済学。

主著：「結婚願望は弱くなったか」「結婚タイミングを決める要因は何か」(佐藤博樹・永井暁子・三輪哲編著『結婚の壁――非婚・晩婚の構造』勁草書房，2010 所収)

矢島洋子(やじま　ようこ・三菱 UFJ リサーチ＆コンサルティング株式会社経済・社会政策部主任研究員，中央大学大学院戦略経営研究科客員教授)

1966 年生まれ。慶応義塾大学法学部卒業後，株式会社三和総合研究所入社。内閣府男女共同参画局男女共同参画分析官を経て，2007 年より現職。

主著：「わが国の女性就業の特質」(武石恵美子編著『女性の働き方』ミネルヴァ書房，2009 所収)

「子育てに関わる社会環境の国際比較と国内比較」(佐藤博樹編集代表『ワーク・ライフ・バランス――仕事と子育ての両立支援』ぎょうせい，2008 所収)

大塚万紀子(おおつか　まきこ・ワーク・ライフバランスコンサルタント)

1978 年生まれ。中央大学大学院法学研究科修士課程修了。楽天株式会社等を経て，2006 年株式会社ワーク・ライフバランス設立に創業メンバーとして参画。

主著：「企業におけるワーク・ライフバランスの実践」(労務行政研究所編『労働時間管理の実務(労政時報別冊)』労務行政研究所，2008 所収)

ワーク・ライフ・バランスと働き方改革

2011年3月15日　第1版第1刷発行

編著者　佐《さ》藤《とう》博《ひろ》樹《き》
　　　　武《たけ》石《いし》恵美子《えみこ》

発行者　井村寿人

発行所　株式会社　勁《けい》草《そう》書房

112-0005　東京都文京区水道2-1-1　振替　00150-2-175253
（編集）電話　03-3815-5277／FAX　03-3814-6968
（営業）電話　03-3814-6861／FAX　03-3814-6854
本文組版　プログレス・大日本法令印刷・ベル製本

ISBN978-4-326-65360-7　　Printed in Japan

http://www.keisoshobo.co.jp

佐藤博樹・武石恵美子 編
人を活かす企業が伸びる
人事戦略としてのワーク・ライフ・バランス
A5判 二九四〇円

佐藤博樹・永井暁子・三輪哲 編著
結婚の壁 非婚・晩婚の構造
A5判 二五二〇円

佐藤博樹・小泉静子
不安定雇用という虚像
パート・フリーター・派遣の実像
四六判 二一〇〇円

佐藤博樹 編著
変わる働き方とキャリア・デザイン
A5判 二七三〇円

佐藤博樹・玄田有史 編
成長と人材 伸びる企業の人材戦略
A5判 二九四〇円

佐藤博樹・大木栄一・堀田聰子
ヘルパーの能力開発と雇用管理
職場定着と能力発揮に向けて
A5判 二七三〇円

武石恵美子
雇用システムと女性のキャリア
A5判 三三六〇円

乙部由子
女性のキャリア継続
正規と非正規のはざまで
A5判 二九四〇円

＊表示価格は二〇一一年三月現在。消費税は含まれております。